KB237071

교통범죄론

교통범죄론

| 정신교 지음 |

ICSI 한국학술정보㈜

　교통수단의 발전은 우리 사회를 풍요롭게 하고 더 나은 사회로 발전하게 하는 원동력이 된다. 그러나 날로 심각해져 가는 교통문제는 우리 사회가 가장 시급하게 해결해야 할 문제로 등장하고 있다. 특히 교통사고로 인한 엄청난 인적・물적 피해와 그로 인한 민・형사사건의 증가는 사법실무에 있어서 커다란 부담을 주고 있다. 2007년 한 해 동안 발생한 교통사고는 총 211,662건이며 이 가운데 6,166명이 사망하고 335,906명이 부상하였다. 교통사고에 따른 사회적 비용도 10조 원에 육박하고 있는 실정이다. 이는 우리나라 국민총소득(GNI)의 1.1%에 달하는 것으로 나타났다.

　교통관련법은 국민의 생활과 아주 밀접한 관련이 있는 법규로서 그 적용과 해석에 있어서 적지 않은 문제점이 나타나고 있다. 법원의 판결 역시 시시각각 다르게 나오는 실정이다. 또한 교통사고의 대부분은 운전자 또는 피해자의 과실에 기인한 것으로 나타나기 때문에 인간의 과실행태에 대한 형사법적인 차원의 깊이 있는 연구와 적절한 대처수단을 강구하는 일이 무엇보다도 중요하다. 이러한 작업을 통하여 교통범죄를 억제·진압함으로써 형법의 일반예방적 기능을 다할 수 있도록 하는 것이 중요하고도 시급한 과제라고 할 수 있다.

이에 이 책은 교통관련법 전체를 연구하기보다는 일상생활과 가장 밀접한 관련이 있는 교통관련법을 중심으로 연구하였다. 즉 교통범죄 관련법규인 형법, 도로교통법, 교통사고처리특례법, 특정범죄가중처벌등에관한법률을 중심으로 전체적인 부분을 다루기보다는 중요하고 실생활에 적용이 가능한 부분을 선별하여 검토하였다. 아무쪼록 이 책을 통하여 교통관련 법규의 적용과 해석에 있어서 보다 체계적인 기준을 마련하여 국민들이 안정적인 법률생활을 도모할 수 있고, 아울러 준법의식이 고양될 수 있는 기초가 마련되기를 기대해 본다.

이 책의 출간에 즈음하여 먼저 아들을 위해 항상 기도하시는 어머니와 내 곁에서 항상 응원해주는 사랑하는 아내 이미라에게 감사한다. 그리고 학교발전을 위해 불철주야 애쓰시는 김천대학 강성애 학장님과 출간을 허락해주신 한국학술정보(주) 채종준 사장님께 감사드리며, 편집을 담당해주신 편집부 박미현 선생님께도 지면을 빌려 감사드린다.

2008년 10월 30일

정신교

■ 제1장 서론

■ 제2장 교통과실범의 처벌규정과 처리실태

제1절 교통과실범에 관한 논의 ·······················17

제2절 교통과실범의 처벌 및 처리실태 ·······················19
Ⅰ. 형법 / 19
Ⅱ. 도로교통법 / 30
Ⅲ. 교통사고처리특례법 / 44
Ⅳ. 특정범죄가중처벌등에관한법률 제5조의 3 / 108
Ⅴ. 도로교통법규의 몇 가지 문제점 / 134

제3절 교통과실범의 위반 실태와 처리현황 ·······················145
Ⅰ. 도로교통 여건의 변화 / 145
Ⅱ. 교통범죄의 발생 및 처리현황 / 149

■ 제3장 교통과실범 성립의 제한이론

제1절 서설 ·······················165

제2절 과실범의 일반이론 ·······················168
Ⅰ. 과실의 개념 / 168
Ⅱ. 과실범의 입법례 / 170

제3절 교통과실범의 제한원리 ···173

  Ⅰ. 허용된 위험의 법리 / 173

  Ⅱ. 신뢰의 원칙 / 195

■제4장 교통과실범의 법제에 관한 개선방안

제1절 교통범죄의 비범죄화 ···225

  Ⅰ. 서설 / 225

  Ⅱ. 교통범죄 비범죄화의 이론적 근거 / 227

  Ⅲ. 교통범죄 비범죄화의 추진방향 / 234

제2절 법제에 관한 개선방안 ···239

  Ⅰ. 형벌체계의 조화점 / 239

  Ⅱ. 입법상의 개선점 / 253

  Ⅲ. 교통행정상의 개선점 / 255

■제5장 結論

참고문헌 / 274

제1장

서론

제1장 서론

기술혁신과 기계화의 촉진은 급속한 경제발전을 가져왔고, 이에 따른 각종 위험도 급격히 증가하였다. 뿐만아니라 종래의 결과 책임적 과실이론으로는 해결하기 어려운 문제가 나타나기 시작하였다.

이러한 어려운 문제를 해결하기 위하여 이론적으로는 신과실론[1]이 등장하였고, 실무상으로는 허용된 위험의 법리와 그것이 좀 더 구체화된 신뢰의 원칙이 등장하였다. 허용된 위험의 법리는 현대사회생활에 있어서 법익침해의 위험을 내포하고 있으나 필요불가결한 행위가 요구되는 규칙을 준수하고 사회생활상의 필요한 주의를 다하면서 수행되었다면 비록 법익침해의 결과가 발생하더라도 그 자체는 적법하다는 것이다. 이 허용된 위험의 법리는 사회생활상 요구되는 주의 의무를 한정하는 것이며 이 원칙이 보다 구체화되어 나타난 것이 신뢰의 원칙이다. 신뢰의 원칙은 모든 교통관여자는 다른 교통관여자가 교통질서에 따른 적절한 행동으로 나오는 것을

---

1) 신과실이론은 과실행위의 본질적인 불법요소는 결과반가치가 아니라 행위반가치에 있고, 따라서 과실은 과실범에 있어서 주관적 위법성의 요소가 된다는 것이다. 주의의무위반을 불법(위법성)요소로 이해할 경우에 그것은 불법(위법성)을 조각하는 것이 아니라 불법(위법성)을 구성하는 요소로 보는 이론이다.

신뢰하는 것이 상당한 경우에는 다른 교통관여자의 부적절한 행동에 의해 결과가 발생한 것이라도 이것에 대해서는 책임을 지지 않는다는 것이다.

오늘날 과실범의 문제는 이론과 실제의 양면에서 새로운 정비를 요하는 시점에 이르고 있다. 고도의 기계문명의 발달은 우리 일상생활에 많은 변화를 가져왔고 그중에서도 교통수단에 의해서 발생하는 교통과실범의 증가는 사회적인 문제로 등장하고 있다. 이론적인 면에서도 과실범이론은 허용된 위험의 법리, 신뢰의 원칙, 사회상당성 이론 등에 의하여 과실을 책임의 영역에서뿐만 아니라 불법의 영역에서도 다루게 되었다.

현실적으로도 교통과실범은 현행 형사범에 있어서 많은 부분을 차지하고 있으며 전체과실범의 대다수를 차지하고 있는 실정이다.[2] 그럼에도 불구하고 자동차문화의 대중화로 현대사회에 있어서 자동차 등 교통수단은 사회생활의 편익과 발전을 위해 필요한 것이지 그것에 부수하여 오는 각종 문제는 간과하였다. 이는 허용된 위험의 법리를 등장시켰고 구체적으로 '위험의 분배'를 어떻게 할 것인가 하는 문제와 관련하게 되었고, 특히 교통사고를 중심으로 지극히 실무적인 필요에 의해 형성·발전된 '신뢰의 원칙'이라는 이론적 정립에 도달하게 되었다.

결국 형법상 교통과실범의 이론은 교통수단의 필요성과 그로 인한 교통사고발생의 불가피성을 함께 인정하면서 점차 전자에 중점을 두는 경향으로 기울어 일정한 범위 내의 법익침해는 사회구성

---

2) 교통사고는 90년대 이후 계속 증가추세를 보이다가 2000년 290,481건이 발생하여 10,236명이 사망하고 426,984명이 부상하였다. 이후 조금 감소하여 2002년 230,953건이 발생하여 사망자수는 7,090명, 부상자는 348,184명으로 나타나고 있다. 2007년도에는 211,662건이 발생하여 6,166명이 사망하고 335,906명이 부상하였다. 경찰청(www.police.go.kr). 2006년 교통사고처리특례법위반은 190,832건 발생하였으며, 도로교통법위반사법은 367,078건 발생하였다. 이는 전체범죄발생건수 1,932,729건의 30%를 훨씬 상회한다(대검찰청, 범죄분석, 2007, 382면).

원 모두가 감수하지 않으면 안 되는 사고로 인하여, 피해자에 대하여는 그 침해에 대한 적절한 물질적 보상으로 대처하고 가해자에 대하여는 형사처벌의 대상에서 제외시켜야 한다는 급진적 이론이 등장하게 되었다.[3]

국가 정책적 차원에서 우리나라 GNP의 8%가 교통 분야에서 나오므로 그것이 사회적 이익을 수반하는 것임에는 틀림이 없다. 반면 생명 다음으로 중요한 신체라는 법익침해가 과연 금전배상으로 완전원상회복이 될 것인가 하는 점에서 동법의 타당성 여부는 많은 분야에서 사회적 문제점으로 지적되고 있다.

위와 같은 문제적 상황에서 본서는 증가하는 교통과실범의 인정에 있어서 과실범의 이론적 측면을 바탕으로 실제적 측면에서 긴급히 요청되는 점에 중점을 두고, 기존의 과실범의 일반이론의 주장을 분석·비교·검토하고 교통과실범의 법리를 정립하여 이론적 측면과 실제적 측면의 과실인정의 구체적 기준에 대한 과제로서 신뢰의 원칙과 그 적용기준을 규명하고, 나아가 향후 우리나라 교통과실범의 인정에 있어서 합리적 기준을 제시하여 궁극적으로 교통안전과 교통문화 발전에 기여하고자 하는 데 그 목적이 있다.

본서는 앞에서 언급한 논점에 대하여 다음과 같은 방법으로 접근하고자 한다. 첫째, 형법 이론적 접근방법을 통하여 과실범의 일반이론을 분석·검토하고자 한다. 그러기 위하여 각국의 과실범이론의 발전 상황을 비교·연구하고 실무적 측면의 접근방법으로는 경험 과학적 행위론의 연구방법을 통하여 교통과실범이 실제적 인정에 있어서의 기준설정에 필요한 사항으로 허용된 위험의 법리와 신뢰의 원칙에 대한 내용분석과 구체적인 적용기준을 제시하고자 하였다.

---

[3] 우리나라에서는 이러한 배경하에서 세계 어느 나라에서도 유례를 찾아볼 수 없는 입법인 교통사고처리특례법이 1982년에 제정되어 오늘날까지 시행되고 있는데 동 특례법의 제정 목적을 "교통사고로 인한 피해의 신속한 회복을 촉진하고", "국민 생활의 편익을 증진함"이라고 명시하고 있다.

둘째, 형사법적인 접근방법으로 우리나라 교통범죄, 특히 교통과
실범의 실태와 이에 대한 현행법의 대응방식을 분석·검토하고 각
국의 입법례도 간략히 소개하여 향후 과실범 처벌에 대한 합리적
인 기준을 제시하려는 접근을 시도하였다.

제2장

교통과실범의 처벌규정과 처리실태

제2장 교통과실범의 처벌규정과 처리실태

- 제1절 교통과실범에 관한 논의
- 제2절 교통과실범의 처벌 및 처리실태
- 제3절 교통과실범의 위반 실태와 처리현황

제1절 교통과실범에 관한 논의

급속한 경제발전으로 인하여 원자재 및 생산물의 수송수요가 증가하였고 인구의 도시집중화에 따른 경제활동 인구의 빈번한 이동과 여가생활을 즐기려는 자가용 승용차의 이용 빈도가 늘어나 지역 간 인적·물적 교류의 증대 등 교통상황이 크게 변화되면서 오늘과 같은 교통여건의 악화 현상이 나타나고 있다.

오늘날 자동차는 우리 일상에서 가장 중요한 생활도구 중의 하나이다. 이러한 자동차의 대중화는 다양한 사회현상을 야기하였고, 이러한 교통관련 문제는 우리 일상 속에서 흔히 일어나는 일로 치부되고 있는 실정이다. 자동차의 일상화 문제는 형사사법 분야에 있어서는 교통관련범죄를 증가시키는 것으로 나타나고 있으며 이에 따른 처리 및 처벌에 대해서도 대립적인 견해가 제시되고 있다. 첫째 교통관련범죄가 단순한 질서위반행위이거나 부주의에 의한 과실행위라는 측면, 또한 자동차가 생활화된 현재의 상황에서 누구에게나 일어날 수 있다는 점에서 가벼운 처벌이 요구된다는 것이다.[4]

---

4) 특히 교통사고처리특례법(1982년 시행)은 교통사고로 인한 피해의 신속한 회복과 국민생활의 편익을 증진한다는 목적으로 제정되어 처벌절차의 간소화와 형벌의 감경을 꾀하고 있다. 교통사고처리특례법은 자기운전의 증가와 같은 사회적 변화에 적절하게 대처하였다는 평가도 있지만, 인명존중사상의 위협, 다른 법률과의 형평성 문제, 예외조항의 획일성 문제 등 여러 가지 부작용을 낳고 있다. 이하에

다른 한편으로는 교통관련범죄에 대한 강력한 처벌을 요구하는 입장도 있다. 이는 현행의 교통질서 및 사고범죄의 증가에 대한 효과적인 예방을 위해서, 피해자에 대한 배상을 원활하게 하기 위해서는 좀 더 엄중한 처벌이 필요하다는 입장이다. 이러한 견해에 대하여 본장에서는 교통관련범죄의 처벌규정과 처리실태에 대해 검토하였다.

Ⅰ. 형법

1. 개설

현행 형법상 도로교통범죄에 대한 가장 일반적인 규정은 형법 제15장에 규정하고 있는 교통방해의 죄와 제26장에서 규정하고 있는 과실치사상의 죄이다. 교통방해의 죄는 각종 교통로·교통수단 등 교통설비를 손괴·불통하게 하거나 그 밖의 방법으로 교통을 방해함으로써 성립하는 범죄를 말한다. 교통의 안전과 원활한 소통은 오늘날과 같은 현대사회에서 시민생활의 필수적인 조건이라고 해도 과언이 아닐 것이다. 그러나 교통수단의 발달과 증가는 다수

---

5) 현행 도로교통범죄에 대한 법규로 첫째, 형법상 규정을 보면 제15장 교통방해의 죄 중에서 제185조(일반교통방해), 제188조(교통방해치사상), 제189조(과실, 업무상 과실, 중과실), 제190조(미수범), 제191조(예비·음모), 제26장 과실치사상의 죄 중에서 제266조(과실상해), 제267조(과실치사), 제268조(업무상과실, 중과실치사상)와 도로교통법, 교통사고처리특례법, 특정범죄가중처벌등에관한법률 제5조의 3(도주운 전자의 가중 처벌) 등이 있다. 이들 중 교통과실범은 대체로 형법 제266조와 교통 사고처리특례법에 의하여 처벌하고 특정범죄가중처벌등에관한법률 제5조의 3에 의해 가중 처벌하고 있다.

인의 생명·신체·재산에 중대한 위험성을 안고 있다.

교통방해죄의 보호법익에 대하여 공중의 안전이라고 보는 견해[6]와 공중의 안전뿐만 아니라 공중의 생명·신체·재산도 포함된다는 견해[7]가 있다. 공공위험죄가 공중의 생명·신체·재산에 대한 위험을 처벌하는 범죄라는 점에서 볼 때 본죄는 교통안전의 침해와 이로 인한 생명·신체·재산의 안전 등 이중의 보호법익을 갖고 있다고 보아야 한다. 보호 정도는 추상적 위험범이다.[8]

다음으로 과실치사상의 죄는 과실행위로 타인의 생명·신체를 침해하는 범죄이다. 현대 고도산업사회는 사람의 생명·신체에 대하여 위험을 수반하는 각종 사업 내지 업무(특히 교통기관)가 발달하면서 과실치사상 범죄가 고의범을 능가하고 있고 이에 따라 과실치사상죄의 중요성도 증대하고 있다. 과실치사상죄의 보호법익은 사람의 생명 또는 신체이며, 보호 정도는 침해범이다.

---

6) 정영석, 형법각론(제5전정판), 1993, 175면, 조준현, 형법각론, 법원사, 2002, 401면, 대판 1995. 9. 15., 95도1475, 대판 1984. 9. 11., 83도2617.
7) 김일수, 형법각론(제4판), 박영사, 2001, 503면, 김성천 / 김형준, 형법각론, 동현출판사, 2000, 641면, 배종대, 형법각론(제3판), 홍문사, 1999, 592면, 박상기, 형법각론(제4판), 박영사, 2002, 448면, 이재상, 형법각론(신정판), 박영사, 1997, 461면, 임웅, 형법각론, 법문사, 2002, 541면, 정성근 / 박광민, 형법각론, 삼지원, 2002, 667면.
8) 구체적 위험범으로 보는 견해도 있다(배종대, 형법각론, 593면).

2. 교통방해의 죄

(1) 일반교통방해죄

1) 의의

일반교통방해죄는 육로, 수로 또는 교량을 손괴 또는 불통하게 하거나 기타 방법으로 교통을 방해함으로써 성립하는 범죄이다(형법 제185조).[9] 법정형은 10년 이하의 징역 또는는 1,500만 원 이하의 벌금으로 되어 있다. 본조는 육상 및 수상의 교통을 방해하는 죄를 규정하고 있다.

2) 구성요건

(가) 객체

먼저 '육로'는 사실상 일반공중의 왕래에 상용되는 육상의 도로를 널리 말하는 것으로서 그 관리자나 소유자가 누구인가, 통행할 권리가 있는가, 또는 그 노면의 광협이나 통행인의 많고 적음 등은 불문한다.[10] 여기서 말하는 육로는 도로법에서 말하는 도로만으로 제한하지 않고 사실상 차량의 왕래에 공용되는 육로도 포함된다.[11]

---

9) 교통방해죄의 구성요건체계는 일반교통방해죄(형법 제185조)를 기본적 구성요건으로 하고, 기차·선박 등 교통방해죄(형법 제186조)와 기차 등 전복죄(형법 제187조)는 불법이 가중되는 가중적 구성요건으로 규정하였다. 전자는 객체의 특수성으로 인해 공공의 위험이 증가한다는 이유로, 후자는 행위태양에서 위험성이 크다는 이유로 불법이 가중된 것이다. 그리고 이상의 세 가지의 죄에 대한 과실범·중과실범(형법 제189조)과 미수범(형법 제190조)을 처벌하며, 불법이 가중되는 형법 제186조와 형법 제187조의 죄를 예비·음모한 자도 처벌한다(형법 제191조).
10) 대판 1999. 7. 27., 99도1651, 대판 1991. 12. 10., 91도2550, 대판, 1988. 4. 25., 88도18, 대판 1971. 3. 9., 71도152.
11) 대판 1995. 9. 15., 95도1475.

따라서 농로가 농가의 영농을 위한 경운기나 리어카 등의 통행을 위한 농로로 개설되었다 하더라도 그 도로가 사실상 일반공중의 왕래에 이용된다면 도로에 해당한다.[12] 그리고 학교 내의 토지에 무단출입하여 불법 통행한 경우와 그리고 소수인의 통행에 불과한 도로도 육로에 해당한다.[13] 그러나 단순히 개인용으로 이용하고 부수적으로 타인의 통행을 허락하였다면 육로에 해당하지 않는다.[14] 본죄는 공공위험죄이므로 위와 같이 개인이 사용하는 도로는 육로가 아니다. 그리고 철로는 형법 제186조와의 관계상 본조의 육로에서 제외된다.

'수로'는 선박의 항해에 사용되는 하천·해협·호수·항만·항구 등을 말한다. 공해상의 해로도 폭력으로 통행을 차단하는 등의 방법으로 교통방해의 대상이 될 수 있으므로 이에 포함된다.

'교량'은 일반공중의 통행에 사용되는 다리라고 부를 수 있는 정도의 것이라면 족하다.[15] 교량은 도로법에 의하여 도로의 인정을 받은 도로상에 설치된 교량에 한정될 것이며 또한 그것이 공유인가 사유인가는 불문한다. 하천·호소·계곡 등에 가설되어 있는 육교·잔교(구름다리)도 포함되지만 궤도의 일부인 철교는 제외된다.

(나) 행위

본죄의 행위는 손괴 또는 불통하게 하거나 기타 방법으로 교통을 방해하는 것이다. 여기에서 손괴·불통·기타 방법은 구성요건적 행위수단이고, 교통방해가 구성요건적 기본행위이다.

'손괴'란 물질적으로 파손하여 그 효용을 상실케 하거나 또는 감소케 하는 것을 말한다. 예컨대 도로를 파헤치거나 교량에 구멍을

---

12) 대판 1995. 9. 15., 95도1475.
13) 대판 1979. 9. 11., 79도1761.
14) 대판 1984. 11. 13., 84도2192.
15) 대판 1959. 3. 13., 4291형상562.

내는 것 등이 여기에 포함된다. 판례는 성수대교의 건설 당시의 부실제작 및 부실시공 등에 의하여 트러스가 붕괴되는 것도 손괴행위에 포함되는 것으로 보았다.[16]

'불통하게 하는 행위'는 유형의 장애물로서 왕래를 방해하는 일체의 행위를 말한다. 도로의 차단뿐만 아니라 왕래를 방해할 수 있는 정도의 교통장해의 설치행위라면 그 방법여하를 묻지 않는다. 골목길을 자신의 소유라는 이유로 약간의 공간만 남겨두고 담장을 설치하여 주민들의 통행을 현저히 곤란하게 하는 행위도 이에 해당한다.[17]

'기타방법으로 교통을 방해하는 행위'는 각종 행위수단 중 포괄적인 표지이므로 손괴와 불통하는 행위와 비슷하나 위험성을 가진 다른 행위[18]라고 해석된다.[19] 예컨대 허위의 통행금지표지판을 설치하거나 일방통행표지판을 원래의 방향과 반대의 방향으로 놓는 행위 등이다. 위와 같은 행위로 교통을 방해함을 요한다.

'교통을 방해하는 것'이란 차마가 도로를 왕래하는 것을 불가능 또는 곤란하게 하는 상태를 발생시키는 것을 말한다.[20] 본죄는 추상적 위험범이므로 손괴·불통·기타의 방법에 의한 교통방해로 말미암아 공공의 위험까지 야기할 필요는 없다.

---

16) 대판 1997. 11. 28., 97도1740.

17) 대판 1994. 11. 4., 94도2112.

18) 기타 방법은 손괴·불통에 준하는 행위이어야 한다는 견해(유기천, 형법각론(전정 신판), 1984, 일호각, 54면, 진계호, 형법각론(제3판), 대왕사, 1996, 689면)와 교통방해가 초래될 수 있는 방법이면 무엇이든 족하다는 견해(김일수, 형법각론, 505면, 박상기, 형법각론, 450면, 배종대, 형법각론, 599면, 이재상, 형법각론, 489면, 정성근 / 박광민, 형법각론, 549면, 정영석, 형법각론, 139면)가 있다. 기타의 방법에는 손괴와 불통하게 하는 행위 밖의 기타 방법이라고 보이므로 후자가 타당하다.

19) 독일형법 제315조제1항제3호 참조.

20) 대판 1995. 9. 15., 95도1475. 본죄를 구체적 위험범으로 보는 견해로 배종대, 형법각론, 596면, 손기식, 교통형법(제3판), 한국사법행정학회, 2000, 149면.

(2) 교통방해치사상죄

1) 의의

교통방해치사상죄는 일반교통방해죄(형법 제185조), 기차·선박 등의 교통방해죄(형법 제186조) 또는 기차 등의 전복 등 죄(형법 제187조)를 범하여 사람을 사상에 이르게 함으로써 성립하는 범죄이다(형법 제188조). 법정형은 치사의 경우 무기 또는 5년 이상의 징역, 치상의 경우 무기 또는 3년 이상의 징역으로 되어 있다.

본죄의 성격에 있어서 사람의 사상이라는 결과발생에 대한 과실이 있을 때 성립하는 결과적 가중범으로 보는 견해[21]와 사람의 사망의 결과와 상해의 결과를 구분하여 사망의 경우는 진정결과정 가중범, 상해의 경우에는 부진정결과적 가중범으로 보는 견해[22]로 나누어진다. 후자의 견해에서는 살인의 고의가 있는 때에는 전 3조와 살인죄의 상상적 경합이 되고 상해의 고의가 있는 때에는 본죄와 상해죄의 상상적 경합이 된다. 전자에 의할 경우 부진정결과적 가중범을 부인하는 입장이고 살인 또는 상해의 고의가 있으면 살인죄 또는 상해죄와 교통방해죄(형법 제185조 내지 형법 제187조)의 상상적 경합이라고 해야 한다.

2) 구성요건

'사람'은 당해 자동차 등에 현존하던 사람에 한하는가 아니면 위와 같은 교통기관 외에 있던 사람(예컨대 부근에서 보행하던 사람

---

21) 정영석, 형법각론, 142면, 황산덕, 형법각론(제7전정판), 방문사, 1983, 118면, 백형구, 형법각론, 청림출판, 2002, 465면.
22) 김일수, 형법각론, 507면, 이재상, 형법각론, 468면, 박상기, 형법각론, 452면, 배종대, 형법각론, 598면, 이형국, 형법각론연구(Ⅰ), 법문사, 1997, 479면, 진계호, 형법각론, 610면.

이나 일하던 사람)을 포함하는가가 문제로 된다.

본조가 일반교통방해죄(형법 제185조)를 범하여 사람을 사상에 이르게 한 경우까지도 포함시켜 규정하고 있어서 그 소정의 '사람'에 대하여 아무런 한정을 하지 않았기 때문에 여기서의 '사람'은 범인(공범자 포함) 이외의 모든 자를 포함한다고 보아야 한다.[23] 따라서 부근에서 보행하던 사람이나 일하던 사람도 포함된다고 본다.

'처벌'은 치상의 경우 무기 또는 3년 이상의 징역에, 치사의 경우 무기 또는 5년 이상의 징역에 처하도록 되어 있다. 본죄에 상응하는 일본형법 제126조는 치사의 경우만을 사형 또는 무기징역에 처한다고 규정하고 있다.

(3) 과실, 업무상과실·중과실에 의한 교통방해죄

1) 의의

과실교통방해죄는 과실로 인하여 일반교통방해죄(형법 제185조), 기차·선박등교통방해죄(형법 제186조), 기차등전복죄(형법 제187조)를 범함으로써 성립하는 범죄이다(형법 제189조 제1항). 업무상과실, 중과실교통방해죄는 업무상과실 또는 중과실로 교통을 방해함으로써 성립하는 범죄이다(형법 제189조 제2항). 법정형은 과실에 의한 경우는 1천만 원 이하의 벌금이고 업무상과실·중과실에 의한 경우는 3년 이하의 금고 또는 2천만 원 이하의 벌금형으로 되어 있다.

---

23) 손기식, 전게서, 160면 이하.

2) 구성요건

'과실'은 그 정도에 의하여 경과실과 중과실로 구별된다. 형법상 과실이란 경과실을 의미한다. 과실이란 일반적으로 행위자가 통상의 주의를 게을리 함으로써 결과발생을 예견·회피할 수 있었음에도 불구하고 그 주의를 게을리 하여 이를 예견·회피하지 못한 것을 말하는데, 중과실은 행위자가 극히 작은 주의를 함으로써 결과발생을 예견·회피할 수 있었음에도 불구하고 그 주의를 게을리 하여 이를 예견·회피하지 못한 경우를 말한다.[24] 양자의 구분은 구체적인 경우에 사회통념에 따라 결정되어야 할 것이다.

'업무'라 함은 사람이 사회생활상의 지위에서 계속적으로 행하는 사무를 말하며, 그것이 사무이건 공무이건 불문한다. 이러한 의미에서 업무에 종사하는 자가 우연히 당해 구체적인 행위에 관하여 상사의 허가를 받지 않았다고 하더라도 업무상의 행위가 아니라고 할 수 없다.[25] 따라서 본조의 업무상과실의 주체[26]는 자동차 등 기타 일반의 교통에 직접·간접적으로 종사하는 자라야 할 것이다. 이러한 업무에 종사하는 자에 대하여는 주의를 하여야 할 사항이 정해져 있는 경우가 많지만 그러한 주의를 한 것만으로 충분하다고 할 수 없고, 당해 업무에 비추어 경험칙상, 관습상 내지 조리상 요구되는 주의의무까지도 부담하는 것이다.

---

24) 김일수 / 서보학 형법총론(제9판), 박영사, 2002, 472면, 배종대, 형법총론(제6판), 홍문사, 2001, 575면, 박상기, 형법총론(제5판), 박영사, 288면, 손동권, 형법총칙론, 율곡출판사, 2001, 280면, 신동운, 형법총론, 법문사, 2001, 205면, 이재상, 형법총론(신정판), 1997, 164면, 임웅, 형법총론, 법문사, 2000, 435면, 정성근 / 박광민, 형법총론, 삼지사, 2001, 422면, 하태훈, 형법총론(전정판), 법원사, 2002, 443면, 團藤重光, 刑法綱要(各論), 創文社, 1982. 179面.
25) 대판 1973. 9. 29., 73도2037.
26) 업무상과실, 중과실로 인한 교통사고에 대한 가중 처벌 규정은 우리나라와 일본의 공통된 경향이고, 독일에서는 가중 처벌규정이 없다. 가중 처벌하고 있는 이유로는 운전자의 윤리의식, 교통법규 준수의식, 악질적인 교통범죄자에 대한 사회적 비난에 부응하는 입법이라 볼 수 있다.

'중과실'이란 행위자가 조금만 주의를 기울였더라도 주의의무를 위반하지 않을 수 있었던 사정하에서 특히 경솔·무모한 태도로 말미암아 이를 위반한 경우를 의미한다. 대법원은 중과실이 있었느냐의 여부는 구체적인 경우에 사회통념을 고려하여 결정하고 있다.[27]

3. 과실치사상의 죄

(1) 과실치상죄

1) 의의

과실치상죄는 과실로 인하여 사람의 신체를 상해에 이르게 함으로써 성립한다(형법 제266조 제1항).[28] 그러므로 본죄는 침해범이다. 법정형은 500만 원 이하의 벌금, 구류 또는 과료에 처한다.[29] 본죄는 반의사불벌죄이다(형법 제266조 제2항).

2) 구성요건

과실은 객관적 주의의무를 위반하여 범죄사실을 인식하지 못하였거나 결과발생에 대한 인용이 없는 경우를 말한다. 과실치상의 결과는 상해이며, 상해와 폭행에 대한 고의가 없는 때에만 인정된

---

27) 대판 1980. 10. 14., 79도305, 대판 1960. 3. 9., 4292형상761.
28) 과실치사상의 죄는 과실치상죄(형법 제266조)와 과실치사죄(형법 제267조)를 기본적 구성요건으로 하고 이에 대한 가중적 구성요건으로 업무상과실·중과실치사상죄(형법 제268조)를 규정하고 있다.
29) 과실치상죄는 민사상의 손해배상에 의하여 피해자의 구제를 도모할 수 있으며 굳이 가해자에게 형사책임까지 물어야 할 필요까지 있는 경우가 많지 않으므로 형벌도 벌금, 구류, 과료에 그친다.

다. 그러므로 주의의무위반(예컨대 과속운전)으로 인하여 발생한 사고가 의무준수(예컨대 규정속도준수)에서도 발생하였으리라고 예상되는 경우 다수설[30]은 의무위반관련성이 인정되지 않으므로 행위자에게 사상의 결과를 귀속시킬 수 없다고 하였다.

판례는 과실이 결과발생의 직접적인 원인이 된 때에만 인과관계를 인정하고 있다.[31] 따라서 차량운행 도중의 브레이크 고장 시 사이드브레이크를 조작하지 않거나,[32] 제한속도를 넘어서 운전하였다는 것이 사고의 직접적인 원인이 되지 아니한 때에는 사고에 대한 책임을 물을 수 없다고 하였다.[33] 그러나 피고인이 운전하던 차에 치여 쓰러진 사람이 다른 차에 다시 치여서 사망한 경우에는 인과관계를 긍정하고 있다.[34]

(2) 과실치사죄

1) 의의

과실로 인하여 사람을 사망에 이르게 함으로써 성립하는 범죄이다(형법 제267조). 사망의 결과에 대한 고의가 없어야 하고 과실로 인한 것이어야 한다. 본죄의 법정형은 2년 이하의 금고 또는 700만

---

30) 김일수, 형법각론, 84면, 배종대, 형법각론, 124면, 이재상, 형법각론, 64면, 조준현, 형법각론, 74면.

31) 판례는 승용차 운전자가 피고인이 진행하던 차선으로 달려오다가 급히 자기 차선으로 들어가면서 피고인이 운전하던 트럭과 교행할 무렵 다시 피고인의 차선으로 들어와 그 차량의 왼쪽 앞부분으로 트럭의 왼쪽 뒷바퀴 부분을 스치듯이 충돌한 사건에서 피고인이 중앙선 위를 달리지 아니하고 정상차선으로 달렸다 하더라도 이 사건 사고는 피할 수 없다 할 것이므로 피고인이 트럭의 왼쪽바퀴를 중앙선 위에 올려놓은 상태에서 운전한 것만으로는 이 사건 사고의 직접적인 원인이 되었다고는 할 수 없다고 하였다(대판 1991. 2. 26., 90도2856).

32) 대판 1977. 3. 8., 76도4174.

33) 대판 1980. 2. 12., 79도3004.

34) 대판 1990. 5. 22., 90도580, 대판 1972. 4. 25., 72도433.

원 이하의 벌금에 처한다. 본죄는 단순한 과실로 인하여 사람을 사
망시킨 경우의 처벌을 규정한 것이다. 본죄는 그 결과가 중함에 비
추어 반의사불벌죄가 아니다. 독일형법이나 일본형법도 이를 친고
죄로 규정하고 있지 않다.[35]

2) 구성요건

본죄도 전조에서와 마찬가지로 행위자의 행위가 사람의 사망의
원인으로 되었을 것과 행위자에게 결과회피를 위한 주의의무의 준
수가 요구되고 또한 그가 그것을 준수할 수 있었음에도 불구하고
이를 태만히 하였다는 과실이 있어야 성립한다.

(3) 업무상과실·중과실치사상죄

1) 의의

업무상과실·중과실치사상죄는 업무상과실·중대한 과실로 인하
여 사람을 사상에 이르게 함으로써 성립한다(형법 제268조). 법정
형은 5년 이하의 금고 또는 2,000만 원 이하의 벌금으로 되어 있
다. 본죄는 교통과실범의 일반적 처벌규정이라 할 수 있다.

2) 관련문제

본죄는 형법 제266조(과실치상죄)와 형법 제267조(과실치사죄)의
가중 처벌 규정으로서 가중 처벌의 근거는 학설의 대립[36]이 있으

---

35) 독일형법 제222조, 일본형법 제210조 참조.
36) 형이 가중되는 이유에 대하여 (ⅰ) 업무자라는 신분은 일반인에 비해 특히 무거
   운 주의의무가 가해지기 때문이라는 견해(배종대, 형법총론, 587, 손동권, 형법총
   칙론, 280면, 임웅, 형법총론, 435면), (ⅱ) 주의의무는 동일하지만 예견의무가 다

나, 업무자라는 신분에서 찾는 것이 바람직하다. 또한 대부분 교통
사고의 과실범의 경우 형법 제268조의 규정은 기타 특별법의 규정
과 경합관계에 있다.[37]

그러나 형법상 재물손괴에 대한 과실범처벌 규정이 없으나, 교통
사고로 인하여 발생한 재물 손괴(자동차 손괴 등)는 형법 제189조
제2항[38])에 의하여 처벌한다. 그런데 형법 제268조의 미수범은 처벌
하지 아니한다.

형법상 업무상과실치사상행위와 도로교통법상 안전운전주의위반
의 범칙행위는 서로 전혀 별개의 것으로 행위자가 통고처분에 따
른 범칙금을 납부했다고 해도 업무상과실치사상 내지 치사상 후
도주운전죄를 구성하는 데 별 영향을 미치지 않는다.

Ⅱ. 도로교통법

1. 개설

도로교통법은 도로에서 일어나는 교통상의 모든 위험과 장해를

르기 때문에 책임이 가중되어 무겁게 처벌된다는 견해(김일수 / 서보학, 형법총론,
568면, 이재상, 형법총론, 165면, 정성근 / 박광민, 형법총론, 422면), (iii) 재해의
위험성이 크기 때문에 일반예방의 목적으로 가중한다는 견해(유기천, 형법총론,
170면) 등이 있다.

37) 대판 1982. 2. 28., 81노276 −도로교통법 제43조에 규정된 안전운전의무와 형법
제268조의 주의의무는 그 내용과 범위가 일치하므로 형법 제40조의 소정의 추상
적 경합관계에 있다고 판시하고 있다.

38) 업무상과실 또는 중대한 과실로 인하여 형법 제185조 내지 형법 187조의 죄를
범한 자는 3년 이하의 금고 또는 2,000만 원 이하의 벌금에 처한다.

방지·제거하여 안전하고 원활한 교통을 확보함을 목적으로 한다(동법 제1조). 현행 도로교통법은 대부분의 교통위반행위를 범칙행위로 규정하고 그 법적 효과로서 형벌을 과하고 있기 때문에 그 위반행위가 범칙행위로서 취급되는 경우 이외에는 거의 대부분이 범죄로 취급되고 있다.[39]

본 장에서는 도로교통법 전 조문을 대상으로 검토하기보다는 실제생활에서 많이 발생하고 있는 부분은 교통사고처리특례법 부분에서 검토하기로 하고 도로교통법의 총론적인 부분에 대해서만 설명하는 방식을 취하기로 한다.

2. 도로교통법상 기본개념

(1) 도로

1) 개념

도로교통법 제2조 제2호는 도로를 "도로법에 의한 도로, 유료도로법에 의한 유료도로 그 밖의 일반교통에 사용되는 모든 곳"이라고 규정하고 있다. 도로교통법상의 도로가 사회통념상의 도로와 거의 같은 의미라고 할 수 있는 데 반하여, 도로법에서는 도로를 사회통념상의 도로보다 좁은 의미로 쓰고 있다. 이하에서는 도로교통법상 규정하고 있는 도로의 범위에 관해 살펴보면 다음과 같다.

---

39) 사회환경의 변화에 따라 도로교통법도 형사범화되는 경우가 있는데, 그 예로 신호 위반(도로교통법 제5조), 횡단 등의 금지(동법 제18조), 무면허운전(동법 제43조), 주취운전(동법 제43조) 등이다. 이와 같이 도로교통법은 행정상의 의무이행 확보차원을 넘어선 실질적 의미의 형법에 속한다고 볼 수 있다.

2) 도로의 범위

(가) 도로법상의 도로

도로법 제2조는 "이 법에서 도로라 함은 일반의 교통에 공용되는 도로로서 제8조에 열거한 것을 말한다"고 정의하고 있다.[40]

도로법은 도로의 설치 및 관리에 관한 기본법이다. 그러나 위에서 도로법의 정의에서 살펴본 바와 같이 일반의 교통에 쓰이는 도로가 모두 도로법에 의한 도로에 해당되는 것은 아니다. 따라서 일반의 교통에 쓰이는 도로로서 그 규모가 크고 기능이 중요하다고 하더라도 도로법상의 도로에는 해당되지 않는 경우도 있다.

(나) 유료도로법상의 유료도로

유료도로법 제2조에서 '유료도로'라 함은 "유료도로법 외에 사회간접자본시설에관한민간투자법 제26조에 따라 통행료 또는 사용료를 받는 도로"라고 규정하고 있다. 즉 도로법에 의한 도로 중 유료도로법에 의하여 통행료를 징수하는 도로를 가리킨다.

(다) 그 밖의 일반교통에 사용되는 모든 곳

그 밖의 일반교통에 사용되는 모든 곳이란 현실적으로 불특정다수의 사람 또는 자동차의 통행을 위하여 공개된 장소로서 교통질서 등을 목적으로 하는 일반교통경찰권이 미치는 공공성이 있는 곳을 의미하며, 특정인들 또는 그들과 관련된 특정한 용건이 있는 자들만이 사용할 수 있고 자주적으로 관리되는 장소는 이에 포함

---

40) 도로법 제8조에는 "도로의 종류는 다음 각 호와 같고, 그 등급은 다음에 열거한 순위에 의한다"고 정의한 후 ① 고속국도, ② 일반국도, ③ 특별시도·광역시도, ④ 지방도, ⑤ 시도, ⑥ 군도, ⑦ 구도 등을 열거하고 있다. 도로법이 정의하는 도로에는 터널·교량·도선장·도로용 엘리베이터 및 도로와 일체가 되어 그 효용을 다하게 하는 시설 또는 공작물을 포함한다(도로법 제2조).

되지 아니한다.

3) 도로의 판단기준

(가) 도로의 일반교통성(공개성)

여기서 그 밖의 일반교통에 사용되는 모든 곳이란 현실적으로 불특정 다수의 사람 또는 차량의 통행을 위하여 공개된 장소로서 교통질서유지 등을 목적으로 하는 일반 교통경찰권이 미치는 공공성이 있는 곳을 의미하는 것으로[41] 특정인들만이 사용할 수 있고 자주적으로 관리되는 장소는 도로교통법상의 도로에 포함되지 않는다.[42]

따라서 건물부설주차장, 아파트 단지 내의 주차공간(주차구획선), 학교교정 등은 도로로 볼 수 없고 병원, 관공서, 대중음식점, 병원, 호텔 등의 통로부분 등은 도로교통법상의 도로에 해당한다.[43] 즉 어떤 장소가 일반교통에 사용되는 곳으로 되기 위해서는 공개성이 있어야 함을 분명히 하고 있다.

결론적으로 제한이나 조건이 있어도 결국 그 장소가 불특정 다수인이나 차량의 통행이 허가되는 장소인 것을 인정하면 도로라고 해석할 수 있다. 그러나 이와 같은 장소라 하여도 그 장소의 관리자가 그 장소의 출입구에 말뚝을 게시하는 등 공개를 중지(폐쇄)하면, 이미 도로교통법상의 도로는 아니라고 해석된다. 공개성의 판단과 관련하여 우리나라의 판례를 보면, 아파트 단지 내의 통행로,[44] 병원구내의 통로 중 주차구획 외의 통로부분[45]은 도로로 인정하였

---

41) 대판 1999. 12. 10., 99도2127.
42) 대판 1992. 10. 9., 92도1662.
43) 대판 1994. 1. 25., 93도1574.
44) 대판 2001. 7. 2000도6909.
45) 대판 1994. 1. 25., 93도1574.

고 주차장으로 사용되는 주점 옆 공터,[46] 시청 내 광장주차장,[47] 대학구내[48]는 도로가 아니어서 주취운전죄로 처벌할 수 없다.

(나) 도로이용의 객관성·계속성·반복성(이용성)

일반교통의 사용에 제공된 장소이기 위해서는 특정장소의 통행공개성 외에 객관적·계속적·반복적인 사실상의 이용이 있어야 한다. 예를 들면, 공지의 소유자가 사람과 차의 통행을 일반적으로 인정한다는 의사표시에도 불구하고 누구도 통행하지 않거나 때때로 통행하더라도 반복적·계속적으로 이용되지 않는 때에는 아직 일반교통의 사용에 제공되는 장소라고 할 수 없다.

이에 대한 판례는 공중변소로 통하는 공지,[49] 보수공사 중의 장소,[50] 해안매립지 내의 공장예정지,[51] 하천제방내부[52]는 일반교통에 사용되는 장소로 보았고 주택건축현장[53]은 일반교통에 사용에 제공되는 장소로 보지 않았다.

(다) 도로의 형태성

어떤 장소의 도로여부를 판단함에 있어 그 장소가 도로의 외관을 갖추었는가는 필요로 하지 않는다. 그 이유는 도로로서의 외관을 필요로 하지 않는 곳 또는 사회통념상 도로라 하기에 어울리지 않는 곳이라도 그것을 현실적으로 다수의 차가 통행해 온 사실을 인정하는 이상 도로교통법의 목적인 교통의 안전과 원활을 꾀하기

---

46) 대판 1993. 3. 12., 92도3046.
47) 대판 1992. 9. 22., 92도1777.
48) 대판 1996. 10. 25., 96도1848.
49) 昭和 35. 4. 16, 大阪反高裁
50) 昭和 36. 2. 8, 高松高裁
51) 昭和 37. 7. 30, 東京高裁
52) 昭和 37. 11. 29, 仙台高裁秋田支部
53) 昭和 40. 12. 6. 函館地裁

위해 법에 의한 규제를 할 필요성이 강하기 때문이다.

그러므로 사도나 숲 속의 길[54) 등이 어느 정도 도로로서의 외관을 갖추고 있는 것은 물론 외관을 갖추지 않은 광장, 공원 내의 통로, 사찰 등의 경내, 소학교의 운동장, 해안매립지 내의 일부 노면,[55) 등의 경우에도 일정한 요건만 갖추면 도로교통법의 규제대상이 되는 도로로 된다. 그러나 광장 등의 전부가 항상 도로로 되는 것은 아니고, 실제로 일반교통의 사용에 제공되는 것을 객관적으로 식별할 수 있는 부분이 도로로 되는 것은 물론이다. 즉 일반교통에 사용된다고 하는 어느 정도의 외형을 필요로 한다.

도로의 외양을 갖추었는지의 유무에 관하여 일본판례는 "일반교통의 사용에 제공되는 기타의 장소라 함은 실제로 공중, 즉 불특정 다수인, 차량 등의 교통에 사용되어 온 장소를 가리키고, 반드시 도로의 형태를 갖출 필요는 없다"[56)고 하고 있다.

4) 도로여부의 구체적 검토

(가) 주차장의 도로성 판단여부

주차장에서의 사고가 실제로 빈번히 발생하고 있고, 이에 대한 법적용이 명확하지 않다는 현실을 볼 때 주차장의 도로 여부에 대한 판단기준에 대하여 검토가 필요하다. 주차장법상 주차장이라 함은 자동차의 주차를 위한 시설로서 노상주차장, 노외주차장, 부설주차장으로 나뉜다(동법 제2조).

판례는 "대형건물의 부설주차장은 불특정다수의 사람이나 차량 등의 통행을 위하여 공개된 장소라고 인정되지 아니한다면 도로교통법 소정의 도로로 볼 수 없다"[57)고 하고, "빌딩주차장은 도로법

---

54) 昭和 36. 2. 8, 高松高裁
55) 昭和 37. 7. 30, 東京高裁
56) 昭和 45. 6. 3, 東京高裁

이나 유료도로법상의 도로가 아닐 뿐 아니라 일반교통에 사용되는 곳이 아니어서 도로교통법상의 도로라고 볼 수 없다"[58]고 판시하였다. 즉 판례는 주차장이 일반에의 공개성과 출입제한여부에 따라 도로여부를 판단하고 있다. 그리하여 "주취운전은 반드시 도로에서 이루어져야 하며 호텔 부설주차장으로 나이트클럽에 출입하는 자들을 위한 소규모의 주차장은 도로교통법 소정의 도로라고 볼 수 없어 동법의 주취운전죄로 처벌할 수 없다"[59]는 것을 밝히고 있다.

(나) 주취운전과 도로성 판단여부

판례는 주취운전은 도로에서 이루어진 경우에만 처벌이 가능하다는 견해를 표명하고 있다. 이는 주취운전을 금지하고 있는 도로교통법 제44조 제1항의 구성요건 자체에는 명시적으로 규정되어 있지 아니하다. 따라서 주취운전을 도로가 아닌 곳에서 운전한 경우에도 처벌이 가능하지 않겠냐는 견해도 있을 수 있다. 그러나 도로교통법의 입법취지, 앞서 본 바와 같이 공공의 위험이 보호법익이라는 점 및 동법 제2조 제24호가 '도로'에서 차마를 그 본래의 방법으로 사용하는 것을 운전이라고 정의하고 있다는 점 등을 고려하면 주취운전이 도로상에서 이루어질 것을 요건으로 한다고 보아야 할 것이다.

부설주차장에서의 주취운전의 성립을 부인한 판례를 보면 피고인이 건물에 부설된 주차장에서 단순히 주차된 차의 위치를 옮기기 위하여 자동차를 운행한 경우에는 도로교통법상의 도로에서 차를 사용했다고 보기 어렵고,[60] 호텔주차장도 도로에서 운전한 것이라고 볼 수 없다[61]고 보았다. 즉 경비원이 상주하고 출입이 허용되

---

57) 대판 1992. 10. 9., 92도1662.
58) 대판 1993. 7. 13., 92누18047.
59) 대판 1992. 4. 14., 92도448.
60) 서울지판 1992. 2. 17., 97노2324.

는 차량이 그 건물시설의 이용객으로서 제한이 된다 하더라도 그 대상이 불특정한 다수인이라면 주취운전은 도로교통법상의 도로로서 주취운전으로 처벌할 수 있다는 것이다. 따라서 부설주차장은 이용대상의 제한성에도 불구하고 그 제한된 이용대상이 불특정인이라면 도로로 인정해야 할 것이다.

(다) 통행금지도로의 도로성 판단여부

도로보수를 위해 도로의 관리자가 도로표지를 가지고 일반인의 통행을 금지하고 있는 경우 그 통행이 금지되고 있는 도로는 도로교통법상의 도로가 아닌지에 관한 의문이 있다. 이와 관련하여 그러한 장소도 역시 도로가 된다고 하는 일본판례가 있다. 즉 통행금지 표지만을 가지고는 금지구간 내에 일반통행인이 들어오는 것을 완전히 방지하는 것은 아니고, 소위 '위험'이라는 도로표지는 사람에 대한 위험에 한하지 않고, 통행금지구간 내에 있어 공사에 종사하는 자, 즉 구간 내에 있는 물건에 대한 위험도 포함하는 것이라고 해석할 수 있으므로 도로보수를 위한 통행금지표시를 하고 있는 도로에 대해서도 도로교통법상의 도로로 인정[62]하고 있다.

(2) 차마

1) 차의 종류

도로교통법 제2조 제16호에서 '차마'라 함은 차와 우마를 말한다. '차'라 함은 자동차·건설기계[63]·원동기장치자전거·자전거 또

---

61) 마산지판 1992. 4. 14., 92노2698.
62) 昭和 42. 5. 31, 東京高裁
63) 덤프트럭, 아스팔트살포기, 노상안정기, 콘크리트믹서트럭, 콘크리트펌프, 천공기, 특수건설기계 중 국토해양부장관이 지정하는 건설기계를 말한다.

는 사람이나 가축의 힘 그 밖의 동력에 의하여 도로에서 운전되는 것으로서, 철길 또는 가설된 선에 의하여 운전되는 것과 유모차 및 신체장애자용 의자차 외의 것을 말하며, '우마'라 함은 교통·운수에 사용되는 가축을 말한다.

도로교통법 제2조 제17호에서 '자동차'라 함은 철길 또는 가설된 선에 의하지 아니하고 원동기를 사용하여 운전되는 차(견인되는 자동차도 자동차의 일부로 본다)로서 자동차관리법 제3조의 규정에 의한 승용자동차·승합자동차·화물자동차·특수자동차·이륜자동차 및 건설기계관리법 제26조 제1항 단서의 규정에 의한 건설기계를 말한다. 다만, 제18호의 규정에 의한 원동기장치자전거를 제외한다.

도로교통법 제2조 제18호에서 '원동기장치자전거'라 함은 자동차관리법 제3조의 규정에 의한 이륜자동차 중 배기량 125cc 이하의 이륜자동차와 50cc 미만의 원동기를 단 차를 말한다.

2) 구체적 검토

도로교통법 제2조 제17호의 정의에 비추어 볼 때 기차, 전동차, 항공기, 선박 등이 차에 포함되지 않음은 명백하다. 그리고 동조 제16호의 규정에 비추어 볼 때 자동차관리법 제3조의 규정에 의하여 국토해양부령으로 정한 보통자동차, 소형자동차, 특수자동차는 모두 차에 해당하고 원동기장치자전거 그 밖의 일반자전거, 우마차, 경운기 등도 위의 차에 해당하나 전동차 등 궤도차의 케이블카, 소아용의 자전거(예컨대 세발자전거), 유모차 그리고 신체장애자용 휠체어 등은 차에 해당하지 아니한다. 여기서 특히 문제가 되고 있는 경운기와 건설기계, 50cc 미만의 원동기장치자전거의 경우에 대해 살펴보고자 한다.

(가) 경운기

자동차관리법 제2조에 의하면 "자동차라 함은 원동기에 의하여 육상에서 이동할 목적으로 제작된 용구를 말한다"고 규정하고 있는 바, 경운기는 이동할 목적으로 제작한 용구가 아니라 영농을 위해 제작된 농업기계로서 동법 소정의 장치를 갖추지 못하였으므로 자동차에는 해당하지 아니한다(단 차에는 해당됨).[64] 따라서 도로교통법 소정의 운전면허를 받지 아니하고 경운기를 운전하거나 주취 중에 운전하였더라도 동법에 의한 처벌대상이 되지 아니한다.

(나) 건설기계

건설공사장에서 사용되는 기계인 건설기계가 차에 포함되는지의 여부가 문제되나 도로교통법 제80조 소정의 1종 대형면허를 취득하지 아니하고 덤프트럭, 콘크리트믹스트럭 등 국토해양부령이 정하는 건설기계를 운전한 경우, 주취 중에 이를 운전한 경우 모두 도로교통법 소정의 처벌대상에 해당된다. 다만, 위 국토해양부령이 정하는 일정한 기계 이외의 일반건설기계[65]는 건설기계운전사면허를 받으면 운전이 가능하다.

(다) 50cc 미만 원동기장치자전거의 경우

도로교통법상 원동기장치자전거라 함은 "자동차관리법 제3조의 규정에 의한 이륜자동차 중 행정안전부령이 정하는 차를 말한다"고 규정하고 있고 도로교통법은 50cc 미만의 원동기를 단 차를 원동

---

64) 현재 농업기계는 운전면허 없이도 도로에서 운전이 가능하다. 이에 대하여 이를 악용하여 무면허자가 농업기계를 개조하여 사실상의 소형트럭으로 불법 사용하는 사례가 많아지고 있다. 대법원은 속칭 "딸딸이"는 본질적인 구조와 기능이 농업기계로 보아야 하고 도로교통법상의 자동차로 볼 수 없다고 하였다(대판 1987. 3. 24., 85도1979).
65) 여기서는 불도저, 굴삭기, 로더, 지게차, 기중기, 롤러, 콘크리트살포기, 쇄석기, 준설선, 기타 중기 등 20종이 있다.

기장치자전거에 포함시키고 있으므로 50cc 미만의 원동기장치자전
거 역시 동법의 규제대상에 포함된다.

(3) 운전

1) 개념

운전이라 함은 도로에서 자동차 등을 그 본래의 사용방법에 따
라 사용하는 것(조종하는 것)을 말한다(도로교통법 제2조).[66] 본래
의 사용방법이란 자동차 등을 원동기를 사용하여 움직이게 하는
것을 의미하고 자동차 등을 우마로 끌거나 인력으로 밀어서 움직
이는 것은 사용방법에 따른 사용이 아니므로 운전이라 할 수 없다.
따라서 비탈길에서 시동을 걸지 않은 채 타력만으로 주행시킨 경
우 운전이 아니다.

판례는 "피고인이 자동차를 절취할 생각으로 자동차의 조수석
문을 열고 들어가 시동을 걸려고 시도하는 등 차 안의 기기를 이
것저것 만지다가 핸드브레이크를 풀게 되었는데 그 장소가 내리막
길인 관계로 시동이 걸리지 않은 상태에서 약 10미터 전진하다가
가로수를 들이받는 바람에 멈추게 되었다면 절도의 기수에 해당한
다고 볼 수 없을 뿐 아니라 도로교통법 제2조 제19호 소정의 자동

---

66) 도로교통법상 운전의 개념은 자동차손해배상보장법 제2조 제2호의 '운행'과 같은
   개념은 아니다. 즉 자동차손해배상보장법 제2조 제2호는 '운행'이라 함은 사람
   또는 물건의 운송 여부에 관계없이 자동차를 당해 장치의 용법에 따라 사용하는
   것이라고 정의하고 있다. 여기에서 자동차를 당해 장치의 용법에 따라 사용한다
   는 것은 자동차의 용도에 따라 그 구조상 설비되어 있는 각종의 장치를 각각의
   장치 목적에 따라 사용하는 것을 말한다. 판례는 자동차가 반드시 주행 상태에
   있지 않더라도 주행의 전후단계로서 주·정차 상태에서 문을 열고 닫는 등 각종
   부수적인 장치를 사용하는 것도 포함한다고 하여(대판 1994. 8. 23., 93다59595),
   자동차손해배상보장법상의 '운행'은 도로교통법상의 '운전'보다 넓은 개념으로 보
   고 있다(대판 1999. 11. 12. 98다30834).

차의 운전에 해당하지 아니한다"고 판시하였다.[67]

그리고 자동차 등이 현실적으로 움직일 필요까지는 없고 제반장치가 이루어지면 운전이 있었다고 보아야 할 것이다. 즉 자동차의 시동을 걸고 기어를 작동시켜 출발하려다 적발된 경우 등은 운전행위에 해당한다고 봄이 타당하다.

2) 운전행위의 장소

도로교통법 제2조의 '일반교통에 사용되는 모든 곳'이라 함은 현실적으로 불특정 다수의 사람 또는 차량의 통행을 위하여 공개된 장소로서 교통질서유지 등을 목적으로 하는 일반 교통경찰권이 미치는 공공성이 있는 곳을 의미하고, 특정인들 또는 그들과 관련된 특정한 용건이 있는 자들만이 사용할 수 있고 자주적으로 관리되는 장소는 이에 포함되지 않는다.[68]

운전행위는 도로에서 이루어져야 한다. 막다른 골목길 등과 같은 곳도 법에서 말하는 도로에 해당하고, 또 이러한 장소에서 자동차의 시동을 걸어 이동하였다면 그것이 주차를 위한 것이라거나 주차시켜 놓았던 차량을 똑바로 정렬하기 위한 것이더라도 '차량을 그 본래의 사용방법에 따라 사용'하는 것으로서 도로교통법에서 말하는 '운전'에 해당한다.[69] 그러나 주차장으로 사용되는 여관 옆 공터가 일반공중이나 차량들이 자유로이 통행할 수 있는 통행장소가 아니라면 도로교통법상의 도로라고 할 수 없어 도로교법상의 운전에 해당하지 않는다.

---

67) 대판 1994. 9. 9., 94도1522.
68) 대판 2001. 7. 13., 2000두6909.
69) 대판 1993. 6. 22., 93도828.

3. 특례법과의 관계

(1) 특례예외조항과 도로와의 관계

특례법 제3조 제2항과 제4조는 교통사고 중 업무상과실치상죄, 중과실치상죄와 도로교통법 제151조의 죄의 경우 제3조 제2항 단서조항이나 특정범죄가중처벌등에관한법률(이하에서는 '특가법'으로 약칭한다) 제5조의 3 소정의 뺑소니차량의 경우를 제외하고는 피해자의 명시한 의사에 반하거나 교통사고를 일으킨 차가 보험이나 공제에 가입한 때에는 그 운전자에 대하여 공소를 제기할 수 없다는 반의사불벌죄로 규정하고 있다.

또한 특례법 제4조 제1항 본문은 교통사고를 일으킨 차가 보험업법 제4조 및 126조 내지 128조, 육운진흥법 제8조 또는 화물자동차운수사업법 제51조의 규정에 의하여 보험 또는 공제에 가입된 경우에는 업무상과실 또는 중과실치상·재물손괴의 범죄를 범한 당해 차의 운전자에 대하여 공소를 제기할 수 없다고 규정함으로써, 위와 같은 보험 또는 공제에 가입된 경우에는 특례법 제3조 제2항 본문에 규정된 피해자의 명시적인 처벌불원의사가 있는 것과 같이 처리하도록 하고 있다. 그런데 제3조 제2항 단서의 특례예외규정은 도로교통법의 규정을 원용하거나 그 위반을 전제하고 있으므로 이는 도로교통법상의 도로에서 발생한 사고의 경우에만 공소제기할 수 있느냐 하는 의문이 있다.

(2) 특례예외의 규정형식

특례예외조항은 단순히 도로교통법의 조문을 원용하고 있는 것과 도로교통법위반을 전제하고 있는 것으로 규정하고 있다.

첫째, 단순히 도로교통법의 조문을 원용하는 사례가 있는바, 예를 들면 단서 제1호는 '도로교통법 제5조의 규정에 의한 신호기 또는 교통정리를 하는 경찰공무원 등의 신호나 통행의 금지 또는 일시정지를 내용으로 하는 안전표지가 표시하는 지시에 위반하여 운전한 경우'라고 규정하여 도로교통법 제5조를 단순히 원용하는 데 그치고 있다(같은 형식으로는 단서 제1호, 제3호, 제4호, 제5호, 제6호, 제10호).

둘째, 도로교통법위반을 전제하고 있는 것으로 단서 제2호는 '도로교통법 제13조 제3항의 규정에 위반하여 중앙선을 침범하거나 동법 제62조의 규정에 위반하여 횡단, 유턴, 또는 후진한 경우'라고 규정하여 도로교통법 제18조 제1항 위반을 전제로 하고 있다(같은 형식으로는 단서 제2호, 제7호, 제8호, 제9호, 제11호).

(3) 해석론

특례법은 모든 장소에서 발생한 차의 교통으로 인한 사고에 적용되는 것이기는 하지만 규정의 형식이 도로교통법의 위반을 전제로 하는 경우에는 죄형법정주의의 한 내용인 엄격해석이라는 형법해석의 원칙상 도로교통법상의 도로에서의 사고에 한정할 수밖에 없으며, 단순히 도로교통법의 조문을 원용함에 그치는 경우에는 반드시 도로교통법상의 도로에서의 사고에 한정할 필요는 없다고 해석해야 한다는 견해가 있다.[70]

이러한 특례법 규정에 따르면 중앙선침범, 무면허운전, 주취운전, 보도돌진 사고 등은 도로에서 발생한 사고에 국한하여야 할 것이

---

70) 신용균 외, 도로교통법해석연구, 도로교통안전관리공단, 2002, 24면.

고, 신호위반, 제한속도위반, 앞지르기방법위반, 건널목통행방법위반, 횡단보도, 개문발차 등의 경우에는 비록 도로상[71]의 사고가 아니라 하더라도 공소제기가 가능할 것이다. 그러나 이러한 유형의 구분은 문장표현상의 차이에 불과하며 실질적으로 아무런 차이가 없음에도 불구하고 둘째 유형에 대해서만 엄격해석의 원칙이 적용된다고 보는 것은 타당하지 않다. 첫 번째 유형의 법조문도 "도로교통법 제39조 제2항의 규정에 위반하여 추락방지의무를 이해하지 아니하고 운전한 때"라고 표현하더라도 실질적 내용에는 아무런 차이가 없다. 따라서 첫 번째 유형과 두 번째 유형 모두에 대하여 엄격해석의 원칙이 적용된다고 보아야 할 것이다. 따라서 도로가 아닌 곳에서 개문발차를 한 경우에는 특례규정의 적용이 배제된다고 할 것이다.

Ⅲ. 교통사고처리특례법

1. 입법취지

특례법의 주된 목적은 교통사고로 피해 입은 자에 대한 신속한 피해회복과 가해운전자에 대한 형사처벌을 간편하고 신속하게 함으로써 국민생활의 편의를 도모하자는 것이다.[72]

---

71) 예컨대 대형주차장의 경우 그 안에 설치된 신호기 신호에 위반하거나 그곳에 근무하는 교통경찰관 수신호에 위반하여 발생한 사고, 제한속도를 20킬로미터 초과하여 발생한 사고, 그곳에 설치된 횡단보도사고, 개문발차사고 등

72) 동법은 업무상 과실 또는 중대한 과실로 교통사고를 일으킨 운전자에 대한 형사처벌 등의 특례를 인정함으로써 교통사고로 인한 피해자의 신속한 회복을 촉진

　도로교통법이 교통의 원활한 소통과 교통사고의 예방을 목적으로 제정된 법이라면 특례법은 이러한 교통사고의 사전예방에도 불구하고 교통사고가 발생한 경우 신속한 사후처리를 목적으로 하는 것이며, 양자는 모두 교통질서유지와 교통사고방지 및 교통사고로 인한 피해자의 보호를 목적으로 제정된 법이라 할 수 있다.

　우리사회가 교통수단 이용의 불가피성과 그로 인한 교통사고발생의 불가피성을 함께 인정하면서 일정한 범위 내의 법익침해는 사회구성원 모두가 감수치 않으면 안 된다는 사고에 의하여 피해자에 대한 문제는 그 침해에 대한 적절한 보상으로 대체하여 가해자는 형사처벌의 대상에서 제외시켜야 한다는 급진적인 이론이 등장하게 되었고, 1981년 12월 31일 법률 제390호로 특례법이 제정되었고 1982년 1월 1일부터 시행되어 이후 9차례(2008. 3. 21.)의 개정을 거쳐서 오늘날에 이르고 있다.

2. 적용범위

　특례법이 제정, 시행되기 이전에는 차의 교통으로 인한 사고의 운전자를 형사처벌할 경우, 그 사고가 인적 피해를 야기하였으면 형법 제286조의 업무상과실치사상죄로, 물적 피해를 야기하였으면 도로교통법상 과실재물손괴죄로 의율하였다. 그러나 특례법은 이러한 형법 제268조와 도로교통법상 과실재물손괴에 해당하는 교통사고를 야기한 운전자를 형사처벌할 경우만을 그 적용범위로 하고 있다. 그러므로 특례법이 적용되기 위하여 필요한 요건은 첫째, 차의 교통으로 인한 사고이어야 하고, 둘째, 그 사고운전자에게 형법 제

하고 국민생활의 편익을 증진함을 목적으로(법 제1조) 1981. 12. 31. 법률 제3490호로서 제정·공포되어 1982년 1월 1일부터 시행되고 있다.

268조나 도로교통법 제151조를 의율하여 형사처벌하는 경우이어야 한다. 이를 분설하면 다음과 같다.

(1) 차의 교통으로 인한 사고

'차의 교통'이란 차[73]를 도로에서 운행하는 것을 말한다. 도로교통법상의 차의 교통이란 차를 도로에서 운행하는 경우로 한정시키고 있으나 특례법상 차의 교통은 장소적으로 한정되는 것이 아니라 앞에서 열거한 차를 운행함으로써 충분하고 그 운행 장소가 도로이든 공장 안이든 불문한다.[74] 특례법에서 교통사고라 함은 차의 교통으로 인하여 사람을 사상하거나 물건을 손상하는 모든 경우를 말하는 것이므로 이를 도로교통법이 정하는 도로에서의 교통사고의 경우로 제한해야 할 아무런 근거가 없다. 또한 차의 교통으로 인한 사고, 즉 교통사고란 차의 교통이 원인이 되어 인적 또는 물적 피해가 발생하는 것으로서 여기서의 인적 피해란 사고운전자 외의 사람이 다치거나 죽은 것이고, 운전자 외의 사람이란 사고를 낸 운전자 외의 사람인 이상, 사고를 낸 자의 승객이든 길 가던 행인이든 불문한다.[75]

차를 본래의 방법에 따라 운행 중에 그 운행이 원인이 되어 사고가 발생하여야 하므로 정차 중인 차에 사람이나 물건이 부딪쳐

---

73) 도로교통법 제2조 제16호에 규정한 인력, 축력, 기타의 동력에 의하여 도로상에서 운전되는 것으로 소아차 및 신체장애자용의 차 이외의 차를 말한다. 따라서 일반자전거, 우마차, 경운기, 경운기를 개조한 속칭 「딸딸이」 및 손수레 등도 위 차에 속한다. 그러나 열차나 전동차 등 궤도차나 삭도에 의해 움직이는 케이블카는 차에 해당하지 아니한다.
74) 대법원은 도로교통법상 정하는 도로에서의 교통사고로 제한해야 할 아무런 근거가 없다고 하면서 차의 교통으로 인하여 발생한 모든 경우에 적용한다고 보았다(대판 1996. 10. 25., 96도1848).
75) 신용균 외, 전게논문, 30면.

다치거나 손괴된 경우, 정차 중인 차가 저절로 굴러 인적 물적 피해가 발생한 경우는 교통사고가 아니나, 운전자가 차의 시동을 걸거나 정차시키는 순간 갑자기 차가 앞으로 밀려나가면서 그 차 앞을 지나가던 행인이 다친 경우 등은 교통사고라고 할 것이다.

그리고 물적 피해란 사고를 낸 차 외의 물건이 손괴되는 것으로 그 피해물건이 사고를 낸 차량 외의 것인 이상 가해차량 안에 있는 승객의 물건이든 피해차량이 손괴된 경우이든 주변건물이나 시설물 또는 신호기 등이 손괴된 경우든 불문한다.

(2) 형법 제268조나 도로교통법 제151조에 해당

특례법은 형법 제268조나 도로교통법 151조에 해당하는 범죄행위에 대하여 일정한 경우에 대한 형사상 처벌에 대한 특례를 규정한 것이므로 당연히 형법 제268조의 '업무상 과실 또는 중대한 과실치사상'과 도로교통법 제151조의 '차의 운전자가 업무상주의를 게을리 하거나 중대한 과실로 다른 사람의 건조물이나 기타의 물건을 손괴한 경우'에 적용된다.

그러므로 교통사고를 낸 결과 인적 피해를 야기한 운전자 등이 구호조치를 하지 않고 도주한 경우에는 특가법 제5조의 3(뺑소니운전)이 적용되므로 이때는 특례법이 적용되지 아니하고, 고의로 교통사고를 위장하여 사람을 사상케 한 경우도 형법 제268조에 해당하지 아니하므로 특례법이 적용되지 아니한다.

(3) 사고운전자를 형사처벌하는 경우일 것

특례법은 교통사고를 낸 운전자를 형사처벌하는 경우에 그 특례로서 적용되는 것이지, 운전자 아닌 자를 형사처벌하는 경우(예를 들어 조수나 차량정비원의 과실로 교통사고가 발생하여 인적·물적 피해가 발생한 경우에는 그 조수나 정비원을 형사처벌하는 경우) 또는 민사상 손해배상을 청구하거나 행정상 제재를 가하는 경우에 적용되는 법이 아니다.

특례법의 입법목적이 피해자의 신속한 피해회복에 있지만 이는 피해회복 유무에 따라 사고운전자의 형사처벌을 달리하는 반사적 효과를 통하여 그러한 목적을 달성하려는 것이지 피해자의 피해회복을 위한 민사문제를 규율하는 법은 아니다.

3. 특례법상의 특례

특례법 제3조 제1항은 "차의 운전자가 교통사고로 인하여 형법 제268조의 죄를 범한 때"라고 규정하고, 동조 제2항은 "차의 교통으로 제1항의 죄 중 업무상과실치상죄 또는 중과실치상죄와 도로교통법 제151조에 해당하는 죄를 범한 운전자에 대하여는 피해자의 명시한 의사에 반하여 공소를 제기할 수 없다"고 규정하고 있다. 특례법이 동법 적용범위 내에 있는 사고운전자를 형사처벌함에 있어서 어떤 경우에 공소를 제기하지 못하도록 규정하고 있다. 정리하면 다음과 같다.

(1) 공소를 제기 못하는 경우

(가) 피해자가 사망하지 않고 상해를 입은 데 불과한 경우
교통사고 당시에 피해자가 상해를 입은 데 불과하여 공소를 제

기하지 못하는 것으로 처리하였다가 그 후 피해자가 사망하면 다시 사고운전자를 처벌할 수 있다. 어느 정도의 피해를 상해로 볼 것인가는 형법상의 상해의 개념으로 보아야 할 것이다. 즉 통설과 판례의 태도인 생리적 기능훼손설로 보는 것이 타당하다. 실무에서는 통상 의사의 진단서나 소견서 등으로 보아 치료의 필요성이 있으면 상해로 본다.

(나) 교통사고가 특례법 제3조 제2항 단서조항의 사유로 인한 것
     이 아닐 것

특례법 제3조 제2항의 단서는 ① 신호 또는 지시위반, ② 중앙선침범, 횡단·유턴·후진위반, ③ 제한속도 20킬로미터 초과, ④ 앞지르기 방법 또는 금지위반, ⑤ 건널목통과방법위반, ⑥ 횡단보도에서의 보행자보호의무 위반, ⑦ 무면허운전, ⑧ 음주 등 운전, ⑨ 보도침범 및 보도횡단방법 위반, ⑩ 승객추락방지의무위반, ⑪ 어린이보호구역에서의 주의의무위반 이상 11개 항목에 해당하는 사유로 교통사고를 낸 경우는 사고운전자를 형사처벌하도록 규정하고 있으므로 위의 각 항목의 어느 경우에도 해당하지 않는 교통사고이어야 한다.

(다) 사고 후 도주한 사실이 없을 것

특례법 제3조 제2항 단서는 "차의 운전자가 제1항의 죄 중 업무상과실치사상죄 또는 중과실치사상죄를 범하고 피해자를 구호하는 등 도로교통법 제54조 제1항의 규정에 의한 조치를 하지 아니하고 도주하거나 피해자를 사고 장소로부터 옮겨 유기하고 도주한 경우에는 그러하지 아니하다"고 규정하여 공소를 제기 못하는 사유에서 제외시키고 있다. 구호조치를 하고 도주한 경우이거나 상당시간 경과 후 구호조치를 한 것은 구호조치가 아니다.

(라) 피해자가 처벌을 원하지 않거나 보험에 가입되어 있는 경우

피해자가 처벌을 원하지 않을 경우란 피해자가 수사기관이나 법원에 대하여 무조건적이고 적극적, 명시적으로 하여야 한다. 그러므로 "치료만 제대로 해준다면 처벌을 원하지 않는다"거나 "합의가 제대로 되면 처벌을 원하지 않는다" 등의 말은 여기에서의 사고운전자처벌을 원하지 아니하는 경우에 해당하지 아니하고, 수사기관에 처벌의사를 명확하게 밝히지 아니한 채, 피해자가 피해변상에 대한 민사청구를 포기하거나 사고운전자에게 형사처벌은 바라지 않는다는 말을 한 것만으로는 부족하다. 즉 피해자의 처벌에 대한 의사표시는 검사의 공소권유무가 결정되는 행위이므로 형사소송법상의 소송조건이 되는 소송행위이기 때문이다.

(마) 교통사고로 물적 피해가 발생한 경우

차의 운전으로 물적 피해가 난 경우에는 피해자가 형사처벌을 원하지 아니하거나 사고운전자의 차량이 보험이나 공제에 가입되어 있고, 사고 당시 그 보험 또는 공제계약이 유효하며, 면책사유에 해당하지 아니하여 보험금이나 공제금이 지급될 것이 확실한 경우 검사는 공소를 제기하지 못한다(특례법 제3조 제2항 본문, 제4조 제1항). 여기서 처벌을 원하지 않는 의사표시를 할 수 있는 피해자는 물적 피해를 입은 재물소유자이고, 그 재물소유자가 법인인 경우는 그 대표자나 대표자로부터 위임을 받은 자이다. 그리고 피해자가 정부나 지방자치단체이면 관리책임자가 처벌을 원치 않는다는 의사표시를 하여야 한다. 또한 피해자가 의사무능력자이면 그 법정대리인이 처벌을 원치 않는다는 의사표시를 해야 한다.

(2) 공소제기가 가능한 경우

(가) 피해자에 대한 구호조치 없이 도주한 때

차의 운전자가 업무상 과실 또는 중대한 과실로 교통사고를 내어 인적 피해를 발생케 하고 구호조치 없이 도주한 경우, 그 차가 자동차·원동기장치자전거 또는 궤도차인 경우, 사고운전자는 특가법 제5조의 3 제1항이 적용되어 피해자를 치사하고 도주하거나 도주 후 피해자가 사망한 때에는 가중 처벌된다.

그리고 피해자를 사고 장소에서 다른 장소로 유기한 경우, 특가법 제5조의 3 제2항이 적용되어 가중 처벌된다(피해자를 치사하고 도주하거나 도주 후 피해자가 사망한 경우). 기타 차(자전거, 손수레 등)의 운전자가 업무상 과실 또는 중대한 과실로 교통사고를 내어 인적 피해를 발생케 하고 구호조치를 함이 없이 도주한 경우는 교통사고부분에 대하여, 특례법 제3조 제1항 및 도로교통법 제148조에 의해 처벌되고, 구호조치하지 아니한 데 대하여 도로교통법 제54조 제1항의 구호조치의무위반죄가, 유기한 경우에는 형법상 유기죄 또는 유기치사상죄가 각 별도로 성립하고 위 특례법위반죄와 실체적 경합관계에 있다.

(나) 단순 교통사고이나 피해자가 사망한 때

차의 운전자가 업무상과실 또는 중대한 과실로 교통사고를 내어 피해자가 사망하였을 경우이다. 이때는 특례법 제3조 제1항이 적용된다. 만일 피해자를 구호조치하지 아니하고 도주한 경우는 도로교통법 제54조 제1항의 구호조치의무위반죄도 별도로 성립하며, 구호조치는 하였지만 도주한 경우는 도로교통법 제54조 제2항의 신고의무위반죄가 별도로 성립한다.

(다) 특례법 제3조 제2항 단서에 해당하는 경우

특례법 제3조 제2항 단서는 피해자가 사망하지 아니한 교통사고라도 사고운전자가 동항 제1호로부터 제11호까지의 도로교통법상 준수하여야 할 중요한 교통법규를 위반하여 피해자를 치상한 때이다. 문제는 사고운전자가 고의로 위 11개 항목에 해당하는 도로교통법 위반행위를 하여야 하는지, 과실로 위반하는 경우까지 포함하는지 여부이다. 고의를 요한다는 견해는 도로교통법위반은 원칙적으로 고의범이고, 위 11개 항목은 이러한 도로교통법위반을 범한 사고운전자가 교통사고를 야기한 경우, 공소를 제기 못하는 사유에서 제외한 것이며, 형법은 원칙적으로 고의범을 그 처벌대상으로 하지 과실범은 특별규정이 있는 때에만 처벌하는 점 등을 고려하면 위 11개 항목을 과실로 위반한 경우는 제외되어야 한다고 주장한다.[76]

과실도 포함된다는 견해[77]는 원래 특례법은 업무상 과실 또는 중대한 과실로 교통사고를 낸 운전자에 대한 처벌을 목적으로 제정된 것이고, 위 11개 항목도 "도로교통법상의 각 조항을 위반하여 사고를 낸 경우만 의미하지 아니하고 고의든 과실이든 도로교통법 규정을 위반하여 교통사고를 내었으면 위 각 항목에 해당한다"고 보아야 한다.

생각건대 대체로 과실로 교통사고를 낸 경우도 위 11개 항목에 해당된다면 입법의 목적을 달성하기 위하여 특례법 예외단서 조항을 적용해야 된다고 판단된다.

---

76) 손기식, 전게서, 260면 이하.
77) 김회선, 교통사고처리특례법상의 제 문제, 「검찰」제1집, 1983, 245~246면.

4. 교통사고처리특례법의 내용

(1) 신호 또는 경찰관 등의 지시위반

1) 의의

신호 또는 지시위반이란 도로교통법 제5조의 규정에 의한 신호기 또는 교통정리를 하는 경찰공무원 등의 신호나 통행의 금지 또는 일시정지를 내용으로 하는 안전표지가 표시하는 지시에 위반하여 운전한 경우를 의미한다(특례법 제3조 제2항 단서 제1호).

도로에서의 위험을 방지하고 교통의 원활한 소통을 위하여 신호기 또는 안전표지가 설치되어 있는 것이고 이를 서로가 준수할 때 그 본래의 목적을 달성할 수 있는 것이며 운전자들은 상대방이 이를 준수할 것으로 믿고 운전하고 있다. 따라서 어느 일방이 이를 위반할 경우 필연적으로 대형사고가 발생하게 됨을 감안할 때 신호위반에 의한 교통사고는 가장 강력한 처벌이 요구되는 부분이라고 하겠다.

2) 신호 위반

(가) 신호기의 의의

'신호기'란 도로 교통에 관하여 문자·기호 또는 등호로써 진행·정지·방향전환·주의 등의 신호를 표시하기 위하여 사람이나 전기의 힘에 의하여 조작되는 장치를 말하며(도로교통법 제2조 제14호), 교차로 및 횡단보도상에 설치된 신호등이 이에 해당한다. 지방자치단체의 장은 도로에서의 위험을 방지하고 교통의 안전과 원활한 소통의 확보를 위하여 필요하다고 인정하는 때에는 신호기를 설치하고 이를 관리하여야 하며 신호기의 종류는 행정안전부령으로 정한다(동법 제3조, 제4조).

지방경찰청장은 필요하다고 인정하는 교차로 그 밖의 도로에 신호기를 설치할 수 있다고 규정하고 있다(동법 시행규칙 제6조). 그러나 군부대장이 기지 내의 안전관리를 위하여 그 수명자에게 명하는 행정규칙에 근거하여 설치한 보도와 차도를 구분하는 흰색 실선은 위 흰색 실선이 도로교통법시행규칙에 규정된 지방자치단체장이 설치하는 안전표지와 동일한 외관을 갖추고 있다고 하더라도 도로교통법 제3조의 규정에 의한 안전표지라고 할 수 없다.[78]

(나) 신호위반의 태양

'비보호좌회전 사고' 비보호좌회전표시가 있는 곳에서는 신호에 따르는 다른 교통에 방해가 되지 않을 때에는 좌회전할 수 있으나 다른 교통에 방해가 될 때에는 신호위반이 적용되므로 사고의 전적인 책임을 지게 된다. 노면표지가 있었다는 사정만으로 적색 등화 시에 좌회전하거나 유턴한 행위가 정당화된다고는 볼 수 없다.[79] 그러나 비보호좌회전표시가 있는 곳에서 진행방향에서 진행신호에 따르는 후방차량에 방해가 된 때에는 차선변경 시 주의의무위반 등 다른 의무위반은 별론으로 하고 신호위반의 책임은 지지 아니한다.[80]

비보호좌회전신호에 대하여 죄형법정주의에 위반되는 규정이라는 논란이 있다.[81] 즉 이러한 규정은 헌법 제12조 제1항에 위배될 뿐

---

78) 대판 1991. 5. 28., 91도159.
79) 대판 1996. 5. 31., 95도3093.
80) 이 사건은 편도 2차선 도로의 2차선을 진행하던 피고인 운전의 택시가 좌회전하는 차선을 직진신호에 따라 진행하던 피해자 운전의 오토바이와 충돌한 사안이다(대판 1996. 5. 28., 96도690).
81) 도로교통법은 신호의 종류와 뜻을 행정자치부령으로 정하도록 위임하고 있고 어느 경우에 신호위반의 책임을 지고, 어느 경우에 신호위반의 책임을 지지 않는

만 아니라 도로교통법 제4조와 제5조에도 위배된다는 견해[82]와 도로교통법에서 차마는 신호기가 표시하는 신호를 따라야 한다는 원칙을 규정하고 신호기가 표시하는 신호의 종류와 그 뜻을 하위규범인 시행규칙에 위임하였다면 동 시행규칙상의 뜻을 위배하면 바로 도로교통법을 위배하는 것이고 입법기술상의 한계에 비추어 죄형법정주의에 위배되지 않는다는 견해가 있다.

생각건대 도로교통법에 차마는 신호를 지켜야 한다는 원칙을 규정하고 신호기의 종류와 의미를 하위규범인 시행규칙에 정하였다. 이는 비보호좌회전표시가 있는 곳에서는 좌회전을 할 수 있다고 규정하면서 동시에 사고발생 시 그에 대한 신호위반의 책임을 묻겠다고 하는 규정은 행위를 인정하면서 그러한 행위에 대한 결과책임을 묻는 규정으로 입법상의 문제점을 안고 있는 규정으로 보인다. 따라서 비보호좌회전 표시는 폐지를 신중히 고려해야 된다고 본다.

'황색신호 위반사고' 모든 차는 진행방향에 설치되어 있는 신호기가 표시하는 신호에 따라 안전하게 진행하여야 하며 또한 교차로 진입 전에 황색신호이면 교차로에 진입해서는 안 된다.

황색등화가 점멸하고 있는 교차로에 먼저 진입한 차량 운전자의 주의의무 정도의 판단에 있어서 진행방향 좌측에서 교차로를 향하여 진행하여 오는 다른 차량에 대하여 진로를 양보하거나 교차로에서 서행 또는 일시 정지하여야 하는 등의 주의의무는 없고[83] 신

것까지 규정한 것은 아니며 신호위반이 되는가 여부에 따라 처벌받게 되므로 신호위반이 되는 경우와 되지 않는 경우를 법률의 규정에 두어야 하는데도 이러한 규정도 없이 행정자치부령으로 비보호좌회전 표시가 있는 곳에서는 녹색의 등화일 때 좌회전할 수 있다고 규정하면서 그 지시에 따라 좌회전하다가 다른 교통의 방해가 된 때에는 신호위반의 책임을 진다고 규정하고 있다. 신용균 외, 전게 논문, 43면.

82) 박성규, 교통사고처리특례법 운용상문제점, 법무연수자료집, 1995, 152면.

호 대기하다가 진행신호에 따라 직진하는 차량은 특별한 사정이 없는 한 다른 차량이 신호를 위반하여 진행하여 올 것까지 예상하여 서서히 출발하여야 할 주의의무는 없다.[84]

 '좌회전 신호 없는 교차로상의 좌회전 중 사고' 교차로에 녹색, 황색 및 적색의 삼색등화만이 나오는 신호기가 설치되어 있고 따로 비보호좌회전표시가 없는 경우에 차마의 회전은 원칙적으로 허용하지 않는다고 보아야 한다.[85] 왜냐하면 신호등 있는 교차로는 사고취약지로서 신호위반에 의한 사고가 대형화되고 있는 점 등 현실적인 사고예방의 측면에 비추어 볼 때 신호위반으로 보아야[86] 할 것이다.

 '횡단보도 앞에서의 신호위반사고' 횡단보도 앞에 차량진행신호와 정지신호만 있는 곳에서 정지신호 시 유턴하거나 좌회전하다가 사고가 나면 신호위반사고라 할 것이고, 차량신호가 없거나 고장난 횡단보도에서 그 횡단보도 보행자신호가 진행신호임에도 불구하고 그 횡단보도를 통과하다가 교통사고를 낸 경우[87] 위의 횡단보도 보행자신호를 위반한 신호위반사고로 볼 것인가의 문제는 보행자신호는 차량신호가 아니기 때문에 신호위반으로 볼 수 없다.[88]

---

83) 대판 1991. 6. 11., 91다11551.
84) 서울지판 1998. 12. 15., 98노8936.
85) 대판 1991. 1. 21., 91도2330.
86) 대판 1996. 5. 31., 95도3093.
87) 차량신호 없는 곳에서 횡단보도 보행자용 신호위반 사고는 일반적으로 횡단보도 상에는 보행자신호만 있는 경우가 대부분이다. 그러나 차량신호는 없이 보행자신호만 있는 경우 또는 차량신호가 고장으로 꺼진 경우 차가 보행자신호의 지시에 반하여 진행하는 것을 신호위반으로 볼 것인지에 대해 횡단보행자용 신호기는 차량의 운행용 신호기가 아니므로 신호기위반사고로 볼 수 없다.
88) 대판 1988. 8. 23., 88도632.

'긴급자동차의 신호위반사고' 긴급자동차[89]는 도로교통법에 규정
된 일체의 의무규정을 배제하는 것이 아니므로 진행방향에 교행하
는 차량이나 보행하는 사람이 있다면 당연히 정지하여야 한다. 따
라서 교차로의 상황, 보행자의 위치 등을 고려하여 정지할 의무가
있다고 판단되는 곳을 그대로 진행하여 사고를 야기하였다면 신호
위반사고로 보아야 할 것이다.

따라서 긴급하다고만 하여 비상등과 적색경광등을 켜고 비상경
음기를 울린 채 그대로 진행하여 정상적으로 운행 중인 버스를 충
돌하여 사고가 발생하였다면 특례의 규정에 의하여 보호받을 수
없다.[90]

'노면표시와 신호기의 내용이 상이한 교차로 사고' 비보호 또는
적색 시 좌회전 등의 지시표시 없이 노면에만 좌회전 표시가 있는
교차로에서 노면표시에 따라 좌회전하다가 신호등에 따른 직진차량
과 충돌한 경우에는 비보호좌회전 기준에 따라 좌회전 차량에게
신호위반 책임을 물어야 할 것으로 판단된다.

3) 경찰공무원 등의 신호 또는 지시위반

(가) 경찰관 등의 범위

경찰공무원 등이란 교통정리를 하는 경찰공무원, 전투경찰순경,
교통순시원, 무사고 또는 유공운전자로서 경찰공무원을 보조하여
교통안전 봉사활동을 하는 자[91]를 말하고 이들이 교통정리를 위하

---

89) 긴급자동차는 도로교통법 또는 도로교통법에 의한 명령의 규정에 의해 정지하여
　　야 할 경우에도 불구하고 정지하지 않을 수 있다(도로교통법 제29조 제2항).
90) 서울지판 1984. 2. 3., 83가합5911.
91) 경찰공무원을 보조하는 사람은 도로교통법 시행령 제6조의 무사고 및 유공운전
　　자에 의거한 모범운전자와 군사훈련 및 작전에 동원되는 부대의 이동을 유도하
　　는 헌병을 가리킨다. 따라서 모범운전자와 헌병의 수신호 위반 시 특례법 단서

여 행하는 신호나 지시를 위반하는 것이다.

그러나 녹색어머니회, 청소년경찰대, 자원봉사자, 경비원 등의 수신호는 도로교통법과 특례법의 적용을 받지 않는다. 이에 대해 그들이 행하는 수신호도 경찰공무원의 수신호와 근본적으로 달리 취급할 이유가 없고 도로교통법 제5조도 신호자를 '교통정리를 하는 국가경찰공무원(전투경찰순경포함) 및 제주특별자치도의 자치경찰공무원이나 그 밖의 대통령령이 정하는 경찰공무원을 보조하는 사람'이라고 규정하여 보조자의 범위를 포괄적으로 규정하고 있으므로 이들의 신호에 위반하여 사고를 야기한 경우에도 신호기위반사고로 인정해야 한다는 견해가 있으나 도로교통법 시행규칙상에 경찰공무원을 보조하는 사람의 범위를 모범운전자와 헌병으로 규정하고 있는 점과 위와 같은 보조자들의 신호에 대한 일반시민의 존중도가 낮은 점 및 죄형법정주의 원칙상 예외사유는 엄격히 해석해야 한다는 점 등에 비추어 이는 소극적으로 해석하는 것이 타당할 것[92]이다.

(나) 경찰관 등의 수신호

교차로 등에서 경찰관의 정지 신호기를 무시하고 신호기의 진행 신호에 따라 직진하다가 사고를 야기한 경우에 이는 신호기위반사고에 해당한다. 도로교통법 제5조 제2항은 신호기의 신호와 경찰공무원 등의 신호(지시)가 다른 때에는 경찰공무원 등의 신호를 따라야 한다고 규정되어 있기 때문이며 이는 신호기나 안전표지는 일정장소에서 한정된 내용의 신호를 표시하는 데 반하여 경찰공무원

조항을 적용한다.

[92] 다만 그러한 보조자가 경찰공무원의 현장에서 지휘, 감독하에 기계적으로 신호를 하는 경우에는 그러한 자들은 독립된 신호자로 볼 수 없고 단지 경찰관을 대신하는 표시자에 불과하므로 이들의 신호를 본호 소정의 경찰의 신호 개념 속에 포함시켜야 할 것이다.

등은 교통의 상황에 따라 적기적소에서 능률적으로 신호지시를 하
게 되므로 우선권이 부여된 것이다.

4) 안전표지의 지시위반

(가) 안전표지의 의의

안전표지란 교통의 안전에 필요한 주의·규제·지시 등을 표시
하는 표지판 또는 도로의 바닥에 표시하는 기호나 문자 또는 선등
으로 표시된 것을 말한다(도로교통법 제2조 제15조). 이러한 안전
표지에 대하여는 도로교통법 시행규칙 제8조와 별표6에 주의표지,
규제표지, 지시표지, 보조표지, 노면표지로 나누어 안전표지의 종류,
만드는 방식, 표시하는 뜻, 설치기준에 대하여 상세한 규정을 두고
있다.

(나) 권한 없는 자가 설치한 안전표지

안전표지는 자치단체장이 설치하는바, 권한 없는 자가 임의로 안
전표지와 유사한 표지를 설치하더라도 그에 위반한 것을 신호위반
으로 볼 수는 없다. 대법원도 "군부대장이 기지 내의 안전관리를
위하여 설치한 보도와 차도를 구분하는 황색실선은 도로교통법 제5
조의 안전표지로 볼 수 없다"고[93] 하였다.

(다) 폐지된 안전표지

교통상황이 변화하여 도로에 설치된 기존의 안전표지를 폐지하
기로 하였는데 미처 그 표지판을 모두 철거하지 아니하여 남아 있
는 경우 이를 유효한 안전표지로 볼 수 있을 것인지는 문제의 소
지가 있다.

---

93) 대판 1991. 5. 28., 91도159.

문제가 되는 것은 철거작업을 완전하게 수행하지 아니하여 여러 곳에 설치한 표지판 중 일부가 그대로 남아 있거나, 아니면 기존의 안전표지를 철거하지 아니한 채 이와 상충되는 새로운 안전표지를 설치한 경우이다.

생각건대 신호는 명확한 해석을 내릴 수 있어 일반인들로 하여금 신뢰를 줄 수 있어야 되는 것인바, 폐지된 후 일부 철거되지 않은 표지판의 경우 일반인이 남아 있는 표지판을 신뢰하여 계속 종전과 동일한 방법으로 운행에 임한다면 이는 안전표지로서의 효력을 유지하는 것으로 보아야 하나 안전표지를 폐지한 후 더 이상 관리하지 않는 상태로 방치하여 일반인이 지시내용을 신뢰하지 않게 되었다면 안전표지의 효력은 없다고 보아야 할 것이다.

(2) 중앙선 침범

1) 의의

중앙선침범이란 도로교통법 제13조 제3항의 규정에 위반하여 중앙선을 침범하거나 동법 제62조의 규정에 위반하여 횡단, 유턴 또는 후진한 경우이다(특례법 제3조 제2항 제2호). 교통사고가 도로의 중앙선을 침범하여 운전한 행위로 인해 일어난 경우, 즉 중앙선 침범행위가 교통사고 발생의 직접적인 원인이 된 경우를 말하며, 중앙선 침범행위가 교통사고 발생의 직접적인 원인이 아니라면 교통사고가 중앙선 침범 운행 중에 일어났다고 하여 이에 포함되는 것은 아니다.

중앙선의 설치이유는 일방통행이 아닌 도로에 있어서 양 방향의 차량이 원활하게 소통하도록 통행의 기준을 제시하는 데 있다. 그러나 그러한 기준의 제시만으로는 교통의 원활한 흐름을 유도할 수 없고, 교통관여자로서는 다른 운전자가 모두 중앙선을 준수하고 정상통행하고 따라서 자기의 차선을 침범당하지 아니하리라고 신뢰할 수 있을 때 비로소 안심하고 운전을 할 수 있게 되는 것이다.

2) 침범행위의 태양

대법원은 중앙선을 침범한다는 의미에 대하여 "중앙선을 넘어선 모든 경우를 말하는 것이 아니라 중앙선을 침범하여 계속적인 침범운행을 한 행위로 인하여 교통사고를 발생케 하였거나 계속적인 침범운행은 없더라도 부득이한 사유가 없는데도 중앙선을 침범하여 교통사고를 발생케 한 경우를 뜻한다"고[94] 하여 중앙선 침범의 유형을 크게 침범운행과 순간적 침범으로 나누고 있다. 문제는 중앙선침범여부가 주로 문제되는 경우는 계속적인 중앙선침범운행보다 순간적인 중앙선침범사고이다.

(가) 좌측통행의 경우

판례는 "진행하여야 할 차선에 따라 운행하지 아니하고 반대방향 차선을 따라 진행하였다면 반대차선을 침범 운행하고 있는 상태에 놓여 있는 행위로서 처음부터 자신의 진행차선 위로 운행하다가 중앙선을 침범, 통과하여 반대차선에 이른 경우와 같은 범주에 속하는 행위이므로 특례법 소정의 중앙선침범사고가 된다"고 판시하였는데,[95] 상대방의 신뢰보호 또는 대형사고의 예방을 위하여 운전자에게 고도의 교통법규 준수를 부과하고자 하는 것이 특례법 제3조 제2항 단서 각호 소정의 취지임에 비추어 보더라도 타당하다.

---

94) 대판 1986. 7. 22., 86도87.
95) 대판 1990. 6. 26., 90도296.

(나) 후진의 경우

고속도로나 자동차전용도로에서는 후진이 금지되어 있으므로 운전자가 고속도로에서 후진하다가 사고를 야기한 경우에는 특례법 제3조 제2항 단서 제2호에 의한 처벌이 가능하나 그 이외의 일반도로에서 후진 중 사고를 야기한 경우에는 논란이 있다.

일반도로에서는 후진도 교통의 한 방법으로 인정되어 일반적으로 금지되지 아니하므로 방향전환 등을 위한 일시적인 후진 등의 경우에는 이를 역진의 경우와 같이 중앙선침범의 범주에 포함시킬 수 없을 것이다. 그러나 중앙선이 설치된 도로에서 자기차로를 계속 후진함으로써 역진과 마찬가지로 같은 차로로 진행하는 차량운전자의 신뢰를 침해하는 정도에 이른 것으로 판단될 경우에는 중앙선침범으로 보는 것이 타당하다.

(다) 좌회전 허용지역의 경우

좌회전 허용지역의 경우에 차량운전자가 중앙선이 끊어진 부분으로 좌회전하지 아니하고 중앙선을 차체의 일부나 전부가 물고서 좌회전한 경우 과연 중앙선침범사고로 보아야 할 것인지에 대해 논의가 있다.

이에 대하여 좌회전 허용지역의 경우 반대 차로를 운행하는 운전자의 입장에서 볼 때 좌회전하여 진입하여 들어오는 차량이 있는지도 모른다는 것을 미리 예견할 수 있어 상대방의 신뢰보호의 필요성이 없으므로 비록 좌회전하면서 중앙선이 끊어진 부분으로 좌회전하지 아니하고 중앙선을 차체의 일부나 전부를 물고 들어갔다 하더라도 중앙선침범사고로 볼 수 없다는 견해(소극설)[96]와 좌

---

96) 상대방의 신뢰보호를 목적으로 하는 입법취지나 중앙선은 자동차가 넘어갈 수 없음을 표시하는 것으로 하고 있는 도로교통법 소정의 취지에는 어긋나는 입장이다.

회전 허용지역이라 하더라도 차량의 운전자는 중앙선을 침범하지 말아야 하고 중앙선이 끊어진 부분으로 좌회전하면서 교행하는 차량이 있는지 여부를 잘 확인하여야 하고, 또 좌회전차량에 비해 직진차량이 우선이므로 직진하는 차량이 있을 때에는 그 차량의 진행을 방해해서는 아니 되므로 중앙선을 차체의 일부나 전부를 물고서 좌회전하다가 사고를 낸 경우에는 중앙선침범사고로 보아야 한다는 견해(적극설)[97]가 있다.

대법원은 중앙선을 침범하였을 때라 함은 교통사고가 중앙선을 침범한 행위로 인하여 일어난 경우를 의미하는 것이고 중앙선을 넘어선 지점인 모든 경우를 포함한다 할 수 없으므로 좌회전지점에서 좌회전하기 위해 중앙선을 넘다가 충돌사고를 일으킨 경우에는 중앙선 침범에 해당되지 않는다[98]고 함으로써 소극설을 취하고 있다.

원칙적으로 차로가 설치된 도로에 있어서 좌회전허용지역인 경우 좌회전을 할 때에는 도로의 중앙선이 끊어진 부분으로 좌회전하여야 한다. 그러나 특례법 제3조 제2항 소정의 입법취지가 상대방의 신뢰보호에 있는 이상 상대방의 입장에서 좌회전 허용지점을 통과할 때 대향차량이 좌회전하여 들어올지도 모른다는 점을 미리 예견할 수 있어 상대방의 신뢰보호의 필요성이 없고 좌회전 운전자도 좌회전하면서 중앙선이 끊어진 부분으로 좌회전하려는 의도가 엿보이는 이상 좌회전 운전자가 비록 좌회전하면서 중앙선을 일부 침범하였다고 하여 그 사고발생에 비난 가능성이 크다고 볼 수 없으므로 중앙선침범사고로 볼 수 없다.

---

97) 대형사고의 예방을 목적으로 하는 특례법의 입법취지나 도로교통법규의 준수목적에 부합하는 입장이나 좌회전하는 차량운전자에게는 가혹한 견해이다.
98) 대판 1984. 6. 26., 84도981.

(라) 연쇄충돌의 경우

이는 운전자가 앞차를 충돌하여 앞차가 중앙선을 넘어 반대 차로의 차량과 충돌한 경우에 그 운전자가 중앙선침범사고의 책임이 있느냐의 문제이다. 생각건대 연쇄충돌의 경우에 있어서 뒤차의 중앙선침범을 일반적으로 인정하기는 어렵다. 그러나 뒤차의 중앙선침범을 전적으로 부정할 것이 아니라 구체적인 사안에 따라서 앞차의 진행속도나 방향, 노면상태 등 도로여건 등에 비추어 앞차에 대한 충돌로 그 차의 중앙선침범을 상당한 정도로 예견할 수 있음에도 이를 고려하지 아니하고 충돌한 결과 중앙선침범이 일어난 경우에는 한정적으로 중앙선침범사고로 인정해야 할 것이다.

(마) 긴급자동차의 경우

긴급자동차는 소방자동차·구급자동차 그 밖의 대통령령으로 정하는 긴급업무 중인 자동차를 말한다.[99] 긴급자동차라 할지라도 긴급하고 부득이한 사유가 없이 중앙선을 침범하면 도로교통법 제12조 제3항을 위반한 것이고 반대방향 진행차량을 충돌하여 교통사

---

[99] 긴급자동차는 소방자동차·구급자동차 그 밖의 대통령령으로 정하는 긴급업무 중인 자동차를 말하며 필요한 자의 신청에 의하여 지방경찰청이 지정하는 차도 긴급자동차에 해당된다(도로교통법 시행령 제2조). 먼저 대통령령이 정하는 자동차로는 ① 경찰용 자동차 중 범죄수사·교통단속 그 밖에 긴급한 경찰임무수행에 사용되는 자동차, ② 국군 및 주한국제연합군용 자동차 중 군 내부의 질서유지 및 부대의 질서 있는 이동을 유도하는 데 사용되는 자동차, ③ 수사기관의 자동차 중 범죄수사를 위하여 사용되는 자동차, ④ 다음 각 목의 1에 해당하는 시설 또는 기관의 자동차 중 도주자의 체포 또는 피수용자·피관찰자의 호송·경비를 위하여 사용되는 자동차. 가. 교도소·소년교도소·구치소 및 보호감호소 나. 소년원 또는 소년분류심사원 다. 보호관찰소 그 밖에 신청에 의하여 지방경찰청장이 지정하는 긴급자동차로는 ① 전기사업·가스사업 그 밖의 공익사업기관에서 위험방지를 위한 응급작업에 사용되는 자동차, ② 민방위업무를 수행하는 기관에서 긴급예방 또는 복구를 위한 출동에 사용되는 자동차, ③ 도로관리를 위하여 사용되는 자동차 중 도로상의 위험을 방지하기 위한 응급작업에 사용되는 자동차, ④ 전신·전화의 수리공사 등 응급작업에 사용하는 자동차와 우편물의 운송에 사용되는 자동차 중 긴급배달 우편물의 운송에 사용되는 자동차 및 전파감시업무에 사용되는 자동차 등이다.

고를 야기하면 중앙선침범 사고의 책임이 있다. 부득이한 사유의 판단기준에 관하여는 운전자의 주관적인 입장에서 판단해야 한다는 견해가 있으나 통상의 과실범에 있어서의 판단기준과 마찬가지로 보통인 즉 평균인을 기준으로 하여야 할 것이며,[100] 판례가 "운전자를 비난할 수 없는 객관적 사정이 있을 것"을 요구하는 것도 같은 맥락으로 이해된다.

(바) 장애물을 하기 위한 경우

운전 중 전방도로에서 좌측으로 횡단하는 사람을 발견하고 이를 피하려고 핸들을 급히 좌측으로 꺾으면서 급제동조치를 하는 바람에 중앙선을 침범한 경우,[101] 정상주행 중 추월버스를 피하려고 급제동한 까닭에 차체가 눈길에 미끄러지면서 순간적으로 중앙선을 넘게 된 경우,[102] 등에 있어서는 부득이한 사유가 있다는 이유로 중앙선침범이 아니라고 하고 있다. 그러나 위의 판례에 나타난 사안에 대하여도 부득이한 사유의 유무를 판단함에 있어 운전자가 중앙선침범 이외의 다른 적절한 조치를 취할 겨를이 없었는지, 중앙선침범이 과연 운전자가 지배할 수 없는 외부적 여건에 의한 것으로 운전자를 비난할 객관적 사정이 없는 경우인지 등을 세밀히 검토하여야 할 것이다.

(사) 선행과실이 있는 경우

피고인에게 앞서 가던 택시와의 안전거리를 확보하지 아니한 채 미끄러운 도로를 그대로 운행한 과실이 있다고 하더라도 그 택시와의 충격을 피하기 위하여 부득이 중앙선을 침범할 수밖에 없었

---

100) 대판 1985. 5. 14., 84도2770.
101) 대판 1985. 6. 25., 85도784.
102) 대판 1985. 3. 26., 85도83.

다면 특례법 소정의 중앙선침범사유가 되지 아니한다고 하였다.[103] 판례는 직접 선행과실 유무에 관하여 언급하지 아니하고 부득이한 사유라는 기준에서 판단한 듯하다. 그러나 이미 설명한 바와 같이 판례가 부득이한 사유의 개념을 명확히 하면서 운전자가 지배할 수 없는 외부적 여건을 중요한 기준으로 삼고 있으므로 과속이나 안전거리 미확보 등 선행과실은 위 기준에의 해당여부를 결정하는 데 중요한 요소로 참작하여야 할 것이다.

이러한 관점에서 운전자가 졸음운전 중에 중앙선을 침범한 경우라도 이는 운전자 자신의 지배범위 내에 있는 여건으로 인한 것이므로 중앙선침범의 죄책을 물어야 할 것이다.

3) 인과관계

중앙선침범사고라 함은 사고차량의 중앙선침범행위가 교통사고발생의 직접적 원인이 된 경우를 말하고 교통사고 발생 장소가 중앙선을 넘어선 지점에 있는 모든 경우를 가리키는 것은 아니다. 마찬가지로 사고 장소가 중앙선을 넘어선 지점이 아니더라도 중앙선침범사고에 해당한다.

(가) 인과관계가 인정되는 경우

사고지점이 반대차로인 경우 특별한 사정이 없는 한 중앙선침범과 사고와의 인과관계가 있다고 보는 것이 타당하다고 생각되며 사고지점이 자기차로인 경우는 특별한 사정이 있는 경우에만 중앙선침범과 사고와의 인과관계가 있다고 생각된다. 사고지점이 중앙선이 없는 경우에도 중앙선을 침범하여 500여 미터 계속 진행하다가 교차로에 들어서 사고가 난 경우 중앙선침범운행과 인과관계가

---

103) 대판 1987. 12. 22., 87도2173.

인정되면 중앙선침범사고로 보는 것이 타당하다.

(나) 인과관계가 인정되지 않는 경우
'차량전복사고의 경우' 급브레이크를 밟은 과실로 자동차가 미끄러져 중앙선을 넘어 도로 언덕 아래에 전복한 경우 중앙선침범행위가 위 사고의 직접적인 원인이 되었다고 볼 수 없으므로 중앙선침범사고가 아니다.

'피하려다가 어쩔 수 없이 충돌한 사고' 자기차로를 진행하다 도로를 무단 횡단하는 피해자를 피하려고 좌회전을 시도하여 중앙선을 넘어선 지점에서 사고를 일으킨 경우에는 중앙선침범과 사고와의 사이에 상당인과관계가 있다고 할 수 없다.

'피해차량도 중앙선을 침범한 경우' 중앙선을 침범하여 운행 중 마찬가지로 중앙선을 침범하여 앞서가던 차량을 충격한 경우 중앙선을 침범한 행위와 사고와는 직접적인 인과관계가 있다고 할 수 없다.

4) 소결

이상에서 중앙선침범으로 인한 교통사고의 의의와 그 유형에 대해서 주로 문제되고 있는 점을 중심으로 살펴보았는바, 이미 발생한 교통사고에 대해 과연 중앙선침범사고인가 여부를 판단할 때는 우선 특례법의 입법취지를 고려하여 반대차로를 진행하는 운전자의 신뢰를 침해하였는지를 판단하여야 하고 다음으로 반대차로를 진행하는 운전자의 신뢰를 침해한 것이 아닐 경우라도 중앙선침범과 직접적인 인과관계가 있는지 여부를 판단하여 인과관계가 있다면 중앙선침범사고로 보는 방법 즉 입법취지에 따른 해석이 가장 합리적인 해석방법이다.

이는 천차만별인 교통사고에 대해 법이 모든 경우를 예상하여 미리 규정하는 것이 불가능하고 판례나 실무에서 아직 축척되어 있지 않은 현행 교통형벌법의 현실에서 비롯되는 귀결이라고 할 것이다.

(3) 보행자보호의무 위반

1) 의의

도로교통법 제27조 제1항의 규정에 의한 횡단보도에서의 보행자보호의무를 위반하여 운전한 경우를 말한다(특례법 제3조 제2항 제6호). 여기서 '보행자[104]가 횡단보도[105]를 통행하고 있는 때'라고 함

---

104) 도로교통법상의 보행자란 도로현장에서 차량운전자나 차량에 승차한 사람을 제외한 모든 사람을 말한다. 즉 보행자란 도로에서 보행 중인 동적인 상태에 있는 통상의 보행자 외에 노상작업자 노상유희자 및 노상에 서 있는 사람과 누워 있는 사람, 앉아 있는 사람 그리고 노상을 횡단하는 사람이 포함된다. 또한 휠체어 및 소아용 자전거를 통행시키고 있는 사람, 원동기장치자전거 또는 자전거를 끌고 가는 사람도 보행자의 범위에 포함된다. 버스나 택시에서 하차한 직후의 승객에 대한 위해는 승차했던 차량이나 타 차량의 입장에서는 보행자로 보아야 한다. 보행자는 차도를 통행하지 말고 보도로 통행해야 하며 차도를 건너갈 때는 보도시설이 된 곳으로 건너가야 한다. 보도와 차도가 구분되지 않은 도로에서는 도로의 좌측 길 가장자리로 통행해야 한다. 택시를 타기 위하여 차도에 내려서서 택시를 세우는 행위나 버스정류장에서 버스를 기다리며 차도에 내려서는 행위는 모두 차도 보행으로 단속의 대상이 된다. 또한 달려가는 버스를 타기 위하여 차도로 뛰어가는 일도 해서는 안 된다. 차도를 건널 때는 반드시 횡단보도를 이용해야 하며 아무 곳에서나 차도를 건너면 바로 도로교통법 제8조의 위반이 된다.
105) 횡단보도란 보행자가 도로를 횡단할 수 있도록 안전표지로서 표시한 도로의 부분을 말한다. 보행자가 차마 등으로부터 위해를 받지 않고 안전하게 도로를 횡단할 수 있도록 횡단보도 표지판과 건널목 표시금으로 구획 설치한다. 횡단보도는 누구나 식별이 용이하게 안전표지에 명확히 표시되어 있어야 한다. 횡단보도는 지방경찰청장이 설치하며, 보행자는 지하도, 육교 등의 도로횡단시설이나 횡단보도로 횡단하여야 한다.

은 사람이 횡단보도에 있는 모든 경우를 의미하는 것이 아니라 도로를 횡단할 의사로 횡단보도를 통행하고 있는 경우에 한한다.[106] 오토바이나 자전거를 탄 채로 횡단보도상을 횡단하다가 발생한 사고의 경우는 횡단자를 보행자로 보지 않아 횡단보도사고로 처리되지 않지만, 유모차나 장애자의 휠체어 탑승상태의 횡단은 횡단보도사고로 본다. 손수레를 끌고 횡단보도를 건너는 사람도 보행자에 해당한다.[107]

2) 행위 태양

'연쇄충돌사고' 횡단보도 앞에서 정차한 차의 후미를 뒤차가 충돌하여 피해자가 앞으로 밀리면서 횡단보도를 보행하는 사람을 충격한 경우에 이를 횡단보도사고로 볼 수 있는가의 문제는 사고 운전자가 횡단보도사고 발생가능성을 충분히 예견할 수 있는 상황에서 감속운전 등 제반조치를 취하지 아니하여 횡단보도 앞에 정차 중인 차량을 충격, 정차 중인 차량이 보행자에게 상해를 입게 하였다면 횡단보도사고로 인정하여야 할 것이다.

'보행자의 신호위반의 경우' 횡단보도에 보행자신호가 설치되어

---

106) '횡단보도에서의 보행자보호의무위반 사고'라 함은 보행자가 도로를 가로질러 건널 수 있도록 노면상에 표시한 횡단보도상의 사고로서, 횡단보도상의 보행자 진행신호의 지속시간이 도로의 횡단에 충분할 만큼 길지 못하여 횡단보도에서 대기하고 있다가 보행자 신호가 진행신호로 바뀌자마자 횡단을 시작하더라도 미처 횡단을 끝마치기 전에 보행자 신호가 정지신호로 바뀌는 일이 비일비재한 현 실정에서 보행신호주기 내에 횡단을 끝마치지 못하였다는 이유만으로 보행자 진행신호를 보고 횡단보도에 진입하여 횡단하던 보행자의 보호를 포기할 수는 없는 것으로서 위와 같은 보행자는 끝까지 횡단보도상의 보행자로서 보호되어야 하고, 이는 보행자 진행신호 후 뒤늦게 횡단보도에 진입하여 중간에서 신호가 바뀐 경우라 하더라도 마찬가지로 횡단보도사고로 보며, 또한 달려오는 차를 피하려다 횡단보도상을 벗어나 피해를 입은 경우라 하더라도 횡단보도사고로 보아야 한다.
107) 정신교, 교통사고처리특례법상 보행자보호의무위반에 대한 고찰, 대한교통학회, 학술발표자료, 2002 / 8, 238면 이하.

있고, 사고 당시 그 신호가 보행자정지신호인 경우에도 횡단보도사고로 인정할 수 있는가에 대해서는 차량운전자의 보행자보호의무와 보행자의 신호준수의무 간의 조화 속에 횡단보도사고 여부가 결정되어야 할 것이므로 보행자가 횡단보도의 보행자신호가 정지 중이거나 정지신호로 바뀌려고 점멸신호 중에 횡단보도를 건너다가 사고를 낸 경우는 횡단보도사고로 볼 수 없으나[108] 횡단보도를 건너기 시작할 때 보행자신호가 진행신호인 이상 그 횡단보도를 건너는 과정에 신호가 바뀌더라도 횡단 보도사고로 보아야 할 것이다.

'차량신호기 없는 횡단보도' 차량신호기 없이 보행자용 신호기만 설치되어 있거나, 또는 차량신호기와 보행자용신호기가 모두 설치되어 있으나 차량신호기가 고장 난 횡단보도의 경우에 보행자가 보행자용 신호기의 진행신호를 보고 횡단보도를 횡단하던 중에 차에 치여 다친 경우 이는 횡단보도의 요건을 충분히 갖추었고 따라서 횡단보도사고로 인정할 수 있으나, 운전자에게 신호 위반의 책임을 물을 수 없다고 할 것이다.[109] 그리고 정전으로 인하여 보행등이 점등되지 않을 때 횡단보도를 지나다가 사고가 발생한 경우 신호등 없는 횡단보도로 볼 수 있으므로 횡단보도를 통행하는 보행자 충돌 시 보행자보호의무위반을 적용해야 한다.

'횡단 중 신호가 변경된 경우' 횡단보행자용 신호가 녹색의 등화일 때 횡단을 시작하였으나 횡단을 완료하기 전에 신호가 변경된 경우에 관하여는 견해의 대립이 있다. 횡단보도사고가 아니라는 견해에 따르면 신호기가 설치되어 있는 횡단보도에 있어서는 그 신

---

108) 대판 2001. 10. 9., 2001도29.
109) 횡단보도상의 신호기는 횡단보도를 통행하고자 하는 보행자에 대한 횡단보행자용 신호기이지 차량의 운행용 신호기는 아니므로 보행자보호의무위반은 별론으로 하고 신호위반에는 해당하지 않는다(대판 1988. 8. 23., 88도632).

호가 차량진행신호인 경우에는 그 횡단보도는 이미 횡단보도로서의 성질을 상실했고 일반차도로 되는 것이므로 횡단보도사고가 아니라는 것이다. 반면 횡단보도사고로 보는 견해에 따르면 횡단보도에 진입하는 보행자에게 진행신호가 언제 바뀔 것인가 판단하여야 할 주의의무가 있다고 할 수 없고, 신호등의 신호간격이 비교적 짧은 교통여건을 감안하면 문제의 경우에는 횡단보도사고로 보아야 한다는 것이다.

'보행등의 녹색등화 점멸신호와 사고' 녹색등 점멸 시 시작한 횡단사고에 대한 보행자보호의무 위반 여부에 관해서 대법원은 피해자가 보행신호등의 녹색등화가 점멸되고 있는 상태에서 횡단보도를 횡단하기 시작하여 횡단을 완료하기 전에 보행신호등이 적색등화로 변경된 후 차량신호등의 녹색등화에 따라서 직진하던 피고인 운전차량에 충격된 경우에, 보행자를 횡단보도를 통행 중인 보행자라고 보지 않았다.[110] 이 판결은 대단히 중요한 의미를 갖고 있으며 비판의 여지를 안고 있다고 보인다.

바닥의 횡단보도 표시가 지워졌으나 식별할 수 있을 정도라면 도로교통법상의 횡단보도로 인정되며[111] 횡단할 의사로 횡단보도를 통행하는 자는 보행자에 해당하므로[112] 보행신호등의 녹색등화가 점멸되고 있는 상태에서 횡단보도를 통행하는 자는 보행자로 볼 수 있으며, 녹색에서 적색신호로 바뀌는 예비신호 점멸 중에도 횡단보도를 건너는 자가 흔히 있으므로 운전자는 횡단보도상의 보행자를 보호할 주의의무가 있다[113]고 판시하였다.

따라서 위의 판결은 기존의 판례와 비교해 보더라도 보행자 보

---

110) 대판 2001. 10. 9., 2001도29.
111) 대판 1990. 8. 10., 90도1116.
112) 대판 1993. 8. 13., 93도1118.
113) 대판 1986. 5. 27., 86도549.

호와 관련해서 크게 후퇴한 판결이다.[114)

3) 관련문제

(가) 횡단보도와 일시정지선 사이의 사고

보행자가 횡단보도가 아닌 횡단보도표시와 일시정지선[115) 사이의 도로 위를 횡단하다가 차량에 충격된 경우 (ⅰ) 차량 신호기가 적색 또는 황색의 등화인데도 불구하고 차량이 일시정지선을 초과하여 진행하다가 횡단보도와 일시정지선 사이의 보행자를 충격하였다면 이는 신호를 위반하여 운전한 경우에 해당한다. 그러나 횡단보도사고로 볼 수는 없다. (ⅱ) 차량 신호기가 없는 횡단보도의 경우, 차량의 운전자는 횡단보도 앞에서 반드시 정지해야 하는 것은 아니고 보행자의 동태를 보아가며 일시정지 또는 서행 등 적절한 운행방법을 선택할 수 있는 것이므로 위와 같은 보행자를 충격하였다고 하더라도 횡단보도사고로 의율되지 않는다.

---

114) 이상 살핀 바와 같이 본 판결은 기존의 관련 판례와 비교해 보더라도 보행자 보호와 관련해서 크게 후퇴한 판결이다. 몇 발짝 걸으면 금세 점멸신호로 바뀌어 걸음을 재촉하는 신호현실을 고려할 때 이 판례는 국민의 보행권을 심히 위축시켜 국민의 생명과 신체에 대한 위험을 가중시키고 차량 우선 소통 위주의 현실을 더욱 강화하는 판결이다. 생각건대 무엇보다도 사람의 생명, 신체에 대한 보호가 우선되어야 하고, 통상의 보행자가 교통법규에 밝지 않은 사람으로서 횡단보도의 신호를 믿고 적법하게 횡단한 이상 그의 신뢰를 보호하는 것이 옳다고 할 것이고, 또한 대부분의 횡단보도에서 보행자 진행신호가 노약자나 어린이 등의 보행능력에 비추어 짧은 신호로 되어 있는 점, 나아가 도로교통법 시행규칙상으로도 보행신호등이 녹색등호가 켜져 있을 때에는 보행자가 횡단보도를 보행할 수 있고 보행등이 점멸 중이면 신속히 횡단을 완료하도록 규정하여 보행자가 횡단보도를 통행할 수 있는 시기를 한정한 점에 비추어 이에 상응한 방법으로 적절한 통행을 한 보행자는 보호할 만한 가치가 있다고 할 것이다. 그러므로 보행자사고로 의율하는 것이 타당하다.
115) 대부분의 횡단보도 앞에는 정지선표시가 설치되어 있는데 이 정지선표시는 그 자체로 "일시정지를 내용으로 하는 안전표시"는 아니고 "운행 중 정지해야 할 경우 정지해야 할 지점을 표시하는 것"이다.

(나) 차량의 신호위반과 횡단보도사고와의 관계

횡단보도에서 차량신호나 보행자신호가 있고 차량이 그 신호에 위반하여 횡단보도를 통과하려다가 횡단보도상의 보행자를 충격시킨 경우 이를 신호위반사고로 보아야 할 것인지 횡단보도사고로 보아야 할 것인지 문제이다. 횡단보도에 차량신호만이 있거나 차량신호와 보행자신호가 함께 있는 경우는 그 차량이 신호위반과 횡단보도의 보행자보호의무위반에 모두 해당하므로 신호위반사고와 횡단보도의 보행자보호의무위반에 모두 해당하므로 신호위반사고와 횡단보도사고의 상상적 경합관계에 있다고 할 것이고 보행자신호만이 있는 경우에는 그 보행자신호가 진행신호임에도 불구하고 횡단보도를 통과하려 하였더라도 그 신호는 차량신호가 아닌 이상 신호위반사고라 할 수 없고 횡단보도사고에만 해당한다 할 것이다.

판례도 "횡단보도상의 신호기는 횡단보도를 통행하고자 하는 보행자에 대한 횡단보행자용 신호기이지 차량의 운행용 신호기라고는 볼 수 없으므로 횡단보행자용 신호기의 신호가 보행자통행신호인 녹색으로 되었을 때 차량운전자가 그 신호를 따라 횡단보도 위를 보행하는 자를 충격하였을 경우 신호기의 신호에 위반한 운전이라고 할 수 없다"116)고 하였다.

(4) 무면허 운전

1) 의의

무면허운전이라고 함은 도로교통법 제43조 제1항, 건설기계관리법 제26조 제1항 또는 도로교통법 제80조의 규정에 위반하여 운전

---

116) 대판 2001. 10. 9., 2001도29.

면허 또는 건설기계[117] 조종사면허를 받지 아니하였거나 국제운전면허증을 소지하지 아니하고 운전한 경우 및 그 범칙 등으로 인하여 운전면허의 효력이 일정 기간 동안 정지 중에 있거나 운전의 금지 중에 있는 때에는 면허가 없는 것으로 보아 이때의 운전행위로 인하여 사고가 발생했다면 무면허사고가 된다(특례법 제3조 제2항 제7호).

현행 도로교통법상 자동차 등을 운전하려는 자는 누구든지 운전면허를 받아야 하는바, 이는 도로에서 자동차나 원동기장치자전거를 운전하는 행위는 그 속도나 중량 등으로 인하여 위험성이나 공중의 안전을 해할 우려가 있어 운전면허를 받지 아니하고 도로에서 운전하는 것을 금지하고 있는 것이다.

2) 성립요건

(가) 무면허 운전의 주체

법령에 의하여 당해 차량을 운전할 수 있는 면허를 받지 아니한 자는 모두 본죄의 주체가 된다. 운전면허의 효력이 정지된 경우도 면허를 받지 아니한 경우에 포함된다. 운전면허를 받은 사람이라도 도로교통법시행규칙이 정하는 종류의 자동차만을 운행할 수 있고 그 범위를 넘어서 차량을 운전하는 경우에는[118] 운전면허가 없는 것으로 보아 무면허운전으로 처벌받게 된다. 운전면허취소처분을 받은 후 자동차를 운전하였으나 위 취소처분이 행정쟁송절차에 의

---

117) 도로교통법상 1종 대형면허가 필요한 건설기계로는 덤프트럭(12톤 이상), 아스팔트살포기, 노상안정기, 콘크리트 믹서트럭, 천공기(트럭적재식), 도로를 주행하는 3톤 미만의 지게차 등 6종이 있다.

118) 특례법이 적용되는 '차'의 개념에 속하지 아니하는 궤도차, 기차, 전차, 유아용차, 장애자용의자차, 선박, 항공기 등은 여기서 제외된다. 특례법상의 운전면허 대상인 '차'에도 도로교통법과 건설기계관리법상 운전면허대상인 자동차만이 문제되는 차량이므로 경운기, 자전거, 손수레 등은 면허가 없더라도 무면허 운전이 되지 아니한다.

하여 취소된 경우, 행정처분 당시부터 무면허운전이 되지 아니한다.[119) 또한 운전면허 발급에 대해 연령 미달자가 타인의 명의로 운전면허시험에 응시, 합격하여 교부받은 운전면허는 당연히 무효가 아니고 취소사유이므로 취소되지 않는 한 유효하므로 피고인의 운전행위는 무면허 운전에 해당하지 아니한다[120)고 하였다. 그리고 적법한 통지 또는 공고가 있었으나 운전면허증을 반납하지 아니한 경우 운전면허의 효력은 정지되므로 무면허 운전이 된다.[121)

(나) 무면허운전으로 보는 경우

운전면허가 요구되는 차를 운전할 경우 이를 무면허운전으로 보기 위해서는 (ⅰ) 전혀 자동차 등에 대한 면허가 없거나 건설기계조종사면허가 없는 자가 자동차 등이나 건설기계를 운전하는 경우혹은 면허가 취소되었음에도 불구하고 운전하거나, (ⅱ) 면허정지기간 중에 운전하거나, (ⅲ) 면허 외의 운전으로 자신의 운전면허로 운전할 수 있는 외의 자동차 등을 운전하거나 건설기계관리법시행규칙에 규정된 건설기계 중 면허 외의 건설기계를 운전하는 경우이다. (ⅳ) 여객자동차운수사업법에 의한 사업용자동차(여객자동차운수사업법 제2조는 자동차운송사업에 사용되는 자동차를 사업용자동차로 보고 있다)를 제2종 이하의 면허소지자가 운전하는 경우이다. (ⅴ) 외국인으로 입국한 날로부터 1년이 지난 국제운전면허증을 소지하고 운전하는 경우이다.[122) (ⅵ) 관할 경찰서장의 허가 없이 운전연습을 위하여 운전하는 경우이다. 이는 시험합격 후 운전면허

---

119) 대판 1999. 2. 5., 98도42.
120) 대판 1982. 6. 8., 80도2646.
121) 대판 1993. 4. 13., 92도2309.
122) 도로교통법 제96조는 도로교통에 관한 국제협약에 의하여 외국에서 운전면허를 받은 사람은 입국일로부터 1년의 기간에 한하여 국내에서 그 국제면허증으로 운전할 수 있다고 규정하고 있다. 이 경우 운전할 수 있는 차종은 그 국제운전면허증에 기재된 것에 한한다.

증의 교부 전에 운전하거나, (vii) 유효기간이 지난 면허증으로 운전한 경우로, 이는 적성검사기간 만료일로부터 1년간 취소유예기간이 지난 면허증으로 운전한 경우를 말한다.

(다) 무면허운전에 대한 인식

운전자는 자신이 면허 없이 운전한다는 인식이 있어야 하고, 사실은 면허가 취소되거나 정지되었지만 이러한 사실을 모르고 운전하고 이에 대한 과실이 없다면 그 운전자가 교통사고를 야기하여도 특례법 제3조의 제2항 단서 제7호에 의해 처벌되지 아니한다. 왜냐하면 도로교통법의 무면허운전에 대한 처벌은 운전자가 면허 없음을 알고도 운전한 데 대한 처벌이며, 특례법상의 규정은 운전자가 도로교통법상의 무면허운전으로 처벌됨을 전제로 한 규정이므로 운전자에게 무면허운전에 대한 고의 내지 인식이 있어야 한다 할 것이다.[123]

판례는 관할경찰당국이 운전면허취소통지에 갈음하여 적법한 공고를 거쳤다고 하더라도 공고만으로 운전면허가 취소된 사실을 알게 되었다고 볼 수 없다 할 것이므로 피고인에게 무면허운전에 대한 고의는 없다고 보았고[124] 운전면허증을 반납하지 아니하여 정지처분의 집행이 지연되면 지연된 기간의 1/2을 가산하여 정지처분을 받게 된다고 기재되어 있는 운전면허정지통지서를 보고 면허증을 반납하지 않고 있으면 정지처분의 집행이 지연되고 그 기간 동안의 운전은 무면허운전이 되지 않는다고 믿고서 운전하고 다닌 것이 아닌지 여부 및 그렇게 오인함에 어떠한 과실이 있다고 할

---

123) 다만 운전면허의 취소나 정지가 적법한 절차에 따라 공고되었으면 공고기간만료일 다음날부터 면허가 취소·정지되므로 이 경우는 운전자 자신이 면허가 취소되거나 정지된 사실을 몰랐고, 모른 데 대하여 과실이 있는 경우에는 무면허운전이 된다.
124) 대판 1993. 3. 23., 92도3045.

수 없어 정당한 이유가 있는 경우에 해당되게 될 여지가 있는지 여부를 유의해 볼 필요가 있다고[125] 판시하였다.

생각건대 운전면허가 취소 또는 정지되었다고 곧 무면허운전이 되는 것이 아니라 그 취소 또는 정지사실을 법령이 정한 방식에 따라 통지되거나 공고되고 또한 운전자가 자신의 운전면허가 취소 내지 정지된 사실을 알거나 과실로 알지 못한 경우에 한하여 무면허운전이 되고, 운전면허정치처분의 집행이 어떠한 사유로 지연되고 있다고 믿고 운전한 자는 그 믿은 데 정당한 사유가 있다면 무면허운전이 되지 아니한다.

(라) 관련판례

－한 사람이 여러 종류의 자동차 운전면허를 취득하는 경우 1개의 운전면허증을 발급하고 그 운전면허증의 면허번호는 최초로 부여한 면허번호로 하여 이를 통합관리하고 있다고 하더라도 특정면허의 취소 또는 정지에 의하여 다른 운전면허에까지 당연히 그 취소 또는 정지의 효력이 미치는 것은 아니다.[126]

－제1종 보통, 대형 및 특수 면허를 가지고 있는 자가 레이카크레인을 음주 운전한 행위는 제1종 특수면허의 취소사유에 해당될 뿐 제1종 보통 및 대형 면허의 취소사유는 아니므로, 3종의 면허를 모두 취소한 처분은 잘못된 것이다.[127]

－제1종 보통면허로 운전할 수 있는 차량을 운전면허정지기간 중에 운전한 경우에 이와 관련된 원동기장치자전거 면허까지 취소할

---

125) 대판 1993. 4. 13., 92도2309.
126) 대판 1995. 11. 16., 95누8850, 대판 1997. 1. 21., 96다40127, 대판 2000. 9. 26., 2000두5425.
127) 대판 1995. 11. 16., 95누8850.

수 있는지에 대하여 제1종 보통면허의 취소에는 당연히 원동기장치자전차의 운전까지 금지하는 취지가 포함된 것이어서 이들 차량의 운전면허는 서로 관련된 것이라고 할 것이므로, 제1종 보통면허로 운전할 수 있는 차량을 운전면허정지기간 중에 운전한 경우에는 이와 관련된 원동기장치자전차면허까지 취소할 수 있는 것으로 보아야 한다.[128]

　- 연령 미달의 결격자인 피고인이 다른 사람의 이름으로 운전면허시험에 응시, 합격하여 교부받은 운전면허는 당연 무효가 아니고 도로교통법 제65조 제3호의 사유에 해당함에 불과하여 취소되지 않는 한 유효하므로 피고인의 운전행위는 무면허 운전에 해당하지 아니한다.[129]

　- 운전면허신청인이 벌점의 초과로 운전면허의 효력을 정지당할 지위에 있다든가 운전면허의 효력의 정지처분기간 중이어서 운전면허를 취득할 자격이 없는데도 운전면허를 신청하여 이를 취득하였다고 하더라도 이는 새로운 운전면허처분의 단순한 취소 내지 정지사유에 불과할 뿐이어서 그 운전면허가 당연히 무효라고는 할 수 없으므로, 지방경찰청장이 새로운 운전면허의 효력을 정지 또는 취소할 때까지는 여전히 그 효력을 발생한다고 할 것이다.[130]

　- 무면허운전으로 인한 도로교통법위반죄에 있어서는 어느 날에 운전을 시작하여 다음날까지 동일한 기회에 일련의 과정에서 계속 운전을 한 경우 등 특별한 경우를 제외하고는 사회통념상 운전한 날을 기준으로 운전한 날마다 1개의 운전행위가 있다고 보는 것이

---

128) 대판 1997. 5. 16., 97누2313, 대판 1994. 11. 25., 94누9672.
129) 대판 1982. 6. 8., 80도2646.
130) 대판 1997. 1. 21., 96다40127.

상당하므로 운전한 날마다 무면허운전으로 인한 도로교통법위반의
1죄가 성립한다고 보아야 할 것이고, 비록 계속적으로 무면허운전
을 할 의사를 가지고 여러 날에 걸쳐 무면허운전행위를 반복하였
다 하더라도 이를 포괄하여 일죄로 볼 수는 없다.[131]

(5) 주취·약물복용운전

1) 의의

음주운전이란 도로교통법 제44조 제1항의 규정에 위반하여 주취
중[132]에 운전하거나 동법 제45조의 규정에 위반하여 약물의 영향으
로 정상적인 운전을 하지 못할 염려가 있는 상태에서 운전한 경우
를 말한다(특례법 제3조 제2항 제8호).

현행 도로교통법상 주취 중에 자동차[133] 등을 운전하는 것은 금

---

131) 대판 2002. 7. 23., 2001도6281.
132) 도로교통법 시행령이 정한 수치(혈중알코올농도 0.05%) 이상의 혈중알코올농도
에 이른 자가 자동차 등을 운전하면 본죄는 성립하고 실제 어느 정도 취해 있
었는가는 고려되지 않는다. 동법은 음주운전자가 실제로 운전이 불안한 상태에
있을 때에 이를 처벌하는 것으로 규정하지 아니하고 주취의 상태를 일률적으로
혈중알코올농도가 0.05% 이상인 상태로 규정하고 있는바, 이에 대하여는 일본
의 도로교통법 시행령을 무비판적으로 모방한 것이기 때문에 입법론상 재검토
를 요한다.
133) 음주나 약물의 대상이 되는 차량은 자동차, 특수자동차, 운동기장치, 건설기계
등을 포함한다. 여기서 문제가 제기되는 운전은 운전면허가 요구되는 자동차
등이라 할 것이며 도로교통법 제2조 제17호에서 자동차란 철길 또는 가설된 선
에 의하지 아니하고 원동기를 사용하여 운전되는 차(견인되는 자동차도 자동차
의 일부로 본다)로서 자동차관리법 제3조의 규정에 의한 승용자동차·승합자동
차·화물자동차·특수자동차·이륜자동차 및 건설기계관리법상의 건설기계를
말한다. 다만 배기량 125cc 이하의 이륜자동차는 자동차의 개념에서 제외된다
고 하고, 동법 제2조 제15호는 원동기장치자전거란 배기량 125cc 이하의 이륜
자동차나 50cc 미만의 원동기를 단 차를 의미한다고 한다. 그러므로 위 자동차
의 개념에 속하는 것은 모두 도로교통법 제80조에 의하여 운전면허가 요구되는
것이며 동조는 그 외에도 배기량 125cc 이하의 이륜자동차와 원동기장치자전거
에 대하여도 운전면허를 요구하고 있으므로 이를 포함시키기 위해 '자동차 등'
이라고 표기하였다.

지되어 있는바, 이는 음주로 인하여 정상적인 운전을 하지 못할 염려가 있는 상태에서 일어날 수 있는 도로교통의 위험과 장애를 방지하고자 하는 데 그 입법취지가 있다.

2) 성립요건

(가) 행위주체

자동차 등의 운전자이다. 자동차 등의 운전자란 자동차 등을 도로에서 본래의 용법에 따라 계속, 반복의 의사로 운전하는 사람을 말하고, 반드시 직업적으로 운전하는 자를 말하는 것은 아니다. 따라서 모든 사람이 여기서의 주체가 될 수 있다. 운전자이어야 하므로 술에 취한 사람에게 자동차 키를 빌려주어 자동차를 운전함을 방조한 사람이나 운전자 옆 좌석에 앉아 음주운전을 교사한 사람 등은 행위주체에 포함되지 않는다.

(나) 음주, 약물의 영향으로 심신상실의 상태에서 운전한 경우

음주, 약물복용 등으로 심신상실상태에서 운전하다가 교통사고를 낸 경우도 운전자를 처벌할 수 있느냐의 문제는 운전자가 음주할 때나 약물을 복용할 때는 의식이 있었고, 음주나 약물복용의 영향으로 교통사고를 야기할 것이라는 예견도 가능하므로 그 처벌근거는 충분하다 할 것이다.

형법은 '고의에 의한 원인에 있어서 자유로운 행위'를 인정하고 있고 또한 과실에 의한 원인에 있어서 자유로운 행위를 인정하고 있으므로 음주나 약물복용으로 교통사고를 내어 사람이 사상할 것을 예견하고도 그러한 결과의 발생을 의욕하거나 인용하였다면 상해죄나 살인죄로, 과실로 결과발생을 예견하지 못하였으면 특례법상의 음주운전사고로 처벌된다고 할 것이다.

(다) 술 이외의 약물

음주운전을 처벌하는 기본취지는 음주로 인한 운전불안상태에서 운전을 할 경우 야기될 수 있는 도로교통법상의 안전에 대한 침해 또는 위험을 방지하고자 하는 데 있는바, 알코올 이외의 약물[134] 역시 운전 불안상태를 야기될 수 있는 도로교통법상의 안전에 대한 침해 또는 위험을 초래할 수 있다.

이에는 그 작용에 있어서 알코올과 비교될 수 있는 자제력의 침해, 지적 운동적 능력의 침해를 초래하는 약물이 포함된다. 예컨대 코카인, 모르핀, 헤로인, 마리화나, LSD, 대마 등 모든 종류의 약물이 여기에 속한다. 기타 환각제가 여기에 속하는지에 대해 마취작용이 전혀 없는 의약품은 여기에 포함되지 않는다.

3) 음주측정거부

(가) 의의

음주측정거부는 경찰공무원의 음주측정에 거부하는 것이다.[135] 그리고 경찰공무원의 음주측정요구는 적법하여야 하나 그 적법성은 외관상 객관적으로 적법하도록 보이면 충분하다. 다만 경찰공무원이 교통안전과 위험방지를 위하여 필요하거나 혈중알코올농도 0.05% 이상의 주취상태에 있다고 의심되는 때에 한하여 음주측정을 요구할 수 있으므로 이러한 교통안전이나 위험방지를 위하여 필요하지 아니하거나 혈중알코올농도가 0.05% 이상의 주취상태에 있다고 보

---

134) 약물이란 운전자의 정신적·신체적 능력을 저하시키는 약제를 통틀어 말한다. 도로교통법은 마약, 대마, 향정신성 의약품 그 밖의 행자부령이 정하는 것이라고 규정하고 있는데 실제 행자부령에는 더 이상의 약물을 지정하고 있지 않다. 따라서 특례법상의 약물이란 마약류관리에관한법률상의 마약, 향정신성의약품 및 대마 등을 말한다.
135) 음주운전을 하는 자동차의 운전자만이 행위주체가 되므로 경운기나 도로가 아닌 곳을 운전하는 자 등은 비록 술에 취하여 운전하고, 음주측정을 거부하여도 처벌되지 않는다.

이지 아니할 경우에는 음주측정을 요구할 수 없으며 이를 거부하여도 본죄로 처벌할 수 없다.

이러한 음주측정요구에 불응하는 행위는 반드시 명시적일 필요는 없고 음주측정요구를 받았음에도 묵살하고 그대로 가 버리거나 새로 술을 더 마셔 측정이 불가능하도록 하는 행위, 음주측정기에 입을 대고만 있는 행위, 경찰관에게 공연히 시비를 걸어 측정을 방해하는 행위 등도 모두 측정에 불응하는 행위로 보아야 할 것이다.

음주측정기 오차가 크면 면허취소의 근거로 삼을 수 없다. 판례는 두 차례의 음주측정결과 모두 운전면허취소기준을 크게 웃돌았다고 하더라도 두 수치 사이에 상당한 편차가 있다면 이 중 낮은 수치라도 제재근거로 단정할 수 없다고 하였다.[136]

(나) 외국의 입법례

(a) 일본의 음주측정

일본도로교통법 제67조 제2항은 차량 등에 승차 또는 승차하려는 자가 제65조 제1항(누구도 주기를 띠고 차량을 운전하여서는 아니 된다)의 규정에 위반하여 차량을 운전할 우려가 있다고 인정될 때에는 경찰관은 그 자가 신체에 보유하고 있는 알코올의 정도에 관하여 조사하기 위하여 시행령에서 정한 바에 따라 그 자에 대해 음주측정을 할 수 있다고 규정[137]하고 있다.

그리고 3항에서는 이 경우, 당해 차량 등의 운전자가 음주운전금

---

136) 2분 사이에 음주측정치가 두 차례 모두 취소기준인 0.1%를 초과했지만(첫 번째 0.121% 두 번째 0.146%), 호흡측정기 오차범위인 0.005%를 현저히 초과하는 차이가 있는 점에 비추어보면 행위자의 혈중알코올농도가 0.121%라고 단정할 수 없다고 하였다(서울고판 2001. 1. 21., 2001구51776).

137) 일본 도로교통법 시행령 제44조의 3은 주취운전의 기준을 혈액 1㎎에 대하여 알코올 0.5㎎ 이상 또는 호흡 1ℓ에 대하여 알코올 0.25㎎ 이상으로 규정하고 있다(법원행정처, 교통사고범죄와 양형, 1997, 119면 이하).

지의 규정에 위반하여 운전할 우려가 있는 때에는 경찰관은 그 자가 정상적인 운전을 할 수 있는 상태에 이르기까지 차량 등을 운전하여서는 안 된다는 뜻을 지시하는 등 도로에 있어서 교통의 위험방지를 위하여 필요한 응급의 조치를 취할 수 있다고 되어 있다.

(b) 독일의 음주측정

독일에서는 주취운전의 경우 운전면허가 쉽사리 취소되며, 면허의 재취득이 몹시 어렵다. 즉 알코올음료의 복용과 결과, 차량을 안전하게 운전할 수 없는 상태가 되면 주취운전으로 인정되며, 0.03%의 혈중 알코올 농도에서도 운전 무능력이 인정된 사례도 있다.[138]

독일에서는 음주측정을 위한 호흡 정지나 호흡검사는 원칙적으로 현장에서 행하고 강제적인 것이 아니다. 그러나 이를 거부하면 독일형사소송법 제81조 a 제2항에 의한 채혈명령에 의하여 강제적인 측정을 하게 된다. 이는 원칙적으로 판사의 권한에 속하고 다만 지연으로 인하여 조사의 실효를 거두지 못할 염려가 있는 때에는 검사나 보조관리도 이 명령을 발할 수 있다.

면허 재발급 여부의 판단에 있어서는 운전자로서의 적격성의 여부에 대한 객관적인 판단, 즉 신청인에게 운전을 허용함으로써 일반 대중에게 위험을 가져올 가능성이 있는지의 여부만 판단할 뿐 직업 운전자인 경우 생업에의 지장 초래와 이로 인한 가족의 생계 문제 등 개인적인 특수한 사정은 전혀 고려대상이 되지 않으며, 이것이 오히려 헌법상의 평등의 원칙에 합치한다고 하고 있다.[139]

---

138) 독일형법 제316조는 혈중알코올농도의 한계수치를 규정하고 있지 않은바, 판례는 모든 차량운전자에게 있어서 행위 시의 혈중알코올농도가 0.13%에 달하면 절대적인 운전불안전 상태에 있는 것이라고 한다(법원행정처, 상게서, 119~120면).

139) 주취운전을 이유로 운전면허가 취소된 경우 도로교통법 소정의 일정기간이 경과하여 운전면허시험에 합격하기만 하면 다시 쉽사리 운전면허를 취득할 수 있도록 되어 있는 우리의 체계와는 달리 독일에서는 운전면허 신청인이 음주의 습벽을 버렸다는 정도가 아니라 생활태도로서의 음주의 습벽 자체가 없어졌다

4) 관련판례의 검토

- 단속 경찰관이 자신의 명의로 운전면허행정처분통지서를 작성 교부하여 행한 운전면허정지처분은 비록 그 처분의 내용 사유 근거 등이 기재된 서면을 교부하는 방식으로 행하여졌다고 하더라도 권한 없는 자에 의하여 행하여진 점에서 무효의 처분에 해당한다.[140]

- 한 사람이 여러 종류의 자동차운전면허를 취득하는 경우뿐 아니라 이를 취소 또는 정지함에 있어서도 서로 별개의 것으로 취급하는 것이 원칙이나, 그 취소나 정지의 사유가 특정의 면허에 관한 것이 아니고 다른 면허와 공통된 것이거나 운전면허를 받은 사람에 관한 경우에는 여러 운전면허 전부를 취소 또는 정지할 수도 있다.[141]

- 외형상 하나의 행정처분이라 하더라도 가분성이 있거나 그 처분대상의 일부가 특정될 수 있다면 그 일부만의 취소도 가능하고 그 일부의 취소는 당해 취소부분에 관하여 효력이 생긴다고 할 것인바, 이는 한 사람이 여러 종류의 자동차 운전면허를 취득한 경우 그 각 운전면허를 취소하거나 그 운전면허의 효력을 정지함에 있어서도 마찬가지다.[142]

- 음주측정 거부로 인한 운전면허 취소 시 음주운전의 동기나

는 점을 행정청에 적극적으로 입증해야 하는 등 새로이 운전면허를 취득하는 것이 몹시 어렵게 되어 있으며 영구적인 면허의 박탈도 가능하다. 그 결과 많은 무면허 운전의 경우가 생겨날 수 있는데, 이와 같은 경우의 무면허 운전에 대하여는 일반적으로 가벼운 벌금형으로만 대처하는 우리와는 달리 무거운 자유형으로 대처하고 있다.

140) 대판 1997. 5. 16., 97누2313.
141) 대판 1996. 6. 28., 96누4992.
142) 대판 1995. 11. 16., 95누8850(전합).

음주측정 거부의 경위에 참작할 만한 사정을 살펴 개인택시 운전
사로서 운전면허가 취소되는 경우 생업에 커다란 영향이 있게 되
는 것을 알 수 있어 단순히 음주측정을 거부한 것만으로 굳이 운
전면허를 취소할 필요가 없다.[143]

－도로교통법 제78조 제8항 소정의 음주운전으로 인한 운전면허
취소처분은 그 성질상 행정청의 재량행위에 속하는 것이므로 행정
청이 운전면허를 취소하는 행정처분을 함에 있어서는 그 위반행위
의 정도를 감안하여 운전면허를 취소하고자 하는 공익목적과 그
취소처분에 의하여 운전자가 입게 될 불이익을 비교 형량하여야
할 것이다.[144]

－혈중 알코올농도 0.28%의 만취상태에서 택시를 운전하다가 교
통사고로 물적 피해까지 입힌 운전자가 운전 이외에는 별다른 기
술이 없어 개인택시를 운전하여 얻는 수입으로 가족을 부양하고
있는데 운전면허를 취소당하여 운전을 할 수 없게 되면 개인택시
운송사업면허까지 취소당하게 되어 가족들의 생계가 어려워지는 사
정을 고려한다고 하더라도 운전면허취소처분이 재량권의 범위를 일
탈한 위법이 없다.[145]

－손수 운전을 하면서 업무수행을 하여야 하는 회사의 상무이사
가 맥주 한두 잔을 마시고 약 200미터 정도 운전을 하고 가다가
적발되었으나 그 음주운전으로 인하여 어떤 사고도 발생하지 아니
한 경우에 음주운전을 이유로 운전면허를 취소한 처분이 재량권을

---

143) 대판 1997. 9. 5., 97누6698.
144) 대판 1995. 9. 15., 95누8362.
145) 대판 1995. 9. 15., 95누8362.

일탈한 위법이 있다.[146)

－혈중 알코올 농도 0.11%의 음주상태로 운전하다가 신호대기 중인 차량을 추돌한 경우 운전면허 취소처분으로 운전자가 입게 되는 불이익보다는 공익목적의 실현이라는 필요가 더욱 크다고 하지 않을 수 없으므로 자동차 운전면허 취소처분은 적법하다.[147)

－음주운행(혈중 알코올 농도 0.108%) 도중 단속을 피하기 위해 차량을 후진, 정지해 있던 3대의 승용차를 순차로 충격해 손해를 입혔고 과거 30일간의 운전면허 정지처분 전력이 있다면 비록 운전면허 취소로 회사의 업무수행과 생계에 막대한 지장이 초래되어도 그 취소는 적법하다.[148)

(6) 제한 속도 20킬로미터 초과

1) 의의

도로교통법 제17조 제1항 또는 규정 속도를 매시 20킬로미터를 초과하여 운전한 경우이다. 현재 교통사고의 대부분이 운전자의 과속을 원인으로 발생하고 있다. 따라서 과속운전은 강력한 단속과 처벌이 요구되는 사안이라 할 수 있다. 그러나 현실적으로 교통사고가 발생하여도 그것이 과속, 즉 제한속도의 위반을 원인으로 하고 있다는 점을 명백히 입증하기란 쉽지 않다.[149)

---

146) 대판 1991. 5. 10., 91누1417.
147) 대판 1998. 6. 9., 98두4696.
148) 서울고판 1997. 1. 23., 96구27263.
149) 과속기록장치가 부착되어 있는 차량을 제외하고는 사고차량이 제한속도 20킬로미터를 초과하여 운행 중이었다는 점을 입증하여 운전자를 처벌할 수 있는 방

속도에 대한 여러 종류의 용어가 있으나 통상 규제속도로 도로교통법 제17조 제1항(자동차와 원동기장치자전거의 속도)에 해당하는 법정속도와 제17조 제2항[150)에 해당되는 속도(일명 지정속도)로 대별되고 있으며, 여기서 법정속도는 세분하여 최고속도, 최저속도, 견인속도, 이상기후 시 감속규정 속도로 구분되어 있다.

2) 성립요건

(가) 매시 20킬로미터 초과의 의미

법규정에 제한속도를 매시 20킬로미터 초과하여 운전한 경우라 함은 예컨대 최고제한 속도가 매시 60킬로미터인 지점에서 매시 80킬로미터의 속도로 운행하다 사고를 야기한 경우는 본 호의 적용이 없고 이를 초과하여 운전한 경우에만 해당한다.

(나) 긴급자동차의 경우

긴급자동차에 대해서는 도로교통법 제15조의 규정을 적용하지 아니하므로 긴급자동차가 제한속도를 위반하여 사고를 야기하더라도 보호의 적용은 없다 할 것이다. 그러나 (구)도로교통법[151) 제24조 제2항의 의미는 단순히 긴급자동차는 동법 또는 동법에 의한 명령의 규정에 의하여 정지하여야 할 경우에도 불구하고 정지하지 않을 수 있다는 것을 규정할 뿐 도로교통법이 정하는 일절의 의무규정의 적용을 배제하는 것이 아님은 물론 진행방향에 사람 또는

안이 마땅치 않아 수사의 어려움이 있고, 더욱이 ABS브레이크가 장착된 자동차가 많아지는 현실에서 스키드마크를 이용한 사고 당시 속도추정도 그 신빙성이 떨어져, 본 규정은 그 적용에 있어서 매우 어려운 조항에 속한다.

150) 지방경찰청장은 도로에서의 위험을 방지하고 교통의 안전과 원활한 소통을 확보하기 위하여 필요하다고 인정하는 때에는 구역 또는 구간을 지정하여 제1항의 규정에 의하여 정한 속도를 제한할 수 있다.

151) 1984. 8. 4., 법률 제3744호로 개정되기 전의 것

차량이 통행하고 있음에도 불구하고 정지하지 아니하고 계속 전진할 수 있다는 규정이 아니다.[152)

(다) 주관적 요건

과속으로 운전을 하였다면 위의 법규의 적용을 받는 것이고 과속에 대한 고의가 있어야 하는 것은 아니고, 또한 과속운전과 사고 사이에 인과관계가 필요한 것도 아니다. 다만 과속운전이 사고의 원인이 되지 아니하고 달리 사고에 대한 운전자의 과실이 없을 때에는 사고운전자에 대한 형법 제268조의 범죄 자체가 인정되지 않으므로 특례법의 적용대상이 아니다. 녹색신호에 따라 직진하는 운전자는 피해자인 오토바이가 좌측에서 신호 위반하여 직진하여 올 것까지 예상하여 감속 운행할 주의의무는 없으므로 운전자가 사고지점을 통과할 무렵 제한속도를 초과하였다고 하더라도 업무상과실치사의 책임이 없다고 보았다.[153)

(라) 속도초과 여부의 수사방법

이에는 피의자의 자백, 스키드마크에 의한 속도추정, 감측카메라 및 속도 측정기에 의한 측정결과, 영업용 차량에 부착된 운행기록계(타고마타)의 기록에 의한 측정 등이 있다. 특히 운송사업용 승합자동차에는 운행기록계를 설치하도록 되어 있고 이를 부착하지 아니하거나 사용할 수 없는 것을 부착하고 운행한 경우 사용자, 정비책임자, 운전자를 처벌하도록 되어 있다.

---

152) 대판 1985. 11. 12., 85도1992.
153) 대판 1990. 2. 9., 89도1774.

3) 관련판례검토

　－교차로상을 녹색신호에 따라 직진하는 운전자는 피해자 오토바이가 대향차선에서 갑자기 신호를 위반하여 도로중앙선을 침범하여 좌회전 진입할 것까지 예상하여 감속조치 등의 운행을 할 주의의무는 없는 것이며, 설사 제한속도를 위반하여 과속운전 하였더라도 그러한 잘못과 이 사건 교통사고의 발생과의 사이에는 상당인과관계가 없다.[154]

　－제한시속 70킬로미터의 사고지점을 80킬로미터의 과속으로 차량을 운전하다가 50미터 전방 우측도로 변에 앉아 있는 피해자를 발견하였다면 비록 자동차 전용도로였다 하더라도 피해자를 발견하는 즉시 피해자가 도로에 들어올 경우에 대비하는 조치를 취할 업무상의 주의의무가 있다고[155] 보아 신뢰의 원칙을 제한하고 있다.

　－선행차량의 운전자에게, 후행차량이 앞서가는 차량의 동태를 살피지 아니한 채 과속으로 질주하여 오는 경우까지 예상하여 운전할 업무상 주의의무가 있는지에 관하여 같은 3차선상을 운행하는 경우에 선행차량의 운전자에게, 뒤에 오는 후행차량이 전방을 살피지 아니하고 안전거리도 유지하지 아니한 채 과속으로 달려오는 경우까지 예상하여 운전할 업무상 주의의무는 없다.[156]

---

154) 대판 1993. 1. 15., 92도2579, 대판 1990. 2. 9., 89도1774.
155) 대판 1986. 10. 14., 86도1676.
156) 청주지판 1987. 11. 2., 87노515.

(7) 앞지르기 방법·금지위반

1) 의의

도로교통법 제21조 제1항, 제22조 또는 제62조의 규정에 의한 앞지르기 방법, 금지시기, 금지장소 또는 금지에 위반하여 운전한 경우이다(특례법 제3조 제2항 제4호).

앞지르기란 동일방향 뒤차가 앞차의 측면을 통과하여 앞차의 앞으로 나아가는 행위를 앞지르기라 하며 이때 앞 차로로 진로를 바꾸어 곧바로 진행하는 것은 차로 변경일 뿐 앞지르기라 할 수 없다. 특히 앞지르기 사고 전 앞·뒤차였다가 뒤차가 앞차의 측면을 통과한 후 앞차의 앞으로 들어가며 사고발생 되는 경우이므로 사고발생 과정을 필히 사고 전, 사고 당시, 사고 후로 구분하여 조사하여야만 밝혀낼 수 있다.

그리고 앞차를 앞지르기 위해 중앙선을 침범 운행하다가 사고를 야기한 경우 앞지르기와 중앙선침범의 상상적 경합관계가 발생하게 되는데 이때는 신뢰의 원칙 적용취지에서 중앙선침범으로 적용 사고처리하고 있다. 판례도 편도 1차로 도로에서 정차한 버스를 앞지르기 위해 황색실선을 넘은 경우 에는 중앙선침범에 해당한다고 하였다.[157]

2) 앞지르기 방법, 시기, 장소

동법 제21조 제1항에 "모든 차는 다른 차를 앞지르고자 하는 때에는 앞차의 좌측을 통행하여야 한다"고 규정하고, 동법 제62조에 자동차는 고속도로에서 앞지르고자 하는 때에는 방향지시기·등화

---

157) 대판 1997. 7. 25., 97도927.

또는 경음기를 사용하는 등 안전한 속도와 방법으로 앞지르기를 한다. 그리고 앞지르기의 시기에 관하여, 동법 제22조 제1항에 "앞차의 좌측에 다른 차가 앞차와 나란히 가고 있는 때에는 그 앞차를 앞지르지 못한다." 동조 제2항에 "모든 차의 운전자는 이 법이나 이 법에 의한 명령 또는 경찰공무원의 지시를 따르거나 위험을 방지하기 위하여 정지 또는 서행하고 있는 다른 차를 앞지르지 못한다"고 한다.

앞지르기가 금지되는 장소로는 교차로·터널 안 또는 다리 위, 도로의 구부러진 곳,[158] 비탈길의 고갯마루 부근 또는 가파른 비탈길의 내리막, 지방경찰청장이 도로에서의 위험을 방지하고 교통의 안전과 원활한 소통을 확보하기 위하여 필요하다고 인정하여 안전표지에 의하여 지정한 곳이다(동법 제22조 제3항).

3) 관련판례

－상대방 자동차의 비정상적인 운행을 예견할 수 있는 특별한 사정이 없다면, 상대방 자동차가 중앙선을 침범해 들어올 경우까지

---

158) 도로교통법 제22조 제3항 '도로의 구부러진 곳'이라는 규정에 위험을 초래할 정도로, 또는 시야가 가려지거나 전망할 수 없는 등의 내용을 추가하는 입법형식이 이 이 사건 법률규정의 명확성을 더욱 담보할 수 있는 바람직한 입법으로 생각되지만, 위와 같은 내용은 입법목적에서 어느 정도 도출될 수 있는 것이어서 이 사건 법률규정에 관하여 보다 구체적인 입법이 가능하다는 이유만으로 곧바로 이 사건 법률규정이 죄형법정주의에 위반된다고 할 수는 없다고 보았다. 부단히 변화하는 다양한 생활관계를 제대로 규율하기 위하여 처벌법규에서 어느 정도의 보편적이거나 일반적인 뜻을 지닌 용어를 사용하는 것은 부득이하다고 할 수밖에 없고, 당해 법률이 제정된 목적과 다른 법률조항과의 연관성을 고려하여 합리적인 해석이 가능한지의 여부에 따라 명확성의 요건을 갖추었는지의 여부를 가릴 수밖에 없다. 결국 이 사건 법률규정은 입법목적과 다른 조항과의 관련하에서의 합리적인 해석의 가능성, 입법기술상의 한계 등을 고려할 때, 어떠한 행위가 이에 해당하는지 의심을 가질 정도로 불명확한 개념이라고 볼 수 없으므로 죄형법정주의의 한 내용인 형벌법규의 명확성의 원칙에 반한다고 할 수는 없다(헌재 2000. 2. 24., 99헌가4).

예상하며 운전하여야 할 주의의무는 없으나, 상대방 자동차가 비정
상적인 방법으로 운행하리라는 것을 미리 예견할 수 있는 특별한
사정이 있는 경우에는 위와 같은 신뢰를 할 수는 없는 것이어서
자동차 운전자로서는 상대방 자동차가 비정상적인 방법으로 운행할
것까지 신중하게 계산에 넣어 사고를 예방할 수 있는 모든 수단을
강구할 의무가 있다.[159]

－운전자로서는 위 오토바이가 경운기를 추월하려고 중앙선을 넘
어올 수도 있다는 점을 예상하여 충분히 속도를 줄이면서 위 오토
바이의 동태를 잘 살피는 등 사고를 미리 방지하여야 할 주의의무
가 있음에도 이를 게을리 하였기 때문에 사고의 책임이 있다.[160]

－편도 1차선의 도로를 주행 중 도로상의 장애물을 피하기 위하
여 반대차선을 침범해야 할 필요가 있는 경우에 운전자는 전방을
잘 살펴 마주 오는 차량이 있는지의 여부를 확인해야 함은 물론
그 장소가 비록 추월이 금지된 곳이라 하더라도 만약의 경우에 대
비하여 후사경을 통한 후방의 교통상황도 충분히 살펴 깜박이 등
을 켜고 서행하면서 진입하여야 할 주의의무가 있다고 보아 운전
자의 과실을 인정하였다.[161]

4) 중앙선침범과의 관계

편도 1차로 도로에 황색실선의 중앙선이 설치된 경우 위와 같은
도로에서 앞지르기를 시도하다가 일어난 사고는 중앙선침범과 앞지
르기 방법 위반의 상상적 경합으로 보아야 할 것이나 결국은 중앙

---

159) 대판 1993. 2. 23., 92다21494, 대판 1988. 3. 8., 87다카607.
160) 대판 1998. 5. 12., 97다56129.
161) 대판 1993. 7. 16., 92다27775.

선침범으로 처벌하는 것이 타당하다. 또한 중앙선을 넘어 앞지르기가 허용된 지점에서의 사고 시 앞지르기 방법위반으로 의율하지 않고 중앙선침범으로 의율한 것은 타당하다.

판례도 도로를 넘어 갈 수 있도록 되어 있는 황색점선의 중앙선이라도 반대차선의 교통에 주의함이 없이 넘어가 사고를 일으켰다면 차선이 설치된 도로의 중앙선을 침범한 경우에 해당한다고 보았다.[162]

(8) 철길건널목 통과방법 위반

1) 의의

도로교통법 제24조의 규정에 의한 건널목 통과방법을 위반하여 운전한 경우를 처벌하고 있다(특례법 제3조 제2항 제5호). 건널목 통과방법위반이란 열차, 전동차 등 궤도차는 그 성질상 고속으로 궤도상을 주행하여 급제동조치를 취하더라도 곧바로 정지할 수가 없으므로 일반자동차들마저 건널목을 안이하게 통과한다면 대형사고의 발생가능성이 높을 것이다.

이를 예방하기 위하여 본 호를 규정하여 반의사불벌죄의 예외로 하고 있는 것이다. 이는 궤도차의 탈선 전복 등으로 궤도차의 성질상 급제동이 어려우므로 사고발생의 위험성이 높고 일단 사고가 발생하면 충돌된 차량의 운전자나 승객의 피해뿐 아니라 궤도차의 탈선 전복 등으로 궤도차승객의 대규모적인 피해가 예상되기 때문에 건널목에서의 주의의무를 가중시킨 것이다.

---

162) 대판 1987. 7. 7., 86도2597.

2) 성립요건

(가) 일시정지와 안전확인

관련규정에는 "제차가 건널목을 통과하려고 할 때에는 그 건널목 직전에서 일시정지 하였다가 안전함을 확인한 후 통과하여야 한다"고 명시하고 있다.[163] 건널목 직전(정지선이 있는 때에는 정지선)에서 일시 정지하여 창문을 열고 자기가 직접 좌우를 확인하여야 하며, 한쪽에서 열차가 통과하였어도 그 직후 반대방향에서 열차가 다시 올 수 있으므로 주의하여야 한다.

(나) 일시정지의 예외

건널목을 통과하려고 할 때 신호기 등이 표시하는 신호에 따를 때에는 일시 정지하지 아니하고 통행할 수 있다.

(다) 경보기 · 차단기에 의한 진입금지

건널목을 통과하려고 할 때 건널목에 차단기가 내려지려고 하거나, 건널목의 경보기가 울리고 있는 동안에는 건널목에 들어가서는 아니 된다. 또한 건널목 내를 통과할 때에는 변속장치를 조작하지 말아야 한다. 이는 엔진이 스톱이 되는 것을 방지하기 위함이다.

---

163) 일단정지와 일시정지의 개념에 대해 살펴보면 다음과 같다. (i) 일단정지는 반드시 차마가 멈추어야 하는 행위 자체에 대한 의미(운행의 순간적 정지)이다. 길가의 건물이나 주차장 등에서 도로에 들어가려고 하는 때 일단 정지를 하여야 한다. (ii) 일시정지는 반드시 차마가 멈추어야 하되 얼마간의 시간 동안 정지 상태를 유지해야 하는 교통상황적 의미(정지상황의 일시적 전개)이다. 이에 대한 예는 길가의 주차장, 주유소 등을 출입하기 위하여 보도를 통행할 때(제13조 제2항), 철길 건널목을 통과할 때(제24조), 횡단보도상에 보행자가 통행하고 있을 때(제27조), 교통정리가 행하여지고 있지 아니한 교차로가 장애물 등으로 좌우 교통상황을 확인할 수 없거나, 교통이 빈번한 교차로를 통행할 때(제31조), 교차로 또는 그 부근에서 긴급자동차가 접근할 때에는 우측 가장자리에서 일시정지(제29조 제4항), 보행자전용도로로 통행 시 보행자의 통행에 위험이 있을 때(제27조 제2항, 제3항), 적색 점멸신호기설치 교차로 통행할 때(도로교통법 시행규칙 제6조 제2항) 등이다.

(라) 건널목에서의 고장 조치

제차의 운전자는 건널목을 통과하는 경우에 고의 기타의 사유로 인하여 제차를 통행할 수 없게 된 때에는 다음과 같이 조치한다. (ⅰ) 즉시 승객을 대피시키고, (ⅱ) 비상 신호 등을 사용하거나 기타의 방법으로 철도공무원 또는 경찰관에게 알리며, (ⅲ) 해당 차량을 건널목 이외의 장소로 이동하기 위한 조치를 하여야 한다. 만약 위의 방법에 위반하여 사고가 발생한 경우에는 특례법 제3조 제2항 제5호에 의해 형사처벌을 면할 수 없다.

3) 관련판례의 검토

－철도 건널목을 횡단하는 운전자의 주의의무는 철도 건널목에 일단 정지하여 좌우의 열차 진행여부와 전방의 장애물 유무를 확인하고 진입하여야 한다. 그럼에도 불구하고, 철도 건널목에 무단히 시속 10킬로미터로 진입하다가 어린이 2명이 차 앞으로 뛰어들어 철로상에 급정차함으로써 열차의 진로를 방해하여 위 열차 기관사가 사망한 경우 운전자의 과실책임을 인정하였다.[164]

－자동차의 운전자가 그 운전상의 주의의무를 게을리 하여 열차 건널목을 그대로 건너는 바람에 그 자동차가 열차 좌측 모서리와 충돌하여 20여 미터쯤 열차 진행방향으로 끌려가면서 튕겨나갔고 피해자는 타고 가던 자전거에서 내려 위 자동차 왼쪽에서 열차가 지나가기를 기다리고 있다가 위 충돌사고로 놀라 넘어져 상처를 입었다면 비록 위 자동차와 피해자가 직접 충돌하지는 아니하였더라도 자동차운전자의 위 과실과 피해자가 입은 상처 사이에는 상당한 인과관계가 있다.[165]

---

164) 대판 1978. 7. 25., 78다776.

- 철도 건널목 간수가 열차가 건널목의 10미터 전방에 와서는 비로소 갑자기 차단기를 내림으로써 자동차를 타고 가던 자가 급정차하지 못하고 열차와 충돌하였다면 위 건널목 간수에게 과실이 있다고 보았고 열차가 통과하는 건널목을 자전거를 타고 건너가는 자는 건널목에 간수가 있고 차단기 장치가 있다 하더라도 열차가 오는가의 여부를 확인하여 자전거에서 내려 건너가든가 서서히 자전거를 운전함으로써 위험발생을 피하도록 할 주의의무가 있다.[166]

- 군용차량의 운전병이 선임탑승자의 지시에 따라 철도 선로를 무단횡단 중 운전부주의로 그 차량이 손괴된 경우, 그 손괴의 결과가 선임탑승자가 사고지점을 횡단하도록 지시한 과실에 인한 것이라고 볼 수 없고 선임탑승자가 운전병을 지휘 감독할 책임 있는 자라 하여 그 점만으로 곧 손괴의 결과에 대한 공동과실이 있는 것이라고 단정할 수 없다.[167]

4) 관련문제

(가) 보행인 또는 일반차 등에 대한 사고의 경우

운전자가 일단 정지를 하여 안전함을 확인하는 등의 조치를 취하지 아니하고 건널목을 통과하다가, 보행자 또는 일반차량 등과 사고를 야기한 경우에도 본 호의 적용이 있는지의 여부가 문제될 수 있다. 본 호는 직접적으로 열차와의 충돌사고를 방지하는 데에 그 입법목적이 있으나, 건널목 내에서는 보행자 또는 차량 간의 사고가 발생한 경우 역시 열차와의 대형사고로 이어질 가능성이 높아진다고 할 것이므로 사고야기 차량이 위와 같은 안전조치를 취

---

165) 대판 1989. 9. 12., 89도866.
166) 대판 1969. 12. 9., 69다1577.
167) 대판 1986. 5. 27., 85도2483.

하지 아니하고 건널목을 통과하다가 사고를 야기한 경우에도 본호의 적용이 있다고 해야 할 것이다.

(나) 특례법적용상의 문제점

철길건널목통과방법을 위반한 사고에 대하여 특례법이 피해자가 처벌을 불원하는 등의 경우 공소를 제기 못하도록 하는 원칙, 즉 반의사불벌원칙을 배제한 이유는 궤도차의 성질상 급제동이 어려우므로 사고발생의 위험성이 높고 일단 사고가 발생하면 충돌된 차량의 운전자 등의 피해뿐만 아니라 궤도차의 탈선 전복 등으로 궤도차의 대규모적인 피해가 예상되기 때문에 건널목에서의 주의의무를 가중시킨 것이다.

여기서 차의 운전자가 어느 정도의 확인으로 안전을 확인한 것으로 보는지 문제가 된다. 건널목에 신호나 경보기, 차단기, 간수의 지시에 따라 건널목을 통과하면 될 것이나 그러한 것이 없는 경우는 일시 정차한 지점에서 건널목 좌우 상당한 거리까지 볼 수 있는 상황이면 승차한 채 좌우를 잘 살펴보고 안전을 확인한 것으로 볼 것이고, 시야장애가 있어 건널목좌우를 제대로 볼 수 없으면 운전자 자신이 하차하거나 동승자를 하차시켜 건널목좌우를 잘 살펴보고 안전하다고 판단될 때 통과하여야 한다.

(9) 보도침범 · 통행방법위반

1) 의의

도로교통법 제13조 제1항의 규정에 위반하여 보도가 설치된 도로의 보도를 침범하거나 동법 제13조 제2항의 규정에 의한 보도횡단방법에 위반하여 운전한 경우를 말한다(특례법 제3조 제2항 제9조).

보도168)란 보행자의 통행에 사용되도록 된 곳으로서 보통은 연석선169)이나 안전표지 그 밖의 공작물 등으로 차도와 구분하고 있다. 이러한 보도는 보행자가 안심하고 보행하도록 보호하여야 할 필요가 있어, 보도에 차가 들어가거나 차체의 일부라도 침범하게 되어 사람을 사상하는 사고를 낸 경우 보도침범 사고라 하여 중요 사고로 보고 피해자와 합의를 하더라도 형사처벌의 대상으로 하고 있다. 다만 보도를 침범한 행위가 부득이한 사정으로 인한 경우, 다른 사고를 피하던 경우라든가 빗길 및 빙판길 등에 미끄러진 경우, 다른 차와의 사고 후 그 충격으로 침범케 된 경우 등은 보도침범으로 보지 않는다. 보도통행방법 위반이란 차량이 주유소 및 건물 등에 드나들기 위해 보도를 통행(횡단)하는 경우가 있는데, 이때 보행자와 사고가 발생할 경우 보도 통행방법 위반으로 보는 것이다.

2) 보도침범·통행방법위반의 태양

'보도횡단방법위반' 운전자가 도로 외의 곳에 출입하기 위하여 보도를 횡단하는 경우에 보도를 횡단하기 직전에 일단 정지하여 보행자의 통행에 지장이 없는지 확인한 후 보행자의 통행에 지장이 없는 방법으로 보도를 통과하여야 하므로, 전방에 보행자가 통행하고 있음에도 일단 정지하지 아니하거나 보행자에게 진로를 양보하지 아니하고 보도를 통과하려 한 것이 보도횡단방법위반이며,

---

168) 연석선, 안전표지 그 밖의 이와 비슷한 공작물로써 그 경계를 표시하여 보행자(유모차 및 신체장애자용 의자차를 포함한다)의 통행에 사용하도록 된 도로의 부분을 말한다(도로교통법 제2조 제9호). 여기서 보도는 차와 사람의 통행을 분리시켜 보행자의 안전을 확보 보호하고자 설치된 도로의 일부분으로서 차도에 대응되는 개념으로 볼 수 있다.

169) 차도와 보도 사이를 구분하여 경계지점에 설치한 돌로서 차도와 수직 또는 경사되게 설치되어 차도 끝부분을 보호하기도 하고 제차의 운전자에게 차도 끝을 알기 쉽게 하기 위한 목적으로 설치된 시설물인 연석이 이루고 있는 선을 의미한다.

이로 인한 교통사고가 보도횡단방법위반사고이다.

'보도·차도 구분 없는 도로에서의 보도침범사고' 보도침범사고는 통상 차마의 운전자가 보·차도의 구분시설이 명백한 경우이어야 하고 또한 보도는 행정당국인 관할구청에서 차도와는 구분된 시설을 설치, 관리하고 있는 경우에만 적용할 수 있으므로 보·차도 구분시설이 없거나 있다 하더라도 편의상의 안전표시(황색, 백색실선 등)나 시설물 등으로 보·차도를 구분한 경우에는 입법취지로 보아 특례법상의 예외단서 제9호(보도침범사고)를 적용할 수 없다.[170]

'보도침범사고' 보도침범사고는 보도침범사고와 보도횡단방법위 반사고로 나눌 수 있다. 여기서 '보도침범사고'란 도로교통법 제13조 제1항에 위반하여 차마가 보도에 침범하여 야기한 교통사고이고, '보도횡단방법위반사고'란 차마가 도로 이외의 곳으로 출입하면서 동조 제2항에 위반하여 야기한 교통사고이다. 차마가 도로 이외의 곳으로 출입하는 경우란 차도에서 주유소, 주차장, 식당, 아파트 단지 내 등으로 출입하기 위하여 보도상에 설치된 통행로를 통하여 위 장소 등에 출입을 하는 경우를 의미한다. 이 경우에는 일시 정지하여 보행자의 통행을 방해하지 아니할 의무가 운전자에게 있는 것이다.

3) 관련판례

- 피해자가 더위를 피하느라고 야간에 도로상에 나와서 앉아 놀다가 교통사고를 당한 경우에 설사 피해자의 위 행위가 (구)도로교통법(1961. 12. 31. 법률 제941호) 제48조 제3항에 위반되었다 할지

---

170) 구체적으로 보도로 볼 수 없는 경우는 길가장자리 구역선, 갓길, 길어깨, 노측대 등이다. 그리고 보도를 지나 사도의 경우이거나 보도침범 후 가계로 돌진한 경우 등도 엄격히 보도 내에서의 사고가 아니므로 보도침범을 적용할 수 없다.

라도 위 사고지점이 인도와 차도가 가드레일로 명확히 구분되어 있는 곳으로서 피해자가 앉아 놀던 곳이 인도상이었다면 위 사고에 있어서 피해자에게 과실이 있다 할 수 없다.[171]

—인도경계와 약 1미터 간격을 두고 서행으로 정류장에 진입한 시내버스 운전자에게, 5미터 후방에서 볼 때만 하여도 가로수에 구부리고 기대어 있던 성년남자인 피해자가 버스통과 순간에 인도상에서 갑자기 차도 쪽으로 쓰러지거나 또는 버스 쪽으로 달려 들어올 것까지 예상하여 인도경계와 그 이상의 간격을 두고 진입하거나 또는 피해자가 기대어 선 가로수의 후방에 버스를 정차시킬 주의의무를 기대할 수 없다.[172]

—사고지역 차도가 얼어붙은 결빙상태인데 제한속도에서 1 / 2 감속하지 않고 일부 과속하다 미끄러져 보도침범 하였다면 피고인이 지배할 수 없는 외부적 여건으로 말미암아 부득이하게 보도 침범한 경우에 해당하지 않는다.[173]

(10) 승객추락방지의무 위반

1) 의의

도로교통법 제39조 제2항의 규정에 의한 '승객의 추락방지의무를 위반하여 운전한 경우'라 함은 도로교통법 제39조 제2항에서 규정하고 있는 대로 '차의 운전자가 타고 있는 사람 또는 타고 내리는

---

171) 대판 1975. 8. 29., 75다1231.
172) 대판 1983. 5. 6., 83도1537.
173) 대판 1997. 5. 23., 95도1232.

사람이 떨어지지 아니하도록 하기 위하여 필요한 조치를 하여야 할 의무'를 위반하여 운전한 경우를 말한다(특례법 제3조 제2항 제10호).

모든 차의 운전자는 운전 중 타고 있는 승객 또는 타고 내리는 승객이 떨어지지 아니하도록 하기 위하여 문을 정확히 여닫는 등 필요한 조치를 하여야 한다.

운전자의 추락방지의무위반과 승객의 추락 및 상해발생 사이에는 상당인과관계가 있어야 할 것이다. 왜냐하면 운전자가 승객의 추락방지 의무를 다하였음에도 승객이 다쳤다면 여기서의 추락방지 의무위반사고가 아니다. 그리고 화물의 추락으로 인한 교통사고는 특례법에 규정되어 있지 않으므로, 피해자가 사망하지 않고 부상당했다면 피해자와 합의하거나 사고차량이 종합보험이나 공제에 가입된 경우 사고운전자는 형사처벌을 면할 수 있다.

2) 성립요건

(가) 차종별 승객추락방지의무

승객추락방지의무위반은 모든 차에 적용하고 있으나 자동차에 출입문이 차도보다 높게 위치한 승합자동차, 화물자동차는 타고 내리는 문이 있어 승객의 추락방지의무위반 적용을 할 수 있지만 문이 없는 원동기장치 자전거, 우마차, 자전거의 경우 사실상 타고 내리는 문이 없어 적용이 곤란하며 특례예외단서 제10호(승객추락방지의무위반)의 적용은 승합자동차와 화물자동차, 건설기계에만 국한한다고 보아야 할 것이다.

여기서 승용차 특히 택시의 경우 승객이 타고 내리는 데 출발하여 승객이 지면에 전도되며 부상을 입는 경우 제10호를 적용할 수 있느냐가 문제되는데 검찰 지적사례에서 보면 택시 승객이 타고 내리던 중 출발하여 승객이 부상을 입는 경우(당시 승객이 한 발은 차에, 나머지 한 발은 지면에 딛고 서 있어 택시 출발로 넘어져 부상당함) 이를 추락한 것으로 보기 어렵다고 보아 승객추락방지의무 위반을 적용할 수 없다고 보았다.

따라서 택시 승객의 승·하차 전도사고는 특례예외단서 제10호의 적용은 어렵다고 보이므로, 안전운전의무위반과실에 의한 교통사고로 처리해야 할 것이다. 그리고 비사업용 차량이 신호대기하다 출발하면서 개문발차하여 탑승자가 추락한 경우에 모든 차의 운전자는 승객이 떨어지는 것을 막기 위하여 타고 내리는 문을 정확히 닫는 등 필요한 조치를 하여야 하며 개문발차로 인해 탑승자가 추락한 경우 특례법 제3조 제2항 단서를 적용하여 처리하여야 할 것이며 사업용 또는 비사업용에 따라 구분될 수는 없다.

(나) 버스개폐기 안전장치

승합자동차는 주목적이 여객운송용 승합자동차 운반형이거나 특수형으로 장의, 헌혈, 구급, 보도 등 특정한 용도에 사용되는 승합차로 구분되는데, 여객자동차 운수사업법 중 구조 등의 기준에 관한 규칙에 의하면 사업용 승합자동차의 경우 버스 중간문개폐기 안전장치(일명 전자감응장치, 가속페달안전장치)를 의무적으로 설치하도록 되어 있는바, 버스중간 발판에 승객이 있으면 중간문이 닫히지 아니하고 승객이 없어야 중간문이 자동으로 닫히도록 되어 있는 구조적 안전장치를 말하며, 가속페달잠금장치는 버스가 정차하여 승객이 하차한 후 출발할 때 승객의 안전을 위해 버스중간문이 닫히지 않으면 액셀러레이터가 작동하지 않도록 되어 있어 버스가 출발되지 않는 구조적 안전장치를 말한다.

판례는 하차 후 버스출입문에 옷이 끼어 차에 끌려간 사건에서 승객이 차에서 내려 도로상에 발을 딛고 선후에 일어난 사고는 승

객의 추락방지의무위반사고에 해당하지 않는다고 하였다.[174]

또한 차의 운전자가 문을 여닫는 과정에서 발생한 일체의 주의의무를 위반한 경우를 의미하는 것은 아니므로, 승객이 차에서 내려 도로상에 발을 딛고 선 뒤에 일어난 사고는 승객의 추락방지의무를 위반하여 운전함으로써 일어난 사고에 해당하지 아니한다.[175] 따라서 승객이 차를 타거나 내리던 중 차문에 부딪혀 다치거나 닫힌 차문에 승객의 신체일부가 끼어 다친 경우도 이로 인한 승객의 상처가 추락으로 인한 것이 아니므로 특례법상의 추락방지의무위반사고로 볼 수 없다.

(다) 운전자의 승객추락방지의무

승객이 승·하차하고 있는데 출발하여 승객이 차 밖으로 추락한 경우라든지 승객이 승·하차하고 있는데 문을 닫아 승객이 문짝에 부딪치며 충격으로 차 밖으로 추락한 경우도 볼 수 있다. 특히 버스 승·하차 시 승객에 밀려 전도된 부상자가 발생한 사고는 운전자가 주의의무를 소홀히 한 과실로 인한 사고로 보기 어려우므로 떠민 승객을 찾아 안전사고로 처리하여야 할 것이다.[176] 그리고 탑승자 요청에 따라 정차하려는 순간 피해자가 갑자기 뛰어내리다 부상하였다면 운전자에게 업무상 주의의무는 없다.[177]

3) 관련판례의 검토

(가) 개문발차에 해당되는 경우

— 버스정류장에서 승객을 승차시키고 막연히 출발한 과실로 승

---

174) 대판 1997. 6. 13., 96도3266.
175) 대판 1997. 6. 13., 96도3266.
176) 서울지판 1987. 5. 4., 86고단7363.
177) 대판 1983. 6. 14., 82도1925.

차하던 승객이 지면에 전도되어 부상을 입었다면 운전자의 과실이 인정된다.[178]

－택시 승객이 승차하고 있는데 출발하여 승차하려던 승객이 넘어지며 부상을 입었다면 택시운전자의 과실이 있다.[179]

－잘못 탄 버스승객이 하차하려는 순간 개문발차로 승객이 추락되어 부상을 입었다면 운전자의 사고책임이 인정된다.[180]

－버스승객이 승차하려고 승강구에 오른발을 올려놓는 순간 출발하여 그 충격으로 피해자가 넘어져 부상을 입었다면 버스운전자의 과실이 인정된다.[181]

－커브 길에서 회전하다가 운전부주의로 우측문짝이 열리며 승객이 지면으로 나가떨어져 부상을 입은 사고라면 운전자 과실 인정된다.[182]

－버스가 승객을 태우고 출발할 때는 출입문이 완전히 닫혔는지 확인하여야 하며 개문발차한 과실로 승객이 차에 오르다 떨어지면서 부상을 입었다면 운전자의 과실이 인정된다.[183]

---

178) 서울지판 1981. 7. 14., 선고 81고단2175.
179) 서울지판 1981. 7. 21., 선고 81고단2956.
180) 서울지판 1981. 8. 4., 선고 81고단 3657.
181) 서울지판 1981. 7. 30., 81고단4123.
182) 서울지판 1981. 11. 26., 81고단4674.
183) 서울지판 1981. 9. 29., 81고단 4911.

(나) 개문발차에 해당되지 않는 경우

－운전자가 화물자동차의 조수석에 타고 있던 위 자동차의 조수
인 피해자가 유리문을 내려 문 위에 우측 팔을 걸치고 졸고 가다
가 커브지점을 좌회전함으로 인하여 몸이 쏠릴 때 위 자동차 우측
앞문 중앙부분에 달린 닫힌 문 여닫이장치(캐치)를 잡은 까닭에 문
이 열리면서 추락 사망하였다면 운전자에게 일반적으로 조수석에서
졸고 가는 조수가 커브지점을 돌때 문의 중앙부분에 달린 문 여닫
이를 붙잡음으로써 문이 열릴 것을 예상하고 그에 따른 주의를 다
하면서 운전하여야 할 주의의무는 없다.[184]

－버스정류소에 접근하여 시속 약 10킬로미터로 진행하는 버스
의 맨 뒷줄 좌석에 앉아 있던 자가 갑자기 잠긴 뒤쪽 출입문을 열
고 뛰어내리다 넘어져 부상사고가 발생한 경우 운전수에게는 업무
상과실이 없다.[185]

－피해자의 하차요청에 따라 피고인이 운전 중인 딸딸이차를 정
차하려는 순간 피해자가 갑자기 뛰어내리다가 지면에 부딪치게 되
었다면, 운전자에게 그러한 결과발생까지 예상하여 승차자의 동정
을 주의 깊게 살펴야 할 업무상 주의의무는 없다.[186]

－운행으로 말미암은 사고가 되기 위해서는, 승객이 하차를 마치
기도 전에 운전사가 위 버스를 출발시켜 그로 인하여 승객이 추락
하는 등의 사정이 있어야 하므로 운전사가 버스를 정지시킨 다음
앞뒤의 버스 출입문을 열고 승객들을 승하차시키고 있었는데, 승객

---

184) 대판 1974. 8. 30., 74도972.
185) 대판 1980. 1. 29., 79도304.
186) 대판 1983. 6. 14., 82도1925.

이 앞문으로 승차하려고 승강구 계단에 올라섰다가 버스를 잘못 탄 것을 알게 되자 뒷걸음질로 위 승강구 계단을 내려가다가 노면으로 추락하였다면 이 사고는 위 버스의 운행 중 사고이기는 하지만 그 운행으로 말미암아 일어난 것이라고는 볼 수는 없으므로 운전자에게 책임을 지울 수 없다.[187]

(11) 어린이 보호의무 위반

1) 의의

도로교통법 제12조 제3항의 규정에 따른 어린이 보호구역에서 동법 제12조 제1항에 따른 조치를 준수하고 어린이의 안전에 유의하면서 운전하여야 할 의무를 위반하여 어린이의 신체를 상해에 이르게 함으로써 성립하는 경우이다.

2) 어린이보호구역

(가) 어린이 보호구역의 지정

지방자치단체의 교육감과 교육장이 관할구역 안의 국민학교 등의 장의 건의를 받아 관할 경찰서장에게 각각 보호구역의 지정을 신청할 수 있다(어린이보호구역의지정및관리에관한규칙 제3조 제1항).

지방경찰청장 또는 경찰서장이 보호구역지정신청을 받은 때에는 다음 각 호의 사항을 조사하여야 하며, 조사결과 보호구역으로 지정·관리하는 것이 필요하다고 인정하는 경우에는 당해 초등학교 등의 주 출입문을 중심으로 반경 300미터 이내의 도로 중 일정구간을 보호구역으로 지정한다(동 규칙 제3조 제3항).

---

187) 서울지판 1998. 11. 13., 97가단48409.

(나) 신호기·안전표지의 설치

지방경찰청장 또는 경찰서장은 보호구역으로 지정된 초등학교 등의 주 출입문과 가장 가까운 거리에 위치한 간선도로의 횡단보도에는 신호기를 우선적으로 설치·관리하여야 한다(동 규칙 제6조 제1항). 설치되는 신호기의 보행등의 녹색신호시간은 어린이의 평균 보행속도를 기준으로 하여 설정하여야 한다(동 규칙 제6조 제2항). 지방경찰청장 또는 경찰서장은 보호구역임을 도로사용자에게 알릴 필요가 있다고 인정하는 때에는 보호구역 안에 안전표지 외에 보조표지를 부착할 수 있다.

(다) 어린이에 대한 안전보행 지도

경찰서장은 어린이교통안전지도를 위하여 특히 필요하다고 인정하는 때에는 등교시간 및 하교시간에 관할 보호구역안의 주요 횡단보도 등에 경찰공무원이나 모범운전자등을 배치하여 어린이들이 안전하게 도로를 횡단할 수 있도록 지도하여야 한다. 이 경우 필요하다고 인정할 때에는 초등학교장 등에게 교사 또는 학부모 등의 배치를 요청할 수 있다(동 규칙 제10조).

(라) 보호구역에 대한 사후관리

지방경찰청장 또는 경찰서장이 보호구역을 지정한 때에는 어린이보호구역관리 카드를 작성·비치하여야 한다(동 규칙 제11조 제1항). 어린이보호구역관리카드에는 당해 보호구역 안에 설치된 신호기·안전표지 및 도로부속물의 종류 및 수량을 기록하고, 교체·수리 등 변동사항이 있는 때에는 수시로 이를 기록·정리하여야 한다(동 규칙 제11조 제2항). 초등학교장 등은 보호구역 안에 설치된 신호기·안전표지 및 도로부속물이 훼손되거나 손괴된 것을 발견한 경우에는 지체 없이 그 사실을 관할경찰서장에게 통보하여야 한다

(동 규칙 제11조 제3항).

3) 어린이의 신체에 대한 상해

피해자에게 어린이 보호구역에서 어린이의 신체에 사상이 발생하였다는 점에 대한 인식이 있어야 한다. 이에 대한 인식의 정도는 확정적인 인식을 요하는 것이 아니라 미필적 인식만 있으면 족하다. 사고운전자에게 사상의 인식이 있었는가의 여부는 결국에는 경험칙에 의해서 판단된다.

특례법 제3조 제2항 11호의 어린이 신체의 상해의 개념을 판단할 경우 형법상의 상해개념을 기준으로 본죄를 적용하는 것이 타당한가에 대한 점이다. 생각건대 형법적인 측면에서 상해를 판단한다면 상해의 개념이 좁아질 우려가 존재하게 된다. 형법의 관점에서 상해의 개념은 생리적 기능훼손설을 취하고 있다. 그러나 어린이에 대한 신체 상해의 범위를 형법상 상해의 범위보다 더욱 넓게 보아야 할 것이다.

Ⅳ. 특정범죄가중처벌등에관한법률 제5조의 3

1. 서설

자동차는 우리의 일상생활에서 없어서는 안 되는 생활필수품으로 여겨지고 있으며, 산업의 발전에 있어서 큰 역할을 담당하고 있는 재화로서의 성격도 띠고 있다. 이러한 순기능에 대하여 그에 따른 역기능도 다양하게 나타나고 있는 실정이다. 특히 교통사고의 증가, 차량을 이용한 범죄의 증가, 교통정체의 심화 등 자동차로 인한 각종 사회문제가 발생하고 있다. 그중에서도 이른바 '뺑소니운전'의 증가는 많은 사회적 문제를 야기하고 있으며, 이에 대해 국민들의 불안감과 비난의 목소리가 고조되어 하나의 심각한 사회문제로 인식되고 있다.

대부분의 교통범죄는 업무상과실범죄로서 죄질이 크게 나쁘지 않으나, 교통사고로 사람을 치어 죽게 하거나 다치게 한 운전자가 피해자구호조치(도로교통법 제54조 제1항)를 하지 않고 도주하여 피해자를 사망 또는 상해에 이르게 하는 뺑소니운전[188]은 피해자의 생명과 신체에 중대하고도 긴급한 위험을 야기하고 나아가 그의 가족을 정신적·경제적 파탄에 이르게 할 수 있는 범죄행위로서 교통범죄뿐만 아니라 전체범죄 가운데서도 죄질이 아주 나쁜 범죄에 속하므로[189] 특별법에 의해 가중 처벌되고 있다. 현재 뺑소니운전은 전체 교통사고에서 차지하는 비중은 10%에 육박하고 있으며, 법정형 또한 비교적 높음에도 불구하고 행위자들의 범죄인식과 법규정 해석에 있어서 많은 문제점을 가지고 있다.

---

188) 뺑소니운전은 2002년 18,556건 발생하여 사망 506명, 부상 26,066명이었다. 2003년은 18,440건 발생하여 사망 472명, 부상 27,035명, 2004년 16,346건 발생하여 387명 사망, 부상 24,075명, 2005년 14,653건 발생하여 사망 370명, 부상 22,660명, 2006년 14,480건 발생하여 사망 360명, 부상 22,660명, 2007년 12,648건 발생하여 사망 340명, 부상 20,057명이었다(경찰청 http://www. police.co.kr).

189) 일본의 과학경찰연구소가 일반주민 및 경찰관을 대상으로 교통위반 및 일반형법범의 악질성에 대한 수량화 측정에서 강도살인 > 살인 > 뺑소니 > 강간 > 상해 > 폭행 > 횡령 > 사기 순으로 조사되었다. 위 조사에서 보듯이 뺑소니운전은 강도살인, 살인 다음으로 높은 악질성을 나타내고 있다(도로교통안전협회, 뺑소니교통사고의 문제점과 대처방안연구, 1995, 25~26면).

2. 뺑소니운전의 개념

(1) 의의

특가법 제5조의 3(뺑소니운전)은 도로교통법 제2조에 규정된 자동차, 원동기장치자전거 또는 궤도차의 교통으로 인하여 업무상과실 또는 중과실치사상죄를 범한 당해 차량의 운전자가 피해자를 구호하는 등 도로교통법 제54조 제1항의 규정에 의한 구호조치를 취하지 아니하고 도주한 경우의 가중 처벌에 관하여 규정하고 있다. 도로교통법 제54조는 교통사고 시 차의 교통으로 인하여 사람을 사상하거나 물건을 손괴한 때에는 그 차의 운전자 그 밖의 승무원은 곧 정차하여 사상자를 구호하는 등의 필요한 조치를 하여야 하며(동법 제54조 제1항), 이 경우 운전자 등은 경찰관서에 지체 없이 사고가 난 곳, 사상자수, 부상 정도, 손괴한 물건 및 손괴 정도 그 밖의 조치상황 등을 신속히 신고하여야 한다고 규정하고, 다만 운행 중인 차량만이 손괴된 것이 분명하고 도로에서의 위험방지와 원활한 소통을 위하여 조치를 한 때에는 그러하지 아니하다고 규정하고 있다(동법 제54조 제2항).

도로교통법에 도주운전자에 대한 형사처벌규정을 두고, 1973년 다시 특가법에 가중처벌조항을 두게 된 이유는 우리의 교통현실과 관련하여 이해하여야 할 것이다.[190] 현재 자동차 보유대수 대비 사망자수가 외국의 10배 내지 30배에 이르고 특히 보행자에 대한 사

---

[190] 형벌로서 도주운전을 금지한 것은 1909년 독일의 자동차교통에관한법률(Gesetz über den Verkehr mit Kraftfahrzeugen) 제22조에서 비롯되었다. 오늘날 각국은 구성요건의 구체화 정도나 법정형의 차이는 있으나 대개 도로교통법이라고 불리는 법률에 같은 취지의 조문을 두고 있으며, 특히 인적 사고의 경우 구호조치 불이행자를 징역형으로 형사처벌하는 예는 독일·프랑스·스위스·일본 등이 있다.

고의 비율이 높다는 것은 널리 알려진 사실이다. 이 조항은 '과실로 인하여 사람을 사상한 자'를 가중 처벌하는 규정으로 과실상해나 과실치사죄로 처벌되는 것이지만 자동차운전이 성질상 사람의 생명·신체에 대한 위험성이 큰 행위라는 이유로 형법 내에서 업무상과실치사상죄로 가중되었다. 그리고 자동차 등 운전 이외의 행위로 인한 업무상과실치사상에는 인정되지 않는 구호의무를 도로교통법에 추가하고 불이행 시 처벌하도록 하였다. 나아가 구호조치불이행자 가운데 죄질이 나쁘거나 결과가 중한 경우를 특가법으로 다시 가중하는 것이다.[191]

(2) 보호법익과 법적 성격

특가법 제5조의 3에 의한 가중 처벌은 교통사고 발생 시 피해자의 생명, 신체의 안전, 운전자로 하여금 적절한 구호조치를 이행하도록 하는 정상적인 교통문화의 확립과 피해자에 대한 민사적 손해배상의 확보 등을 목적으로 하는 것으로 그 보호법익에 있어서 견해가 나누어진다. 첫째, 사고 피해자의 생명, 신체의 안전이라고 보는 견해[192]에 따르면 무엇보다 교통사고 발생 시 빠르고 적절한 구호를 받을 수 있도록 함으로써 교통사고 후의 방치로 인한 피해의 가중을 예방하자는 것이다.

---

191) 특가법 제5조의 3 제1항 제1호. 피해자를 치사하고 도주하거나, 도주 후에 피해자가 사망한 때에는 무기 또는 5년 이상의 징역에 처한다. 제2호. 피해자를 치상하고 도주한 때에는 1년 이상의 유기징역 또는 500만 원 이상 3,000만 원 이하의 벌금에 처한다. 특가법 제5조의 3 제2항 제1호 피해자를 유기하고 도주하여 피해자가 사망한 때에는 사형, 무기 또는 5년 이상의 징역에 처한다. 제2호 피해자가 사상한 때에는 3년 이상의 징역에 처한다.
192) 조상제, 도주차량운전자의 가중 처벌(특가법 제5조의3) 소정의 도주의 의미해석과 그 한계, 형사판례연구[5], 박영사, 1997, 400~401면, 이기헌, 특가법 제5조의 3의 도주운전죄, 형사판례연구[5], 박영사, 1997, 423면.

따라서 피해 여부를 확인하여 구호가 필요할 수 있는 상황이 발생하여야 하므로 구호할 필요가 없는 상황인 경우는 도주운전죄는 성립하지 않는다. 둘째, 손해배상청구권확보설이라는 견해에 따르면 업무상과실·중과실치사상죄를 범한 자는 당연히 민사상 불법행위에 기한 손해배상을 하여야 할 의무를 지니는 자인데 이러한 자가 정차하여 구호의무 및 피해자에게 자기의 신원을 확인하지 않고 현장을 이탈한다면 민사법질서의 보전을 위하여 바람직하지 아니하므로 특가법상 처벌을 하려는 것이다.[193]

이 학설은 업무상과실치사상죄라는 범죄사실에 관하여 피의자는 진술거부권을 가진다는 점, 범죄사실이 아니라 민사상 불법행위청구권행사의 대상자를 확인하여 민사상 권리구제를 용이하게 할 수 있도록 하여 공공의 이익인 민사사법을 더욱 충실히 달성할 수 있다고 보는 입장이다.

셋째, 사고피해자의 보호와 도로교통의 안전이라는 견해는 과실로 사상의 결과를 야기한 자에게 구호의무를 부과함으로써 피해자의 생명과 신체를 보전하고 도로교통법에 따른 목적을 실현하기 위한 규정이라는 설이다. 업무상과실·중과실로 인하여 생명과 신체를 침해한 자는 과실로 인한 선행행위로 인하여 피해를 최소화할 의무를 지니는 것은 당연하다.

도로교통법 제54조 제1항의 구호의무는 교통사고에 있어서 피해자의 생명과 신체, 재산을 보호하고 교통사고의 피해가 확대됨을 방지하기 위하여 사고차량의 운전자와 승무원이 이행하여야 할 의무를 나타낸다. 도로교통법상 피해의 종류(사람에 대한 사상인지 물건의 손괴인지를 묻지 않는다), 정도, 고의와 과실을 묻지 않는다. 그러나 특가법 제5조의 3 제1항의 도주차량운전자는 업무상과

---

193) 황상현, 특정범죄가중처벌등에관한법률 제5조의3 제1항에 관련된 문제, 형사판례연구[3], 박영사, 1995, 343면.

실·중과실치사상죄의 죄를 범한 자로서 도로교통법상 구호의무 등의 조치를 불이행할 때 정도에 따라 가중 처벌된다.

따라서 업무상과실 등으로 물건에 대한 손괴를 한 자와 과실 없이 또는 단순과실로 치사상의 죄를 범한 자는 도주로 인한 가중 처벌을 하지 않고 도로교통법 제151조에 의하여 처벌될 뿐이다. 생각건대 판례의 입장과 법규정의 내용을 볼 때 도주운전죄의 보호법익은 교통사고발생 시 피해자의 생명 및 신체의 안전과 피해자의 손해배상청구권의 확보라는 개인적 법익과 교통사고를 야기한 자를 처벌하고 원활한 교통안전을 확보하는 의미에서의 사회적 법익 양자를 보호법익으로 한다고 볼 수 있다.

도주운전죄의 법적 성격은 추상적 위험범으로 보호법익의 침해라는 결과가 현실적으로 나타나거나 법익침해의 구체적인 위험을 요구하지 아니하고 추상적인 법익침해의 위험이 있으면 성립한다고 보는 견해가 있으나[194] 본죄는 가중 처벌규정으로서 한정적 해석이 바람직하다고 할 것이므로 실제로 공공의 위험이 발생한 때에 죄가 성립한다고 보는 구체적 위험범으로 보는 것이 타당하다.

(3) 구성요건

1) 자동차 등의 교통으로 인하여

본죄가 성립되기 위해서는 자동차 등의 교통으로 인한 사고여야 한다.[195] 따라서 도로교통법에 규정된 자동차, 원동기장치자전거 또

---

194) 손기식, 전게서, 295∼296면.

195) 여기에서 자동차라 함은 도로교통법 제2조 제17호에 따라 자동차관리법 제3조에 의한 승용자동차·승합자동차·화물자동차·특수자동차·이륜자동차 및 건설기계관리법 제26조 제1항 단서의 규정에 의한 건설기계를 말하며, 원동기장치자전거는 자동차관리법 제3조의 규정에 의한 이륜자동차 중 배기량 125cc 이

는 궤도차 이외의 운송수단 예컨대 자전거, 우마차, 경운기, 가설된 선에 의한 차 등의 운전자는 도주운전에 관한 요건 등을 충족시키는 경우라 하더라도 형법 제268조의 적용은 별론으로 하고 도주운전죄에 해당되지 않는다.

본조의 해석상 '교통으로 인하여'와 관련하여 도로교통법상의 교통의 개념과 본죄에서의 교통의 개념이 같은 개념인가가 문제된다. 도로교통법 제2조

제1호는 "도로법에 의한 도로, 유료도로법의한 도로, 그 밖의 일반교통에 사용되는 모든 곳"이라고 규정하고 있다. 여기서 그 밖의 일반교통에 사용되는 모든 곳이란 사람 또는 차량의 통행을 위하여 공개된 장소로서 교통질서유지를 목적으로 하는 일반 교통경찰권이 미치는 공공성이 있는 곳을 의미하는 곳으로 특정인이 사용할 수 있고 자주적으로 관리되는 장소는 이에 포함된다고 볼 수 있으므로 건물의 부속 주차장, 아파트 단지의 주차공간(주차구획선), 학교교정 등과 같이 외부인의 출입이 자유롭지 않은 곳은 공공성을 인정할 수 없어 도로로 볼 수 없다.

그러나 병원, 관공서, 대중음식점, 병원, 호텔 등의 통로부분과 같이 불특정다수의 사람이나 차량의 통행을 위하여 사용하고 있는 곳은 도로로서의 공공성이 인정되어 도로교통법상의 교통에 해당한다.196) 따라서 도로교통법상의 교통의 관점에서 보면 주차장이나 출입이 자유롭지 못한 교정에서의 사고 후 도주는 특가법상의 교통으로 인정할 수 없다는 문제가 생긴다.

이에 관하여 본죄의 입법취지와 공공교통의 안전이란 보호법익을 고려하여 공공의 것이 아닌 순전히 사적인 영역에서 이루어진 것은 포함되지 않는다는 견해와 본죄의 교통은 도로교통법상의 개

하의 이륜자동차와 50cc 미만의 원동기를 단 차를 말한다.
196) 대판 1994. 1. 25., 93도1574.

넘보다 더 광의의 것이므로 도로교통법의 적용이 배제되는 곳이라 하더라도 자동차의 운행으로 인해 사고를 발생시킨 이상 본죄에 의한 처벌이 가능하다는 견해로 나누어진다. 본죄의 보호법익이 공공의 교통안전과 피해자의 생명 및 신체 안전이라는 개인적 법익도 포함되어 있으므로 본죄에 있어서 교통의 개념은 도로교통법상의 그것과 동일하게 보아야 할 이유가 없다고 본다.[197] 따라서 자동차 등으로 인한 사고인 경우 모두 교통에 포함시킴으로 본죄를 적용할 수 있다.

2) 형법 제268조의 죄를 범한 사고운전자

본죄는 자동차의 교통으로 인한 형법 제268조의 죄를 범한 경우에 적용된다. 따라서 단순교통사고로 인하여 재물을 손괴하고 도주하였다면 본죄가 성립할 여지가 없고 도로교통법 제151조의 적용을 받는다. 즉 도로교통법 제54조 제1항은 교통사고 시 운전자 등의 구호조치의무범위를 사고운전자 외 기타 승무원으로 규정하여 그 범위를 넓히고 있으나 본죄는 사고차량의 운전자에만 한정하고 있다. 따라서 본죄의 범위를 사고를 낸 운전자로 명문화함으로써 운전자를 제외한 탑승자는 본죄의 정범이 될 수 없다.

판례도 본죄의 성립에 있어서 교통사고로 피해자를 다치게 한 운전자라는 신분을 가진 자가 피해자를 구조할 법률상 의무에 위반하여 피해자를 사고장소로부터 옮겨 유기하고 도주한 경우에 성립하는 범죄로, 위와 같은 신분관계가 없는 자가 신분을 가진 자의 행위에 가공하였더라도 선행이 교통사고에 공조한 사실이 없는 경우 특별법상의 책임을 물을 수는 없다고 하였다.[198] 따라서 뺑소니

---

197) 이와 관련하여 판례는 특례법상 "교통사고"는 교통으로 인하여 사람을 사상하거나 물건을 손괴하는 모든 경우를 말하는 것이므로 "교통"의 개념을 도로교통법상의 그것보다 넓게 해석하고 있다(대판 1987. 11. 10., 87도1727).

운전은 직접 사고를 유발한 자에게만 해당되므로 진정신분범이라고 할 수 있다.

3) 과실로 인한 상해발생과 사고발생의 인식

(가) 과실의 존재

본죄는 업무상과실치사상죄를 범한 경우에만 인정되기 때문에 과실이 없는 사고운전자 또는 고의로 사고를 야기한 운전자의 경우에는 적용될 수 없으며 따라서 사고발생에 과실이 없는 운전자의 경우에는 본죄로 처벌할 수 없고, 또한 고의로 사고를 야기한 자에 대하여는 고의범으로 처벌하게 된다. 이 경우 과실의 유무는 운전자에게 통상적으로 요구되는 주의의무를 다하였는가의 여부에 의해 결정된다.

(나) 사고발생에 대한 인식

본죄가 성립하기 위해서는 피해자에게 사상이 발생하였다는 점과 그에 대한 구호조치가 필요하다는 인식이 있어야 한다. 다만 적어도 상해를 입었을 수 있다는 점에 대한 인식이 있다면 구호의 필요성에 대한 인식은 있다고 보아야 할 것이다. 따라서 사상이 발생할 수 있는 객관적인 사정이 있다면 이 요건은 갖추어진 것으로 보아야 할 것이다.

판례는 교통사고 직후에 행인들이 사고 났다고 소리치고 있었으며 차창은 열려 있었고 차의 속도가 시속 10킬로미터 내외이며 사고운전자가 그때 고개를 돌려 뒤쪽을 쳐다 본 사실까지 있었다면 그가 사고발생사실을 인식하였다고 보았고,[199] 교통사고 당시 피해

---

198) 대구고판 1990. 12. 12., 90노629.
199) 대판 1989. 2. 28., 88도1945.

자가 버스에 충격되어 땅바닥에 넘어졌다가 일어난 것을 본 이상 피해자가 위 충격으로 인하여 상해를 입을 수도 있을 것이라는 예견을 할 수 있을 것이므로, 이 경우 사고운전자가 상해의 확인 및 구호조치 없이 피해자가 걸어가는 것만을 보고 그대로 버스를 운행하였다면 본죄의 성립을 인정하였다.[200] 사고운전자가 자신의 업무상과실로 피해자가 사상을 당했다는 사실을 인식함에 있어서 그 인식의 정도는 반드시 확정적으로 인식함을 요하지 아니하고 미필적으로라도 인식하면 족하다고 할 것이다. 또한 사고운전자에게 사상의 인식이 있었는가의 여부는 결국에는 경험칙에 의해 판단된다.

(다) 도주의사

도주의사라 함은 구호조치를 아니한 채 사고 현장을 이탈하여 사고운전자로서 확정할 수 없는 상태를 초래하는 의사를 말하는 것으로, 사고 현장으로부터 벗어나거나 자신이 사고야기자임을 확인케 하지 않는 경우에는 다른 특수한 사정이 없는 한 도주의사의 존재는 추정된다고 할 것이다. 여기서 특수한 사정이란 사고운전자가 피해자의 일행으로부터 구타를 면하기 위해 사고 현장을 이탈한 경우 등을 들 수 있다. 일단 도주의 의사가 인정된 이상 도주 이후 구호를 위해 사고 현장으로 되돌아가거나, 사고사실을 경찰서에 신고하거나, 피해자들이 후송된 병원으로 가서 가해운전자임을 알린 사실 등은 모두 '도주'라는 범행을 완성된 후의 정황에 불과할 뿐 사고운전자에게 도주의 범의가 없었다고 볼 수 없다. 예컨대 피해자를 병원에 데려다 준 다음 피해자나 병원 측에 아무런 인적사항을 알리지 않고 병원을 떠났다가 경찰이 피해자가 적어 놓은 차량번호를 조회하여 신원을 확인하고 연락을 취하자 2시간쯤 후에 파출소에 출석한 경우에도 도주의사를 인정했다.[201]

---

200) 대판 1987. 8. 25., 87도1118.

(4) 위법성조각사유와 책임조각사유

교통사고 발생 시 외견상 도주인 것으로 보이나 현장이탈에 대한 상당한 이유가 있는 경우 위법성이 조각된다. 즉 일반적인 정당화 사유(위법성조각사유) 특히 위법성 조각되는 긴급피난이나 구호의무이행과 의무의 충돌이 있을 때 법익형량을 통하여 위법성이 조각되는 경우를 말한다.

위법성 또는 경우에 따라 책임을 조각하는 긴급피난은 교통사고 운전자가 통행인 기타 교통관여자에 의하여 생명·신체에 대한 위협에 처하여 현장에서 도주할 때 성립할 수 있다. 판례도 사고운전자가 피해자 일행으로부터 구타, 폭행을 면하기 위하여 사고 현장을 이탈한 경우 도주로 볼 수 없다고 보았다.[202] 그러나 이러한 이탈행위는 사고장소로부터 떠난 자체를 정당화하는 사유일 뿐 종국적인 구호 등 조치불이행을 정당화하는 사유가 되는 것은 아니다.[203] 또한 심신상실로 인한 책임무능력에 따른 책임조각사유, 책임을 조각하는 의무의 충돌, 기대불가능성이 인정될 수 있다. 예컨대 사고 현장의 이탈은 면책되나 그것이 사라진 즉시 피해자의 구호 등 필요한 조치의무를 부담시키는 사고 당시의 충격, 만취의 결과 떠나는 시간 동안 일시적으로 존재하는 책임무능력, 위법성조각사유인 긴급피난이 성립하지 않을 때의 사고장소에서의 위협으로 인한 도주 등이다.

그러나 이러한 사유도 그 사유가 소멸된 즉시 구호 등 필요한 조치를 이행할 책임을 면제시키지는 않는다는 점에서 종국적인 책임조각사유라고 볼 수 없다. 그리고 기대가능성과 의무충돌의 관점

---

201) 대판 1999. 12. 7., 99도2869.
202) 대판 1985. 9. 24., 85도1616.
203) 손기식, 전게서, 303~309면.

에서 영업상 용무의 긴급한 처리도 경우에 따라서는 면책될 수 있
을 것이다.[204]

3. 뺑소니 운전의 의미 해석과 구체적 사례

(1) 도주하였을 것

1) 도주의 개념

본죄에서 도주란 사고운전자가 사고로 인하여 피해자가 사상을
당한 사실을 인식하였음에도 불구하고 피해자를 구호하는 등 도로
교통법 제54조 제1항에 규정된 의무를 이행하기 이전에 사고 현장
을 이탈하여 사고를 낸 자가 누구인지 확정될 수 없는 상태를 초
래하는 경우를 말한다.[205] 따라서 동법 제54조 제1항에 따른 사고
운전자의 의무는 첫째 즉시 정차하여야 할 의무, 둘째, 사상자를
구호해야 할 의무, 셋째, 기타 필요한 조치를 취할 의무로 나누어
진다. 여기서 기타 필요한 조치의 의미는 교통질서회복과 안전확보
를 위한 조치 및 피해자 측 등 교통사고 관여자에게 사고운전자의
신원을 확인시키는 등의 조치로 해석하고 있다.

2) 구호의무의 불이행

도주운전죄는 구호의무의 위반이 그 핵심적 행위태양이다. 따라
서 구호조치를 취하기만 하면 신고의무를 이행하지 않더라도 죄는

---

204) 손기식, 상계서, 308면.
205) 대판 2002. 2. 8., 2001도4771.

성립하지 않지만 구호조치를 취하지 않고 도주하고서 사후에 신고하였더라도 도주운전죄는 성립한다.

도로교통법 제54조 제1항의 취지는 도로에서 일어나는 교통상의 위험과 장해를 방지·제거하여 안전하고 원활한 교통을 확보함을 그 목적으로 하는 것이지 피해자의 물적 피해를 회복시켜 주기 위한 규정은 아닌 것이다. 그리고 이 경우 운전자가 하여야 할 필요한 조치는 사고의 내용, 피해의 태양과 정도 등 사고 현장의 상황에 따라 적절히 강구되어야 할 것이고, 그 정도는 우리의 건전한 양식에 비추어 통상 요구되는 정도의 조치를 말한다고 할 것이다.[206]

따라서 교통사고가 발생하였다면 사고야기자에게 요구되는 필요한 조치는 첫째, 즉시 정차하여 피해자의 상해여부나 정도를 확인할 의무가 있다. 둘째, 상해여부를 확인함에 있어서 일반인으로서 정확한 진단을 하기가 어려우므로 경미한 사안이 아닌 이상 피해자를 병원이나 약국으로 후송하여 치료받도록 할 의무가 있다. 셋째 피해자가 병원으로 후송되었다고 사고운전자의 의무가 완료된 것은 아니며 병원에서 치료여부와 치료비 등을 확인하여야 할 수습의무가 있다.

예컨대 부상자에 대하여 현장에서의 응급조치, 사고차량 또는 피해차량에 깔려 있는 피해자를 구출하는 조치, 부상자를 병원에 이송하는 것은 물론 자신이 아닌 다른 사람의 차를 이용하여 병원에 후송하는 것을 말한다. 그리고 이와 같은 구호의무 등의 위반이 되기 위해서는 그가 구호의무를 이행함에 적절한 사정이 있었는데도 구호조치를 하지 않은 경우이다. 따라서 사고운전자가 흥분한 피해자의 일행으로부터 폭행을 피하기 위한 현장이탈의 경우[207] 또는

---

206) 대판 1991. 2. 26., 90도2462.
207) 대판 1985. 9. 24., 86도1616.

사고운전자도 교통사고로 심하게 다쳐 구호조치를 기대하기 어려운 경우 등에는 구호의무위반이라고 할 수 없다.

3) 사고 현장의 이탈

도주운전죄에 있어서 장소적 이탈은 도주여부를 판단하는 데 있어서 중요한 판단기준이 된다. 인명사고를 내고도 그대로 도주하였다면 그 행위는 법에서 관용될 수 없는 죄질이 아주 나쁜 고의범으로 취급된다. 그런데 운전경력이 짧고 소심한 운전자가 사고를 내고 크게 당황하여 정신없이 일정거리를 운행하다가(순간 도주하려는 마음도 들었을 것이다), 다시 마음을 고쳐먹고 정차하는 경우는 그렇게 악질적인 범죄행위라고는 보이지 않는다.

그러나 판례는 일정장소를 이탈했다가 되돌아오는 경우 엄격하게 도주의사가 있는지에 대해 심각하게 고려하고 있다. 사고 후 음주운전 사실을 은폐하기 위한 장소적 이탈의 경우 도주의 범의를 부인하지 않았고,[208] 사고 후 피해자가 사망했음을 인식하였음에도 주위사람들에게 자기의 신분을 밝히지 아니한 채 사고 현장을 2시간가량 이탈하여 뒤늦게 사고 현장으로 돌아온 경우도 도주의사로 장소를 이탈한 것으로 보았다.[209] 또한 사고운전자가 피해차량 부근에도 가지 아니한 채 집으로 돌아 왔고, 그의 처도 현장에 남아 있다가 피해자의 친구에게 병원으로 데려가라고 말한 후 집으로 돌아왔으며, 피해자 등에게 인적 사항이나 연락처를 남김없이 장소를 이탈한 경우도 도주의사가 있는 것으로 보았다.[210] 그러나 교통사고 가해자가 피해자와 사고 여부에 관하여 언쟁하다가 동승했던 아내에게 사후처리를 위임하여 현장을 이탈하고 그의 아내가 사후처

---

208) 대판 1996. 4. 9., 96도252.
209) 대판 1995. 10. 12., 95도1605.
210) 대판 1995. 11. 24., 95도1680.

리를 한 경우에는 도주의사를 가진 장소적 이탈로 보지 않았다.[211]

도주의 범의를 가진 장소적 이탈의 판단은 특수한 사정이 있는 경우 예컨대 피해자가 병원으로 호송됨을 확인한 후 교통사고를 경찰서에 자수하기 위해 이탈한 것이라면 도주사실이 인정되지 않을 수 있고, 비록 사고 현장에 있었다고 하더라도 자신이 사고운전자가 아닌 것으로 가장한 경우에는 도주사실이 인정될 수도 있다.

4) 사고야기자로서 확정될 수 없는 상태의 초래

본죄의 보호법익 중에는 교통사고를 야기한 운전자를 특정케 함으로써 그 이후의 사고처리를 확보한다는 점도 있다. 따라서 본죄가 성립하기 위해서는 사고운전자가 자신을 사고야기자로서 특정될 수 있도록 일정한 조치를 하지 않아야 하는바, 구체적 사례를 살펴보면 다음과 같다.

첫째, 진정한 이름과 연락처를 알려준 경우가 있다. 사고운전자가 긴급한 구호조치가 필요치 않은 상황에서 자신의 진정한 이름과 전화번호를 피해자 또는 피해자의 일행에게 알려준 경우에는 사고야기자로서 확정될 수 없는 상태를 초래하였다고 볼 수 없다. 사고를 낸 뒤 피해자에게 가서 상해여부를 묻고, 변상해 주겠다고 하였으나 경찰차가 다가오므로 자신의 음주사실의 발각이 두려워 운전면허증을 교부하고 가버렸다면 사고 현장을 이탈하여 사고야기자로서 확정될 수 없는 상태를 초래한 경우에 해당하지 않는다고 보았고,[212] 반면 사고 후 피해자와 경찰서에 신고하러 가다가 음주사실이 두려워 피해자가 경찰서로 들어간 사이에 그냥 가버린 경우 비록 피해자에게 자신의 직업과 이름을 알려주었다 하더라도

---

211) 대판 1997. 1. 21., 96도2843.
212) 대판 1997. 7. 11., 97도102.

도주가 된다고 보았다.[213] 따라서 단순히 이름과 직업만 남겼다면 도주의 의사가 있다는 것으로 보았다.

둘째 피해가 경미하다고 판단하고 그냥 가버린 경우이다. 사고운전자가 사고로 인하여 피해자가 사상을 당한 사실을 알았다는 것은 자신의 업무상과실로 인하여 발생하였다는 것까지 알았음을 요하나 그 인식의 정도는 반드시 확정적으로 인식함을 요하지 아니하고 미필적으로라도 인식하면 족하다. 따라서 적어도 상해를 입었을 수 있다는 객관적 사정이 있다면 피해여부를 확인하여야 할 것이다.[214]

피해자가 버스에 충격되어 땅바닥에 넘어졌다가 일어나 걸어가는 것을 보고 그대로 버스를 운행한 경우 후사경을 통하여 피해자와 부딪친 것을 목격하고 일단 정차를 하였으나 피해자가 걸어가는 것을 보고 왜 부딪쳤냐고 욕설을 하고 그대로 진행한 것이라면 피해자가 땅바닥에 넘어졌다가 일어나는 것을 본 이상 상해를 입었을 수 있다는 것은 예견 가능하고,[215] 차량에 충격되어 횡단보도에 넘어진 피해자가 스스로 일어나서 도로를 횡단하였다 하더라도 사고차량 운전자로서는 피해자의 상해여부를 확인하여 병원에 데리고 가는 등 조치를 취하여야 함에도 불구하고 이를 이행하지 않고 상호 말다툼을 하다가 사고에 대한 원만한 해결이 되지 아니하고 간 경우는 도주운전에 해당한다.[216]

셋째 교통사고 후 피해자의 상해를 확인한바, 이상이 없다고 판단한 경우이다. 피해자가 충격당한 것을 보고 다친 데가 있는지 여부를 확인하였더니 특별한 외상이 없었고 피해자가 괜찮다고 하여 그냥 사고 현장을 떠난 경우 교통사고 운전자의 필요한 조치를 다

---

213) 대판 1996. 4. 9., 96도252.
214) 대판 2000. 3. 28., 99도5023.
215) 대판 1987. 8. 25., 87도1118.
216) 대판 1993. 8. 24., 93도1384.

했다고 할 수 있는가. 이러한 경우에도 그 조치를 다 했다고 할 수 없다. 피해자의 진술만으로 구호의 필요성이 좌우되는 것이 아니고 객관적으로 구호가 필요한 상태라면 구호를 하여야 할 것이다.

판례는 골목길에서 뛰어나온 어린이가 차량에 부딪친 사고에서 어린이가 울음을 그치자 별일이 없을 것으로 생각하고 약국에 가서 약을 사서 치료하여 준 후 현장을 이탈한 경우 가해운전자가 피고인이라는 기억을 할 수 없는 어린 피해자에게 집으로 혼자 돌아갈 수 있느냐는 질문에 예라고 대답하였다는 이유만으로 현장을 떠난 경우에 사고운전자에 대하여 도주차량으로 보고 있다.[217] 그러나 상해여부를 확인하고 피해자가 괜찮다고 하고 특별한 외상이 없는 상태에서 전화번호와 이름만을 알려주고 현장을 이탈한 경우라면 도주하였다고 볼 수는 없을 것이다. 이 경우 나중에 객관적인 상해가 있었다고 하여도 마찬가지일 것이다.

넷째 피해자를 병원에 후송하고 경찰에 신고까지 한 경우이다. 피해자를 병원으로 후송하고 사고사실을 경찰에 신고하였다 하더라도 본인이 사고운전자인 사실을 숨기고 이야기하지 않은 채 현장을 떠났다면 도주운전에 해당한다.[218] 가해자는 사고야기자로 확정될 수 없는 상태이기 때문이다.

다섯째 사고 후 타인으로 하여금 필요한 조치를 취하게 하고 현장을 이탈한 경우이다. 사고 후 사고 사실을 부모에게 알려 사고처리를 하도록 부탁한 후 사고 현장을 이탈하거나, 차주에게 알려 사고처리를 할 수 있도록 하기 위하여 사고 현장을 이탈하였다고 하더라도 구호조치를 취하지 않은 이상 도주차량으로 볼 수 있다.

그러나 사고운전자의 옆에 동승하고 있던 아내로 하여금 사고수습을 부탁한 후 잠시 자리를 피한 경우 그 아내가 필요한 조치를

---

217) 대판 1994. 10. 14., 94도1651.
218) 대판 1991. 10. 22., 91도2134.

취하였다면 도주차량으로 볼 수는 없을 것이다.[219] 반드시 사고운전자가 직접 구호조치를 취할 필요성은 없으나 다른 사람에 의하여 구호조치가 이루어지는 경우는 사고운전자의 의도하에 구호조치가 이루어진다는 것이 인정될 수 있어야 한다. 따라서 제3자가 구호조치를 이미 취하여 더 이상 구호조치를 취할 상태가 아니라고 판단하고 현장을 떠났다면 사고 야기자로 확정될 수 있는 상태가 아니므로 도주차량으로 보아야 한다.

여섯째 신고하기 위한 이탈의 경우이다. 사고운전자가 피해자를 동행인이 데려간 사이 신고를 위하여 현장을 이탈하였다면 도주라고 할 수 없을 것이다. 그러나 모든 경우에 경찰관서로 신고하지 않은 것이 바로 도주라고 볼 수는 없다는 것이다.

도로교통법 제54조 제2항에서도 반드시 신고해야 하는 사고야기자의 경우는 일부로 한정하고 있다. 그러나 사고 발생 시 최소한 사고야기자로서 확정될 수 없는 상태가 되어야 하므로 경찰관서에 신고하였거나 상대방에게 자신의 인적 사항을 알려주는 것이 사고 발생 시 필요한 의무조치 중의 하나라고 볼 수 있다. 다시 말하면 사고야기자는 사고 현장에서 피해자를 구호조치하고 상대방에게 인적 사항을 정확히 알려주거나 또는 경찰관서에 신원을 밝혀 사고 수습이 이루어지도록 할 의무가 있는 것이다.

일곱째 교통혼잡을 방지하기 위한 이탈한 경우이다. 사고장소가 차량의 왕래가 많아 오히려 그 자리에서의 구호가 교통방해가 된다고 판단 피고인이 음주 운전한 것도 있고 하여 조용한 곳에서 은밀하게 해결하기 위하여 피해자의 차량 옆에서 따라오라고 하는 표시로 피고인의 왼손으로 우회전하라고 신호까지 보내고 피해자가 따라오리라고 생각하고 교차로에서 오른쪽 길로 시속 약 10킬로미

---

219) 대판 1997. 1. 21., 96도283.

터 저속으로 깜박이를 켠 채 진행하였는데 마땅히 주차할 곳이 없어 사고 장소로부터 약 100미터 지나친 것이라면 도주의사가 없다고 보아야 한다.[220]

여덟째 사고운전자가 중상인 경우이다. 사고운전자가 중상으로 피해자를 구호할 능력이 상실된 상태에서 병원으로 가기 위하여 사고 현장을 이탈한 경우라면 도주의사가 없다고 보아야 할 것이다. 그러나 사고운전자가 단순히 경상을 입은 상태로서 구호할 능력이 있음에도 불구하고 자신의 치료를 위하여 현장을 이탈한 경우는 역시 도주라고 보아야 한다.

(2) 상해

1) 내용

본죄는 형법 제268조 소정의 상해의 결과가 발생한 경우에 성립한다. 또한 이 경우 상해는 도로교통법 제54조 제1항의 요건에 해당하는 상해, 즉 피고인이 곧 정차하여 구호하는 등 필요한 조치를 취해야 할 정도의 가시적인 상해이어야 한다. 이와 같이 구호조치를 할 정도의 상해가 아닌 한 형법 제268조의 성립 여부는 별론으로 하고, 본죄가 성립할 여지는 없다. 따라서 사상이 발생할 수 있는 객관적 사정이 있다면 이 요건은 갖추어진 것으로 보인다. 판례는 버스에 피해자가 충격되어 땅바닥에 넘어졌다가 일어난 것을 보고 피해자가 걸어가는 것을 보고는 그대로 버스를 운행해 가버렸다면 도주운전죄가 성립한다고 보았다.[221]

---

220) 대판 1994. 6. 14., 94도460.
221) 대판 1987. 8. 25., 87도1118.

2) 사상의 인식의 정도

피해자에게 사상이 발생하였다는 점과 그에 대한 구호조치가 필요하다는 점에 대한 인식이 있어야 한다. 적어도 상해를 입었을 수 있다는 점에 대한 인식이 있다면 구호의 필요성에 대한 인식은 있다고 보아야 할 것이다. 이에 대한 인식의 정도는 확정적인 인식을 요하는 것이 아니라 미필적 인식만 있으면 족하다. 사고운전자에게 사상의 인식이 있었는가의 여부는 결국에는 경험칙에 의해서 판단된다.

3) 구체적 사례의 검토

차량에 충격되어 횡단보도상에 넘어진 피해자가 스스로 일어나서 도로를 횡단하였다 하더라도 사고차량 운전자로서는 피해자의 상해 여부를 확인하여 병원에 데리고 가는 등 구호조치를 취하여야 함에도 불구하고 이를 이행하지 아니하고 상호 말다툼을 하다가 사고에 대한 원만한 해결이 되지 아니한 상태에서 그냥 가 버린 경우와,[222] 외상이 전혀 없었다고 하더라도 피해자의 상해 여부를 확인하지도 않은 채 자동차등록원부만을 교부하고 임의로 사고현장을 이탈한 사고운전자에게 도주의 의사를 인정하였다.[223] 반면에 백화점 앞에서 수신호를 마치고 돌아서려는 피해자의 다리 부분을 과실로 승용차의 앞 범퍼 부분으로 들이받아 약 2주간의 치료를 요하는 상처를 입히고 도주하였다. 이에 법원은 피해자의 증상으로 보아 2주간의 진단서상의 상해를 입었다고 인정하기에 상당한 의심이 간다고 하여 본죄에 있어서의 상해로 인정하지 않았고,[224] 피해자로 하여금 요치 3주간의 상해를 입힘과 동시에 뒤 범

---

222) 대판 1993. 8. 24., 93도1384.
223) 대판 1996. 8. 20., 96도1415.

퍼를 손괴하였으나 피해자에게 피해가 없는 것 같으니 양해하여 달라고 한 후 뒤 차량이 밀리므로 먼저 가해차량에 타서 차량을 도로변에 대려고 하였고, 고개 숙여 사과를 한 뒤 피해자가 피고인을 향하여 손짓을 하자 이를 가도 좋다는 표시로 알고 가해차량을 운전하여 사고 현장을 떠났다면 교통상의 위험과 장애를 방지·제거하여 안전하고 원활한 교통을 확보하기 위한 조치를 취하였다고 보이므로 본죄가 성립하지 않는다고 보았다.[225]

4) 상해판단의 기준

첫째, 상해의 정도는 사고 시 피해자가 바로 일어서서 걸어 다닐 정도 등 상처가 외부적으로 들어나는가를 기준으로 삼는다. 둘째, 사고 직후 피해자의 상태이다. 이는 피해자가 충격을 받아 어떤 상태에 있는가이다. 자신의 상태를 판단할 수 있는가를 기준으로 삼는다. 셋째, 상해진단서를 발급받을 당시 통상적인 통증을 이유로 진단서를 발급하는 경우 물리치료를 받았는가, 아니면 약만을 받았는가, 또는 아무런 치료 없이 병원을 나섰는가가 기준이 된다. 넷째, 일상생활에의 장애가 있는가에 대한 검토가 필요하다. 치료 없이 일상생활을 하는 데 지장이 없다면 본죄에서 말하는 상해라고 볼 수 없을 것이다. 다섯째, 치료가능성의 여부이다. 상처가 시간이 경과함에 따라 자연적으로 치료될 수 있는가이다. 아무런 치료 없이 시간의 경과에 따라 완쾌될 수 있을 정도의 상처라면 본죄의 상해로 볼 수 없을 것이다. 여섯째, 형법상의 상해개념에서 상해에 포함되는가를 기준으로 형법상 상해에 해당한다면 본죄를 적용하는 것이다. 생각건대 형법적인 측면에서 상해를 판단한다면 상해의 개

---

224) 서울지판 1994. 2. 2., 93고합2943.
225) 대판 1999. 11. 12., 99도3140.

넘이 좁아질 우려가 존재하게 된다. 형법의 관점에서 상해의 개념은 생리적 기능훼손설을 취하고 있으므로 사고 시 피해자가 생리적인 기능훼손이 없다면 본죄의 도주죄에 해당되지 않는다. 그러나 특가법상의 상해는 상해의 범위를 형법상 상해의 범위보다 더욱 넓게 보고 있다.226) 판례는 도주운전죄에서 상해의 개념을 구체적 사안에 따라 사회상규에 의해 판단하고 있다.227) 따라서 상해의 정도만을 기준으로 사는 것이 아니라 그 상해를 발견하게 된 경위를 중요한 자료로 삼고 있다.

(3) 유기도주

1) 의미

특가법 제5조의 3 제1항이 사고운전자가 사고를 낸 후 도주한 경우를 규정함에 대하여 동조 제2항은 사고운전자가 피해자를 사고장소로부터 유기하고 도주한 경우를 규정하면서 이 경우는 제1항에 비하여 더욱 가중 처벌하고 있다. 그런데 본죄의 형벌에 관하여 그 보호법익에 비추어 제1항의 단순도주보다 제2항의 유기도주가 가중 처벌됨은 당연하다. 유기죄에 있어서 유기란 요부조자를 보호 없는 상태에 둠으로써 그 생명·신체에 위험을 가져오는 행위를 말하며, 작위뿐만 아니라 부작위에 의해서도 행하여질 수 있기에 단순히 위험에 빠지는 것을 버려두는 것으로도 유기죄가 성립한다.228) 본죄도 유기의 개념에 의하여야 하는가가 문제될 수 있

---

226) 특가법상 상해판단의 기준은 객관적 구성요건, 특히 상해의 인정범위에 있어서 상해의 정도, 사고 직후의 피해자의 상태, 상해진단서의 발급 당시의 치료상태, 일상생활의 장애, 치료가능성, 형법상 상해 등 구체적인 요건을 기준으로 상해 판단의 기준이 된다.
227) 대판 2000. 2. 25., 99도3910.

는데 특가법의 보호법익과 입법취지에 비추어 이러한 통상의 유기죄의 개념보다는 좁게 해석되어야 할 것이다.

2) 해석

특가법 제5조의 3 제2항에서 규정하고 있는 '피해자를 사고 장소로부터 옮겨 유기하고 도주한 때'라고 함은 사고운전자가 범행을 은폐하거나 죄증을 인멸할 목적으로 사고 장소로부터 피해자를 옮겼고, 그 결과 피해자를 단순히 방치하고 도주한 때에 비하여 피해자의 발견과 사고경위의 파악, 범인의 신원파악 등을 더 어렵게 만드는 것을 말하며, 단순히 피해자를 구호조치를 하지 아니하고 방치한 채 도주하는 경우는 포함하지 않는다고 하였다.229) 즉, 유기도주죄는 (i) 사고운전자가 범행을 은폐하거나 죄증을 인멸할 목적으로 사고 장소로부터 피해자를 옮기는 행위를 할 것, (ii) 그 결과 피해자를 단순히 방치하고 도주한 때에 비하여 피해자의 발견과 그 구호, 사고경위 파악, 범인의 신원파악 등을 어렵게 만든 것이라는 두 가지 요건을 필요로 한다.

(4) 다른 죄와의 관계

1) 교통사고처리특례법위반과의 관계

도주운전죄는 형법 제268조의 업무상과실치사상죄를 범한 사고운전자가 피해자를 구호하는 등 도로교통법의 규정에 의한 구호조

---

228) 김일수, 형법각론, 박영사, 2001, 97면, 김성천 / 김형준, 형법각론, 동현출판사, 2000, 143면, 배종대, 형법각론, 홍문사, 2002, 163면, 박상기, 형법각론, 박영사, 2000, 97면, 이재상, 형법각론, 박영사, 2000, 96면, 임웅, 형법각론, 법문사, 2002, 109면.
229) 대판 1991. 9. 10., 91도1737.

치를 취하지 아니하고 도주한 때에 성립하는 것으로서 형법상 업무상과실치사상죄는 본죄에 포함되어 있는 것이며, 본죄로 공소가 제기된 경우는 업무상과실치사사상 부분에 관해서 공소가 제기되어 있지 않다고 할 수는 없다. 그러므로 본죄에 대한 심리결과 도주사실은 인정되지 않더라도 업무상과실치상의 점이 인정된다면 무죄의 선고를 할 것이 아니라 공소장변경절차 없이도 교통사고처리특례법 위반의 유죄판결 또는 공소기각(특례법위반에 대하여 공소권이 없는 경우)의 판결을 해야 할 것이다.

2) 도로교통법 제54조 제1항 위반과의 관계

차량의 운전자가 업무상 주의의무를 게을리 하여 사람을 사상에 이르게 함과 동시에 물건을 손괴하고도 피해자를 구호하는 등 도로교통법 제54조 제1항의 규정에 의한 조치를 아니한 채 도주한 경우, 본죄와 도로교통법 제54조 제1항 위반죄가 모두 성립하고 양자의 관계는 상상적 경합의 관계에 있다.[230] 판례는 '자동차의 교통으로 인하여 형법 제268조의 죄를 범하고도 피해자를 구호하는 등 도로교통법 제54조 제1항의 규정에 의한 조치를 취하지 아니하고 도주한 것'이라는 공소사실로 특가법상 도주, 형법 제268조, 도로교통법 제54조 제1항의 죄로 기소되었으나, 업무상과실로 인하여 사람을 사상하였다는 사실이 인정되지 아니하는 경우, 차의 교통으로 인하여 물건을 손괴한 교통사고가 발생하여 도로교통법 제54조 제1항의 규정에 의하여 취하여야 할 필요한 조치를 하지 아니한 사실이 인정되더라도 이에 대하여는 무죄를 선고해야지 공소장변경 없이 도로교통법 제151조, 제54조 제1항을 적용하여 처벌할 수 없다고 하였다.[231]

---

230) 대판 1993. 5. 11., 93도656.

3) 도로교통법 제54조 제2항 위반(미신고)죄와의 관계

차량의 운전자가 업무상 주의의무를 게을리 하여 사람을 사상에 이르게 하고도 피해자를 구호하는 등 도로교통법 제54조 제1항의 규정에 의한 조치를 하지 아니한 채 도주하였을 뿐 아니라 위 교통사고의 사고내용을 신속히 경찰관서에 신고하지 않았을 경우, 본죄와 도로교통법 제54조 제2항 위반죄가 모두 성립하는바, 양 죄는 모두 교통사고 이후의 작위의무위반에 대한 것으로서 각 구성요건에서 본 행위의 태양, 시간적, 장소적 연관성 등을 종합하여 보면 위 양 죄는 실체적 경합관계에 있다. 또한 양 범죄사실의 기초가 되는 사회적 사실관계도 상이하다고 할 것이므로 그중 하나인 위 도로교통법위반죄에 대하여 약식명령이 확정되었다 하여도 그 기판력이 도주운전죄에 미친다고 할 수 없으므로 이에 대해 유죄판결을 내릴 수 있다.

4) 도로교통법 제48조(안전운전의무)위반죄와의 관계

도주운전죄는 자동차 등의 교통으로 인하여 형법 제268조의 죄를 범한 사고운전자가 사람을 사상에 이르게 한 사실을 인식하고 도주한 경우에 성립하는 것이므로 모든 차의 운전자에게 차를 운전하는 경우에 요구되는 안전운전의 의무를 단순히 이행하지 아니한 경우에 성립되는 도로교통법 제48조 위반죄와는 그 주체나 행위 등의 구성요건이 전혀 다른 별개의 범죄이다. 따라서 차의 운전자가 차를 운전하는 경우에 요구되는 업무상의 주의의무를 게을리 하여 사람을 사상에 이르게 하고서도 피해자를 구호하는 등 도로교통법 제54조 제1항의 규정에 의한 조치를 취하지 아니한 채 도

---

231) 대판 1993. 5. 11., 93도656.

주한 때에는 도로교통법 제48조 위반죄와 특가법상 도주운전죄가 성립하고 이 경우에는 양 죄는 실체적 경합의 관계에 있다.

4. 소결

앞에서 살펴보았듯이 판례는 도주운전죄에 대하여 특별한 사정이 있는 경우에는 도주운전죄를 부정하지만 대체적으로 도주의 개념을 넓게 해석하고 있다고 판단된다. 예컨대 사고운전자의 의무범위를 민·형사상의 책임에 관한 자료를 제공할 때까지 사고 현장을 이탈해서는 안 되며 상해에 관하여도 치료가 필요하지 않은 가벼운 상처도 본죄가 성립하는 데 아무런 제약이 되지 않는 것처럼 보인다. 그러나 도로교통법에 구호의무 규정을 두고 있으므로 이러한 가벼운 상처에도 특가법으로 다시 가중해야 하는가에 대한 의문이 제기된다. 또한 진단서에 대한 사회적 신뢰도가 낮은 현실에서 이것이 피해자 측의 부당한 요구에 빌미를 제공할 우려가 있다는 지적이 있다. 이러한 문제점에 대해 대법원은 도주의 장소적, 시간적 한계에 대해 일관성 있는 판결을 내려야 할 것이다.

일상생활에서 교통사고는 어느 정도 나타날 수 있는 현상이라 하더라도 사고를 야기하고 도주하는 행위는 반드시 근절되어야 하는 범죄행위이다. 도주운전을 막기 위해서는 사고를 낸 운전자의 심리적 불안 상태를 야기하여 도주하도록 하는 요인을 최대한 제거해야 할 것이다. 즉 사고운전자를 사고야기로 인한 경제적 부담과 형사처벌의 두려움으로부터 어느 정도 해방시킬 수 있는 법적 제도적 장치를 마련함으로써 도주운전을 감소시킬 수 있을 것이다.

V. 도로교통법규의 몇 가지 문제점

1. 특례법의 문제점

특례법은 1982년 시행 이후 자가운전의 증가와 같은 사회적 변화에 적절한 대처와 전과자의 양산을 막고 수사기관의 업무량을 줄이는 등 긍정적인 평가도 받지만, 비교적 충분한 검토와 장기간에 걸친 시행착오의 경험을 토대로 입법된 것이 아니기 때문에 규정의 해석상 모호한 부분이 없지 않으며,[232] 사법기관에서의 동법 적용과 운용에서 많은 문제점이 제기되고 있는 실정이다.[233] 이하에서는 특례법의 문제점에 대하여 검토하기로 한다.

(1) 형법상 과실범과의 불평등

1) 형법상 과실범과 교통사범

운전자의 운전행위는 형법상 업무에 해당하며, 그 과실범에 대하여는 일반과실과는 달리 취급되고 있다.[234] 즉 일반적으로 업무상과실·중과실을 일반과실보다 무겁게 처벌하고 있다. 형법상 업무상 과실범의 유형을 보면 업무상과실치사상죄, 업무상실화죄, 업무

---

232) 최교일, 교통사고처리특례법상의 중앙선침범사고(상), 법조, 1993 / 1, 97면 이하, 이홍의, 교통관련 법규개정을 통한 교통사고 처리방안, 손해보험, 1996 / 1, 34면.

233) 이미 검토한 바와 같이 우리나라의 교통사고율은 미국, 일본 등 선진국에 비하여 엄청나게 높은 편이다. 그렇다면 이와 같은 상황하에서 우리보다 교통사고발생률이 저조한 외국에서조차 그 입법례를 찾아볼 수 없는 급진적 입법태도를 취하여 교통사고에 대한 형사처벌을 완화하는 것이 과연 타당한 입법이냐 하는 것이 당연히 문제되지 않을 수 없다.

234) 김일수 / 서보학, 형법총론, 249면 이하.

상과실교통방해죄, 업무상과실장물취득죄 등이다. 이들 유형을 보면 ― 업무상과실치상죄를 제외하고는 ― 위험발생영역 내지 위험증대 영역에서의 대응규정이라고 할 수 있다. 업무상과실치상죄의 경우에는 교통사고의 경우에 주로 문제되고 또한 이를 특례법에서 규율하고 있다는 점, 그리고 형법상 처벌되지 않는 과실에 의한 재물손괴를 도로교통법 제151조에서 업무상과실 등에 의한 경우에는 벌하도록 하고 있다는 점 등에 비추어 보면 이 또한 위험발생 내지 위험증대에 대처하기 위한 규정이라고 하는 공통점을 찾아낼 수 있다. 따라서 형법상 업무상 과실범의 처벌은 위험증가가 두드러진 영역에 대한 형법적 대응이라고 할 수 있으며 이들 행위는 일반과실보다 중대한 결과를 가져오는 것이 보통이고 따라서 일반과실보다 결과반가치가 중하다고 할 수 있다. 동시에 일반과실보다 중대한 결과를 가져올 수 있으므로 이들 위험발생 내지 위험증대 영역에서 업무종사자는 보다 주의 깊은 태도를 형성하도록 요구되며 이에 반하여 그에게 요구되는 주의의무를 태만히 함으로써 구성요건에 해당하는 결과를 야기할 때에는 그 업무행위에 대한 일반인의 신뢰가 깨지게 되고 따라서 그 업무상과실행위의 행위반가치도 중하다고 할 수 있다.

결국 형법은 업무에 종사하는 사람이 그 업무를 통해 일반인보다 더 중대한 위험을 야기할 수 있는 위치에 있다는 점을 고려하여 그에 대하여 주의의무를 태만히 하지 않을 것을 요구하는 것이며, 동시에 이들 업무상과실범에 대하여 보다 중한 형벌을 가함으로써 업무에 종사하는 자로 하여금 주의를 태만히 하지 말 것을 강력히 요구하고 있는 것으로 이해된다.

2) 헌법상 평등의 원칙에 위배

특례법은 형법에 규정되어 있는 과실범[235]과 다른 처벌을 함으로써 헌법상 평등의 원칙에 위배될 위험성이 존재한다.[236] 특례법 제정 당시 교통사고의 경우에만 반의사불벌죄를 도입함으로써 보험·공제가입을 처벌불원의사로 의제한 것은 일반과실범과의 처벌의 형평성을 잃은 것이다. 즉 특례법은 도로교통사고에 대한 업무상과실치상죄에 대하여 반의사불벌죄를 인정함으로써 처벌의 균형성을 상실하였으며, 또한 형법개정의 방법이 아닌 특례법의 제정 방식을 취함으로써 형법상 가장 중요한 과실범 구성요건인 형법 제268조의 규정을 공허화하였다는 비판을 받고 있다.[237]

특례법이 다른 과실범과의 처벌에 있어서 균형을 잃고 있다는 비판은 헌법재판소의 결정[238]에서도 찾아볼 수 있다. 즉, 특례법 제4조 제1항이 중과실로 중상해를 유발한 교통사고의 일부에 대하여 가해차량이 종합보험에 가입되어 있다는 이유로 아예 형사처벌의 대상에서 제외되고 있는 것은 동질의 행위들에 대해서는 원칙적으로 동일한 형법적 평가가 내려져야 한다는 형사적 정의에 반할 뿐 아니라, 동법 제3조 제2항 단서조항에 규정된 경우에 해당하지 아니한 중과실로 인한 교통사고로 중상해를 입은 피해자를 그 생명·

---

235) 형법상 과실범이 처벌되는 경우는 법률의 규정이 있는 경우에 한하며, 실화죄(형법 제170조), 과실폭발물건파열죄(형법 제173조의 2), 과실일수죄(형법 제181조), 과실교통방해죄(형법 제189조), 과실치상죄(형법 제266조 제2항), 과실치사죄(형법 제268조), 업무상과실장물취득죄(형법 제374조) 등이 있다. 이 중 과실치상죄는 반의사불벌죄로 규율하고 있다.

236) 헌법 제11조 제1항에서는 "모든 국민은 법 앞에 평등하다. 누구든지 성별·종교 또는 사회적 신분에 의하여 정치적·사회적·경제적·문화적 생활의 모든 영역에 있어서 차별을 받지 않는다"고 규정하여 평등의 원칙을 보장하고 있다.

237) 손기식, 전게서, 251면 이하.

238) 헌법재판소 전원재판부는 특례법 제4조에 대한 헌법소원에 대하여 5인의 재판관이 위헌결정을, 4인의 재판관이 합헌결정을 내 법률의 위헌결정에 필요한 재판관의 정족수인 6명에 미달하여 합헌결정을 했다. 헌법재판소 결정, 1997. 1. 16., 90헌마110·136(병합).

신체의 보호에 있어서 차별하고 있는바, 형벌권행사를 통한 기본권 보호에 있어서 이와 같은 차별을 정당화할 만한 중대한 공익의 실현을 위한 불가피한 사유가 존재하지 않음으로 평등의 원칙에 저촉될 가능성이 있다고 한다.[239]

법은 누구에게나 평등해야 하며 국민 전체를 보호해야 할 기능이 있다. 그런데 특례법은 출발부터 가해자를 보호하기 위해 입법되었다는 비판을 벗어나기 어렵다.

(2) 예외 11개 항의 획일성 문제

특례법은 과실인정의 기준이 되는 주의의무위반의 여부는 구체적 상황이나 주위환경에 의하여 달라질 수도 있음에도 획일적으로 11개 예외조항을 규정하고 있다. 그러나 동법을 적용하는 경우에는 과실인정의 구체적 타당성 여부가 문제된다.

이러한 해석 및 적용상의 문제는 교통범죄를 다루는 실무에서 지속적으로 제기되고 있다. 그러나 특례법상 치상사고의 경우 중상, 경상, 부상신고는 11종류의 위반으로 인한 사고가 아니면 동일하게 처리되고 있는 실정이다. 예외 11개 조항이 너무 획일적인 나머지 위 조항[240]에 해당하지 아니하면서도 중대한 과실유형은 많은 부분을 차지하고 있으나 구체적인 사정을 참작할 수 없다는 단점이 있다.

---

239) 위 헌법재판소 결정에서 재판관 김진우, 이재화, 조승형의 위헌의견 참조.
240) 특례의 예외 8개 조항이 획일적인 규정이라는 비판에 따라 1993. 6. 11. 개정에 의해 단서조항 제9호와 제10호가 추가되었고 2008년에 11호가 추가되어 11개의 예외규정이 있다. 그러나 이러한 유형도 획일적이란 비판을 면치 못하고 있다.

(3) 형사정책적인 문제

첫째, 자유형에서 벌금형 유도의 문제점이다. 사소한 법규위반의 경우 비범죄화 내지 비형벌화는 우리 교통관계법규에서도 어느 정도 인정할 수 있을 것이다. 그러나 교통사고로 인한 사상의 경우는 경미범죄로 쉽게 인정할 수 없을 뿐 아니라 피해자에 대한 법익침해에 대한 책임은 사고를 유발한 운전자 자신이 져야 하고, 재범방지를 위해서는 벌금형보다는 재범방지 및 재사회화를 위한 새로운 방안이 모색되어야 할 것이다. 선도조건부 기소유예, 선고유예 및 집행유예 시 수강명령이나 사회봉사명령의 부과, 피해의 완전한 보상명령 등이 있을 수 있다.

둘째, 특례법에 의해서 집행되는 처벌의 효과에 대한 부정적 양상이다. 특례법은 도로교통 운행의 가장 중요한 이념인 인명존중의 사상을 위협하고 있다. 교통범죄에 대하여 민사보상이 강조됨으로써 인명보다 금전이 우선되는 사고를 낳는다.[241] 또한 형벌의 완화는 교통사고방지라는 측면에서 부정적이다. 즉 교통사고에 대한 처벌의 완화는 교통범죄를 증가시키는 요인이 된다.

(4) 형사실무상의 문제점

첫째, 교통사고조사지침 운영의 비효율성이다. 교통사고 발생 시 형사실무상에서도 과실인정의 기준이 되는 주의의무는 매우 복합적이고 구체적인 상황에 따라 달라질 수 있는 것이다. 그러나 특례법의 경우를 단순히 사실 판단에 의거하여 결정하게 함으로써 과실인정의 구체적 타당성 여부가 문제된다.[242]

---

241) 손기식, 전게서, 251면.
242) 손기식, 전게서, 253면: 송광섭, 교통범죄의 현황과 대책, 형사정책연구, 형사정

　그리고 특례법 11개 예외사항에 포함되지 않는 사고로서 합의되었거나 보험에 가입되어 피해자의 손해배상이 확보되어 있음에도 불구하고 공소권 없는 사건으로 형사입건함으로써 관계자는 물론 경찰인력, 시간, 예산 등 소비요인이 되고 있다.243) 또한 합의 또는 보험에 가입된 교통사고를 일괄 형사 입건하여 '공소권 없음'으로 검찰에 송치함에 따라244) (i) 실질적으로 형사처벌을 받지 않는 사람들까지 피의자로 입건됨으로써 그들에게 심리적으로 부담을 주고 그 과정에서 불편을 가중시키고 있고, (ii) 경우에 따라서는 피해자나 목격자 등 관계인도 진술을 해야 하는 등의 불편을 초래하고 있으며, (iii) 경찰로서도 송치에 필요한 관련자 진술조서 등 11개 제반기록의 작성을 위한 인력과 시간이 소비되고 있다(1건당 1인 5~6시간 소요). 이는 경찰의 인력부족과 업무과다 등의 원인으로 작용하여 지연처리, 편파수사 등으로 비리요인이 되고 있다.245)

　둘째, 현장보존과 증거확보가 곤란하다는 점이다. 교통사고 현장은 완전히 보존해야 교통사고의 원인과 과정, 침해 정도, 증거물 등을 수집하여 책임한계를 규명하고 앞으로 교통사고 예방자료로 활용할 수 있다. 그러나 대부분의 통행량이 많은 사고 현장은 계속되는 후속 차의 통행으로 인하여 현장보존과 증거확보가 대단히

책연구원, 1997, 238~239면.

243) 손동권, 과실에 의한 단순물피사고의 비범죄화, 교통안전연구논집, 제20권, 2001, 3면.

244) 물피사고의 경우 피해액이 20만 원 미만인 경미한 대물교통사고는 피해자와의 합의나 보험에 가입하지 않았을 경우에는 즉결심판을 통하여 사건을 경찰에서 종결하도록 할 수 있으나 피해자와의 합의나 보험에 가입되지 않은 상태에서 피해액이 20만 원 이상인 경우에는 경찰의 수사를 거쳐 검찰로 송치하게 되어 있다. 또한 피해액이 200만 원 미만인 경우에 피해자와 합의가 되었거나 보험에 가입한 경우에는 경찰에 의하여 사건을 종결하도록 하고 있다. 피해액이 200만 원 이상인 경우에는 경찰은 검찰에 사건을 송치하게 되고, 피해자와의 합의나 보험에 가입한 경우 검찰은 '공소권 없음'으로 불기소하여 사건을 종결하게 된다(손동권, 상게논문, 3면).

245) 도로교통안전협회, 교통사고처리제도 개선방안, 1996, 17면 이하.

어려운 실정이다. 즉 증거를 확보하기 위하여 사고 현장 보존을 강행한다면 대부분의 도로에서는 후속 차가 통행할 수 없게 될 것이고, 통행인에게 불편을 주지 않기 위하여 교통소통을 원활하게 시킨다면 교통사고의 원인이 되는 증거는 멸실되어 수집할 수 없게 된다.

2. 도로교통법의 문제점

도로교통상의 질서위반범죄는 도로교통법에서 처벌을 규정하고 있고, 그러한 처벌의 양상은 행정제재와 형사제재로 구분된다. 행정제재로는 과태료와 면허정지 및 취소, 그리고 형사제재로는 범칙금, 구류, 벌금, 금고, 징역 등이 있다.[246]

이러한 교통질서 위반행위에 대한 문제는 첫째로 개인의 단순한 교통법규위반행위[247]의 경우 국가가 어느 정도 나서서 개입하고 간섭해야 하는가이다. 예컨대 안전띠 미착용을 범칙행위로 규정하여 범칙금을 부과하는 것은 어떠한 근거에 의한 것이며, 과연 정당성은 있는가 하는 것이다. 너무 일상적인 행위에 대한 제재는 법적용의 확실성과 형평을 저하시켜 궁극적으로 형벌권 행사를 통한 교통질서의 강화 및 교통위반행위에 대한 예방효과를 약화시킬 우려가 있다.

---

246) 도로교통법은 14장 166조로 구성되어 제1장에서 제12장까지는 준수해야 될 교통법규 및 행정상의 의무를 규정하였고, 제13장에서는 법규위반에 대한 벌칙, 제14장에서는 범칙행위에 대한 특례를 규정하고 있다. 이와 같이 도로교통법에서는 단순한 교통신호위반 등에 이르기까지 광범위한 영역에 대해 행정제재 및 형사제재를 부과하고 있다.

247) 예컨대 안전띠 미착용, 초보운전표시 미부착 등의 행위까지 범칙행위로 처벌하고 있다. 이러한 상황에서 교통관련법규에 따라 법을 집행한다면 수사기관의 업무부담은 매우 높을 것이다.

둘째로 음주운전, 무면허운전 등에 대한 처벌의 가혹성이 문제되고 있다. 특히 음주운전의 경우, 측정불응 시와 혈중알코올 정도에 따라 면허취소 또는 면허정지, 벌금 및 징역형이 부과되고 있다.[248]

셋째로 사회적 위험성에 대한 형벌권의 행사와 관련하여 보충성의 원칙이 지켜지고 있는가에 대한 논란이다. 현재 형사제재에 앞서 부과되는 것이 면허정지와 면허취소이다. 그러나 이러한 행정제재는 형사제재와 같이 부과되는 경우가 많다. 음주운전의 경우에도 행정제재가 형사제재보다 선행되기보다는 병과되고 있다고 할 수 있다. 따라서 형사제재의 보충성의 원칙 및 최후수단성이라는 측면이 소홀히 되고 있다. 형벌의 엄벌주의적 입장과 상징적 기능의 역할이 강하다고 할 수 있다.

넷째, 범칙행위의 성격에 관한 것이다. 도로교통법에서는 형사제재의 운영상의 편이성을 확보하기 위하여 범칙행위를 규정하고 있다. 도로교통법 제162조에서는 동법 제156조 각호 또는 제157조 각호의 위반행위에 대해서는 20만 원 이하의 벌금이나 구류 또는 과료 등을 부과하고 있다. 이는 법 운영과정상 이러한 범칙행위에 대해 신속한 처리를 목적으로 하고 있다.

3. 특가법 제5조의 3(뺑소니운전)에 대한 문제점

특가법 제5조의 3(뺑소니운전)의 보호법익에 대하여 (ⅰ) 사고 피해자의 생명, 신체의 안전이라고 보는 견해, (ⅱ) 교통사고로 인하

---

248) 단순 음주운전자의 경우에는 혈중알코올농도 0.10% 미만인 경우에는 100일간의 면허정지처분을, 혈중알코올농도 0.10 이상일 경우에는 면허취소처분을 받는 반면, 음주측정거부의 경우에는 음주량(혈중알코올농도)에 상관없이 모두 면허취소처분을 받게 된다.

여 피해를 입은 자들의 손해배상청구를 확보하기 위한 민사적 이익이라는 견해, (iii) 사고피해자의 보호와 도로교통의 안전이라는 견해가 제시되고 있다.

도주운전에 대한 처벌에서 문제시되는 것은 첫째로 가혹한 법정형의 문제이다. 비록 1995년 개정을 통하여 '사형, 무기 또는 10년 이상의 징역'에서 '사형, 무기 또는 5년 이상의 징역'으로 낮추었지만 아직도 가혹한 편이라고 보는 견해가 있다.[249] 현재의 고의에 의한 살인의 경우 사형·무기 또는 징역 5년 이상으로 규정되어 있다. 이와 같은 도주운전에 대한 엄한 처벌은 형벌의 위하적 기능은 충족시킬지는 모르지만, 범죄 억제효과에는 부정적이며, 특히 영구적인 도주자를 증가시킬 수 있다. 최근 도주운전자에 대한 검거율이 80%에 달하는 것으로 나타나고 있다.[250] 이러한 상황에서 가중 처벌의 필요성은 약화되었다고 할 수 있다.

둘째로 법 적용상의 문제로서 '도주 및 유기'에 대한 판례상의 범위가 너무 넓고 확대해석되고 있다는 것이다. 이와 같은 법정형은 높고, 적용범위는 넓기 때문에 실제 운영상의 문제점을 지니고 있다. 따라서 도주에 대한 축소해석이 제안되고 있다.[251]

셋째로 도로교통법 제148조(구호의무위반)와 특가법 제5조의 3(뺑소니운전)과의 경합문제이다. 도로교통법 제54조 제1항에서는 "차의 교통으로 인하여 사람을 사상하거나 물건을 손괴한 때에는 그 차의 운전자 그 밖의 승무원은 곧 정차하여 사상자를 구호하는 등

---

249) 이기헌, 전게논문, 1997, 425면.
250) 도주운전자의 검거율은 (주265) 참조.
251) 도주의 개념을 "교통사고 후 피해자를 구호하지 않고 생명, 신체의 위험상태에 방치하는 행위"로 파악하는 견해가 있다(한상훈, 특가법 제5조의 3(도주운전죄)과 원인에 있어서 자유로운 행위, 형사정책연구, 43권, 2000, 185면). 도주라는 용어를 구호조치불이행으로 축소해석하기보다는 도로교통법 제148조(구호조치위반)의 구성요건 및 형량을 개정하여, 특가법 제5조의 3(도주운전죄)을 대체하는 것이 타당하다고 본다.

필요한 조치를 하여야 한다"고 규정하고 있다. 그리고 동법 제148조에는 그러한 조치를 하지 아니한 사람을 5년 이하의 징역이나 1,500만 원 이하의 벌금에 처하고 있다. 이러한 규정과 특가법 제5조의 3과의 경합관계에 대한 논란이 있다.

4. 소결

우리나라의 교통범죄의 가장 중요한 특성은 전술했듯이 매우 높은 발생률을 보이고 있다는 것이다. 그리고 그러한 교통범죄가 모든 일반인들이 저지를 수 있는 질서위반행위이며 과실로 인한 교통사고행위라는 것이다.

현재 도로교통범죄의 처벌에 관하여는 엄벌주의와 형법의 경감, 즉 비범죄화 또는 비형벌화를 주장하는 입장으로 구분된다. 그러나 단순한 교통질서위반인가 중한 법규위반인가, 대물 또는 대인교통사고범죄인가 또는 사고 후 도주운전범죄인가에 대하여 각기 달리 처리해야 될 것이다.

먼저 경미한 교통질서위반에 대해서는 비범죄화 또는 비형벌화를 주장하는 견해가 광범위하게 수용되고 있으며, 중한 법규위반행위에 대하여는 (예컨대 음주운전) 엄벌주의가 강하게 제시되고 있다. 대물교통사고에 대하여는 형의 경감이 주장되지만, 대인교통사고에 대해서는 현재보다 엄중하게 해야 한다는 견해가 제시되고 있다. 그리고 교통사고 후 도주운전범죄에 대해서는 현재 법정형이 너무 높다는 측면에서 형의 감경이 주장되고 있다.

그리고 교통관련범죄에 대한 처벌규정은 체계적이지 못하다고 할 수 있다. 교통질서위반행위는 대부분 도로교통법에 규정되어 있다. 그러나 교통사고에 대한 규정은 형법 제268조, 도로교통법 제151조, 그리고 교통사고처리특례법 등에 규정되어 있으며, 도주운전에 대한 처벌은 도로교통법 제148조, 특가법 제5조의 3에 규정되어 있다.

또한 도로교통법에는 대물사고와 대인사고 후 구호의무 위반에 대하여 처벌규정을 규정하고 있고, 특례법에서는 대물 및 대인사고에 대한 일반규정 및 예외규정을 제시하고 있다. 그리고 대인사고 후 도주범죄에 대해서는 특가법에서 규정하고 있다. 이와 같이 대인범죄는 3개의 특별법에 의하여 복잡하게 입법화되어 있다. 따라서 교통형법에 대한 체계적인 정비가 요구되며, 특히 교통사고와 관련된 법은 특례법에서 전담하고 도로교통법은 교통질서위반행위에 대해서만 규율하는 방안도 검토해 볼 만하다.

I. 도로교통 여건의 변화

1. 도로교통의 발전

2007년 우리나라의 경제규모는 900조 원을 넘어 3조 원에 불과하던 1970년에 비하여 외형적으로 거의 331배 증가하였다. 이러한 경제성장과 더불어 자동차수요의 증가에 따라 자동차의 보급이 폭발적으로 늘어났다. 이제 자동차는 우리생활에 있어서 매우 중요한 위치를 차지하게 되었다. 이러한 자동차의 증가에 비해 국민의 교통안전과 질서에 대한 의식은 성숙되지 못하고, 도로 및 교통시설 환경은 급증하는 자동차의 증가에 뒤따르지 못하여, 우리의 교통상황은 도로의 혼잡과 주차난, 교통사고 및 교통공해의 증가 등 여러 가지 사회문제를 야기하고 있다.

교통은 국가와 지역경제생활의 기반이 되는 서비스로서 경제적 능률과 생산성을 극대화시켜줄 뿐만 아니라, 전반적인 산업구조를 재편해 가는 데에 중심적인 역할을 하고 있다.

교통사고로 인한 경제적 손실도 엄청난 규모이다. 교통사고가 발생하면 인명과 재산의 손실을 가져와 당사자는 물론 국가적인 자원의 낭비를 가져온다.[252] 형사정책적인 면에서도 교통사고로 인하여 다수의 범죄자가 양산되어 범죄발생의 전체적 상승요인으로 작용하고 있다.[253] 교통사고의 감소는 교통범죄의 감소와 직결되고 교통사고의 감소는 교통과 관련된 제반 환경이 개선되었을 때 비로소 가능한 것이므로 도로교통법제에 관한 법적인 측면과 환경적인 측면이 동시에 중요시되어야 할 것이다.

2. 도로교통여건의 변화

1970년도 우리나라의 총 자동차 등록대수는 12만 8천여 대에 불과하였다. 그러나 〈표 2−1〉에서 보듯이 2000년도 교통에 관련되는 자동차등록대수를 보면 자동차 등록대수는 1,600만 대를 넘어섰다. 이는 1970년에 비하여 140배 이상 증가했다.

---

[252] 2006년 도로교통 사고로 인한 사회적 비용은 9조 6천567억 원인 것으로 나타났다. 이는 2005년에 비해 5.9% 증가한 수치이다. 또한 교통사고로 인한 사회적 비용은 2000년 이후 연평균 1.4% 증가하고 있다. 우리나라 GNP의 약 8%가 교통부문에서 나오며 사회적 측면에서도 현대사회가 안고 있는 대부분의 문제점이 교통과 관련되어 있다. (도로교통공단, 교통안전분석센터)

[253] 우리나라 교통사고 발생건수는 2007년 기준으로 211,662건이 발생하여 6,166명이 사망하고, 부상자는 335,906명으로 나타나고 있다. 경찰청(www.police.go.kr). 2006년 특례법위반은 191,119건, 도로교통법위반은 400,271건으로 전제범죄 발생건수(1,829, 211건)의 30%를 넘고 있다. 법무연수원 「범죄백서2007」. (www.lrti.or.kr)

〈표 2-1〉 차량증가현황[254]

(단위: 명)

구분	차량
1998	10,469,599
1999	11,163,728
2000	12,059,276
2001	12,914,115
2002	13,949,440
2003	14,586,795
2004	14,934,092
2005	15,396,715
2006	15,895,234
2007	16,428,177

전체인구 중 운전면허를 소지한 인구는 1970년 전체인구 중 1.3%에서 1980년 4.9%, 1990년 19.9%, 2007년은 50.9%로 꾸준히 증가하고 있다. 〈표 2-2〉에서 보듯이 운전면허소지자는 1998년 16,589,526명이던 것이 2007년 24,681,440명으로 1.5배로 증가하였다.

면허소지자의 남녀별 구성비를 보면 1998년 70.5대 29.5로 남자가 월등히 많지만 이후 남자는 계속해서 감소세를 나타내고 있으며 여자는 꾸준한 증가세를 보이고 있다. 운전면허소지자는 연평균 16.3%로 증가하고 있으며 이 같은 증가추세는 당분간 계속될 전망이다.

---

254) 경찰청, http://www.police.go.kr

〈표 2-2〉 남녀별 운전면허 소지자 현황[255]

(단위: 명)

구분	계	성별	
		남	여
1998	16,589,526	11,697,037 (70.5)	4,892,489 (29.5)
1999	17,418,878	12,077,482 (69.6)	5,341,396 (30.4)
2000	18,967,346	12,701,997 (67.9)	5,995,349 (32.1)
2001	19,884,337	13,204,159 (66.4)	6,680,178 (33.6)
2002	21,223,010	13,832,346 (65.2)	7,390,664 (34.8)
2003	22,062,457	14,111,888 (64)	7,950,567 (36)
2004	22,735,053	14,362,104 (63.2)	8,372,949 (36.8)
2005	23,497,657	14,744,888 (62.7)	8,752,769 (37.3)
2006	24,088,229	14,992,244 (62.2)	9,095,985 (37.7)
2007	24,681,440	15,248,126 (61.8)	9,433,314 (38.2)

---

255) 경찰청, http://www.police.go.kr

Ⅱ. 교통범죄의 발생 및 처리현황

1. 교통범죄의 의의

교통범죄란 교통수단을 이용하여 사람의 생명, 신체, 재산에 대한 침해 내지 위험을 야기하는 범죄행위라고 정의할 수 있다.[256] 그러므로 자동차, 기차, 전동차 및 항공기, 선박 등에 의한 교통수단에 의한 행위를 포함한다.

따라서 광의로는 육·해·공중의 교통수단과 관련하여 발생하는 범죄를 말하여, 협의로는 도로교통에 관한 범죄 즉 도로교통사고에 의한 과실범죄와 도로교통법규를 위반한 행위라고 정의할 수 있다.[257]

그러나 실질적으로 대부분의 교통범죄는 항공기나 선박에서 발생하기보다는 주로 육상교통에서 발생하고 있고 도로교통법위반과

---

256) 교통범죄는 교통수단과 행위양상으로 다양하게 정의될 수 있다. 교통수단을 중심으로는 육상, 해상, 항공의 각종 교통수단을 이용하는 교통에 있어서의 법규위반행위와 행위양상을 중심으로 협의의 교통범죄, 광의의 교통범죄, 최광의의 교통범죄로 나누는 견해가 있다(기광도, 교통범관련범죄 비범죄화에 관한 연구, 형사정책연구, 제13권 제1호, 2002, 124면). 이에 대하여 교통기관을 수단 또는 대상으로 하여 법규를 위반한 범죄로서 협의의 교통범죄로 이른바 교통형사범을 말하며, 광의의 교통범죄로 협의의 교통형사범과 각종교통단속법규위반 행위 중 형을 과하도록 되어 있는 범죄를 말하고 최광의의 교통범죄는 광의의 교통범죄에 교통규칙 외의 교통관계행정법규를 위반한 경우를 포함하는 개념으로 파악하는 견해가 있다(손기식, 교통형법, 한국사법행정학회, 2001, 33~36면, 송광섭, 교통범죄의 현황과 대책, 형사정책연구 제8권 1997년 봄호, 220~230면)가 있다.

257) 실무상으로 검찰통계사무의 처리에 관한 사항을 규정하는 검찰사무규정을 보면 교통범죄는 (ⅰ) 일반적인 것으로서 형법상의 업무상과실치사상의 죄(형법 제268조) 및 교통방해의 죄(형법 제266조, 제267조, 제268조), (ⅱ) 도로교통에 관한 것으로서 도로교통법위반, 도로법위반, 자동차운수사업법위반, 자동차관리법위반, 특정범죄가 중처벌등에관한법률 제5조의 3 위반(도주운전), 교통사고처리특례법위반, 고속국도법위반, (ⅲ) 철도교통에 관한 것으로서 철도법위반, (ⅳ) 해상교통에 관한 것으로서 선박안전법위반, 개항질서법위반, 선박법위반, (ⅴ) 항공교통에 관한 것으로서 항공법위반 등을 규정하고 있다.

교통사고처리특례법 위반사범이 전체의 대부분을 차지한다고 볼 수 있다. 따라서 교통범죄는 통상 협의의 교통범죄, 즉 도로교통상의 질서위반범죄와 과실로 인한 도로교통사고범죄를 의미한다고 볼 수 있다.

2. 교통사고 발생현황

(1) 교통사고의 추이

교통범죄가 전체범죄에서 차지하고 있는 비율은 30%[258]를 훨씬 상회하고 있으며, 국가 간 비교에서도 높은 교통사고 사망률을 보이고 있다.[259] 1980년대의 경제성장과 더불어 자동차가 급격히 증가하면서 교통사고도 크게 증가하여 왔다. 교통사고발생은 1980년도 12여 만 건에서 1985년도 15만여 건 그리고 1993년도에 26만 건으로 계속하여 증가추세를 보이다가 2000년도 29만 건을 정점으로 약간 감소추세에 있다.

〈표 2-3〉에서 보듯이 교통사고 발생건수는 2000년 290,481건을 정점으로 계속해서 감소추세에 있다. 이는 관계기관의 노력과 경찰에서의 교통단속 및 운전자에 대한 교육강화와 교통사고 잦은 곳

---

258) 2006년 특례법위반은 190,832건 발생하였으며, 도로교통법위반사법은 367,078건 발생하였다. 이는 전체범죄발생건수 1,932,729건의 30%를 훨씬 상회한다(대검찰청, 범죄분석, 2007, 382면).

259) OECD 회원국의 2006년도 자동차 1만 대당 교통사고 사망자수를 비교하면 우리나라는 3.34명으로 독일 0.93, 스위스 0.72명, 스웨덴 0.85명, 일본 0.88명, 영국 0.95명, 이탈리아 1.26명, 미국 1.74명, 아일랜드 1.85명, 프랑스 1.36명보다는 높게 나타나고 있다. 우리나라의 자동차 1만 대당 사망자 수는 3.34명으로 OECD 평균인 1.53명의 2배가 넘는다. 지난해는 3.08명으로 약간 줄었으나 여전히 높은 수준이다(국토해양부http://mltm.or.kr).

개선사업 추진 등 교통안전시설을 지속적으로 정비·확충함으로써 교통사고 줄이기 노력을 적극 전개하였기 때문이다. 그 결과 교통사고 발생건수는 계속적으로 감소추세에 있다.[260] 교통사고사망자의 수도 2000년 10,236명, 2002년 7,224명, 2004년 6,563명, 2006년 6,327명으로 감소추세에 있다. 2007년의 경우 211,662건이 발생하여 사망 6,166명 부상 335,906명이었다. 2000년에는 자동차 1만 대당 사망자수는 7.4명으로 99년의 8.3명보다 12.2% 줄었으며, 2006년 3.3명으로 획기적으로 감소하였다. 이는 교통사고방지를 위한 시설정비와 국민의식수준의 향상 등 여러 가지 요인이 복합적으로 작용한 것으로 보인다. 그러나 교통사고 사망률은 선진국에 비해 아직 높은 수준이다.

〈표 2-3〉 교통사고 발생현황[261]

(단위: 명)

구분	발생	사망	부상
1998	239,721	9,057	340,564
1999	275,938	9,353	402,967
2000	290,481	10,236	426,984
2001	260,579	8,097	386,539
2002	230,953	7,224	348,184
2003	240,832	7,212	376,503
2004	220,755	6,563	346,987
2005	214,171	6,376	342,233
2006	213,745	6,327	340,229
2007	211,662	6,166	335,906

260) 정부는 교통사고 감소를 위하여 1992년을 '교통사고 줄이기 원년'으로 정하여 큰 성과를 올렸으며, 1997년부터는 '2차 교통사고 줄이기 5개년 계획'을 수립하였다.
261) 경찰청, http://www.police.go.kr

(2) 사고의 유형

1) 교통법규별 교통사고 유형

교통사고의 원인을 보면 차량과 차량 간의 충돌로 인한 사고가 약 70%를 차지하는 것으로 나타나 운전자의 고실이 사고의 가장 큰 요인임을 알 수 있다.[262] 〈표 2-4〉에서 보듯이 2007년의 경우 교통사고 운전자의 법규위반내용을 살펴보면, 안전운전불이행이 54.8%, 신호위반이 12.1%, 교차로통행방법위반이 7.7%, 중앙선침범이 6.7%, 안전거리 미확보가 10.3% 등의 순으로 나타나고 있다. 안전운전불이행이 54.8%로 많은 것은 신호위반이나 중앙선침범과 같이 분명한 위반을 제외한 운전자의 부주의 등으로 인한 사고를 안전운전불이행으로 처리하기 때문인 것으로 보인다.

〈표 2-4〉 법규위반별 교통사고현황[263]

(단위: 건)

구분	계	안전운전 불이행	중앙선 침범	과속	신호위반	교차로 통행방법 위반	안전거리 미확보	기타
1998	239,721 (100.0)	154,927 (64.6)	16,605 (6.9)	1,398 (0.6)	17,536 (7.3)	14,122 (5.9)	13,439 (5.6)	21,694 (9.1)
1999	275,938 (100.0)	175,772 (63.7)	17,725 (6.4)	1,205 (0.4)	22,145 (8.0)	17,813 (6.5)	17,229 (6.5)	24.049 (8.7)
2000	290,481 (100.0)	184,821 (63.6)	18,315 (6.5)	984 (0.3)	23,811 (8.2)	19.865 (6.8)	18,267 (6.3)	24.418 (8.4)
2001	260,579 (100.0)	166,104 (63.7)	16,147 (6.2)	781 (0.3)	20,598 (7.9)	18,102 (6.9)	16,248 (6.2)	22,599 (8.6)
2002	230,953 (100.0)	144,018 (62.4)	14,447 (6.3)	650 (0.3)	21,201 (9.2)	16,770 (7.3)	13,885 (6.0)	19,982 (8.5)
2003	240,832 (100.0)	142,323 (59,1)	16,959 (7.0)	613 (0.3)	24,650 (10.2)	17,610 (7.3)	15,431 (6.4)	23,246 (9.7)

---

262) 교통사고종합분석센터, 2008년 교통사고 통계분석, 교통안전공단, 2008, 164면.
263) 경찰청, http://www.police.go.kr

구분	계	안전운전 불이행	중앙선 침범	과속	신호위반	교차로 통행방법 위반	안전거리 미확보	기타
2004	220,755 (100.0)	126,766 (57,4)	14,909 (6.8)	531 (0.2)	22,870 (10.4)	16,532 (7.5)	15,362 (7.0)	23,785 (10.8)
2005	214,171 (100.0)	121,532 (56.7)	14,616 (6.8)	444 (0.2)	23,270 (10.9)	17,784 (8.3)	21,021 (9.8)	15,504 (7.2)
2006	213,745 (100.0)	118,329 (55.4)	14,507 (6.8)	431 (0.2)	25,167 (11.8)	17,444 (8.2)	21,533 (10.1)	16,334
2007	211,662 (100.0)	115,976 (54.8)	14,262 (6.7)	493 (0.2)	25,624 (12.1)	16,268 (7.7)	21,698 (10.3)	17,341

2) 도주운전의 경우

도주운전의 경우 비록 전체범죄에서 차지하는 비율은 낮으나 다른 교통법규 위반사고보다는 질이 나쁘고 범인 검거도 힘들 뿐 아니라 치사율도 매우 높은 것으로 나타나 교통안전에 큰 저해요인이 되고 있다.

〈표 2-5〉 교통사고 야기 도주사고 발생 현황[264]

(단위: 건)

구분	발생(%)	사망자	부상자
1998	23,410(29.6)	732	28,734
1999	21,407(−8.6)	667	28,835
2000	22,994(7.4)	664	31,386
2001	19,367(−15.8)	549	26,572
2002	18,556(−4.2)	506	26,066
2003	18,440(−0.6)	472	27,035
2004	16,346(−11.4)	387	24,075
2005	14,653(−10.4)	370	22,349
2006	14,480(−1.2)	360	22,660
2007	12,684(−12.4)	340	20,057

빵소니운전은 2002년 18,556건 발생하여 사망 506명, 부상 26,066
명이었다. 2003년은 18,440건 발생하여 사망 472명, 부상 27,035명,
2004년 16,346건 발생하여 387명 사망, 부상 24,075명, 2005년
14,653건 발생하여 사망 370명, 부상 22,660명, 2006년 14,480건 발
생하여 사망 360명, 부상 22,660명, 2007년 12,648건 발생하여 사
망 340명, 부상 20,057명이었다. 그리고 2000년 이후에는 계속하여
감소추세를 보이고 있다.

　1998년부터 2007년까지 10년간의 도주운전죄의 검거율을 살펴보
면 1998년도에 23,410건이 발생하여 19,720건을 검거함으로써 84.2%,
1999년도에 21,407건 발생하여 17,554건을 검거하여 82.0%, 2000년
이후에 검거율이 80% 내외에 이르고 있다. 빵소니운전에 대해서는
1997년 이후 신설된 빵소니 수사전담반의 적극적인 활동과 수사의
과학화에 의해 빵소니검거에 주력하고 있다.

〈표 2-6〉 교통사고 야기도주 사고 검거 현황[265]

(단위: 건)

구분	발생	검거	검거율
1998	23,410	19,720	84.2
1999	21,407	17,554	82.0
2000	22,994	18,768	81.62
2001	19,367	16,600	85.7
2002	18,556	16,126	86.9
2003	18,440	14,428	78.2
2004	16,346	12,153	74.3
2005	14,653	10,744	73.3
2006	14,480	10,791	74.5
2007	12,684	10,264	80.9

264) 경찰청, http://www.police.go.kr
265) 경찰청, http://www.police.go.kr

3) 주취운전의 경우

주취운전[266]은 그 자체만으로 교통사고가 발생되는 것은 아니지만 사고발생의 개연성이 높기 때문에 중한 법규위반으로 처리되고 있다. 실무나 학계에서는 주취운전, 주기운전, 음주운전 등 특별한 기준이 없이 혼용되고 있다. 주취운전은 용어의 의미 그대로 술에 취한 상태에서의 운전을 말하고, 주기운전은 취기와는 상관없이 일정한 혈중알코올농도 이상의 상태에서 운전하는 것을 말한다. 음주운전은 술을 마신 상태에서 운전하는 것을 말한다. 도로교통법 제44조 제2항은 표제를 주취운전으로 하고 이를 처벌하고 있다.

〈표 2-7〉 음주교통사고 및 단속 현황[267]

(단위 건)

구분	발생건수	사망자	부상자
1998	25,269	1,113	40,489
1999	23,718	998	39,282
2000	28,074	1,217	47,155
2001	24,994	1,004	42,165
2002	24,983	907	42,316
2003	31,227	1,113	55,230
2004	25,150	875	44,522
2005	26,460	910	48,153
2006	29,990	920	54,255
2007	28,416	991	51,370

---

266) 주취운전은 일반적으로 음주운전이라고 하나 음주운전 자체만으로는 도로교통 법령을 위반하는 것은 아니다. 그러므로 음주운전 자체를 처벌하는 것이 아니라 혈중알코올농도가 0.05% 이상으로 측정되어야 일반적으로 말하는 음주운전에 해당되어 이를 주취운전이라고 하며, 그 농도가 높아 0.10% 이상을 만취운전이라고 한다.

267) 경찰청, http://www.police.go.kr

2007년도 주취운전으로 인한 교통사고 발생추세를 보면 총 28,416
건이 발생하여 991명이 사망하였고, 51,370명이 부상한 것으로 나
타났다. 주취운전자 중 사고발생이 가장 많은 것은 혈중알코올농도
가 0.15% 이상 0.19% 미만의 상태로서 7,970건이 발생하여 356명
이 사망하고 13,225명이 부상당하였으며, 다음으로 0.10% 이상 0.14%
이하의 상태에서 6,522건이 발생하여 311명이 사망하고 11,073명이
부상하였으며, 그 다음은 0.05% 이상 0.09% 이하의 상태에서 4,842
건이 발생하여 232명이 사망하고, 8,053명이 부상하였으며, 0.2%
이상 0.25% 미만의 상태에서는 5,055건이 발생하여 176명이 사망
하고 8,586명이 부상하였으며, 0.25% 이상 0.30% 미만에서는 1,524
건이 발생하여 55명이 사망하였고, 2,596명이 부상하는 등 0.25%
이상에서는 주취 정도가 높을수록 오히려 사망자수, 부상자수가 현
저히 낮아지는 것으로 나타났다. 이러한 이유는 극심한 주취상태에
서는 운전하고 있는 사람의 숫자가 매우 제한되어 있기 때문인 것
으로 보인다.

3. 교통범죄의 처리현황

(1) 전체 교통범죄의 현황

2007년 전체 자동차 단속 및 보행자 단속현황을 살펴보면 전체 자
동차 단속건수는 15,384,325건이고, 그 가운데 통고처분이 14,822,389
건(88.4%), 즉심 31건(0.01%), 그리고 형사입건 561,905건(4.1%)으
로 나타났다.[268] 통고처분이 가장 많은 비율을 차지하고 있는 것은

---

268) 경찰청(http://www.police.go.kr).

속도위반으로 전체 사건의 27.1%를 차지한다.[269]

〈표 1-2〉 교통법규위반처리현황[270]

연도		2003	2004	2005	2006	2007
총단속건수		12,790,534	18,167,581	16,224,740	12,788,314	15,384,325
조치	통고처분	4,226,749 (7,926,185)	5,058,547 (12,434,311)	3,694,160 (12,010,290)	2,297,020 (10,024,868)	14,822,389
	즉심	661	1,159	1,184	333	31
	형사입건	636,939	673,564	519,106	466,093	561,905

※ ( )는 무인카메라 적발건수

통고처분의 경우, 2002년 793,735건 가운데 범칙금 미납으로 인한 것이 777.474건(98%)을 차지하고 있는 것으로 나타났고, 범칙금 통고를 받기를 거부한 경우가 7,264건(0.9%) 등으로 나타났다. 그리고 형사입건의 경우는 442,148건 가운데 음주운전과 무면허운전 사건이 대다수를 차지하는 것으로 나타났다. 음주운전의 경우 혈중알코올농도가 0.05~0.09%인 상태에서 적발된 사건이 171,748건(38.8%), 혈중알코올농도가 0.10% 이상인 경우가 161,250건(36.5%)으로 나타났고 무면허운전은 98,249건으로 나타났다.

(2) 교통질서위반범의 처리실태

2002년 교통질서위반사건 중 보행자의 경우를 살펴보면, 전체 적발

---

269) 그중 제한속도 20킬로미터 이하인 경우는 1,348,848건(14.3%), 제한속도 20킬로미터를 초과한 경우는 1,208,985건(12.8%)으로 나타났다. 그 다음으로 불법부착물 장치 1,116,342건(12.3%), 이륜차 안전장구 미착용 949,553건(10.1%), 안전띠 미착용 860,620건(9.1%), 지정차로 통행위반 477.177건(5.1%), 신호 및 지시위반 457,347건(4.8%) 순으로 나타났다.
270) 경찰청(http://police.go.kr).

건수 1,848,669건 가운데 통고처분 1,738,518건(94%), 즉심 110,151
건(6.0%)으로 나타났다. 통고처분의 내용을 살펴보면, 길가장자리구
역 통행위반이 654,994건(37.7%), 육교 밑이나 지하도 위 무단횡단
650,289(37.5%), 혼잡완화 조치위반 351,558건(20.2%)으로 나타났다.
즉심의 경우에는 운전자의 경우와 마찬가지로 전체 사건 110,151건
가운데 109,835건(99.7%)이 범칙금 미납으로 나타났다. 그리고 고
속도로나 자동차전용도로로 통행하거나 횡단한 경우가 316건으로
나타났다.271)

(3) 도로교통법 위반사건의 처리실태

1) 경찰의 운전면허 행정처분현황

교통질서위반과 관련된 행정처분으로 면허정지처분과 면허취소처
분이 있다. 경찰에서는 1986년부터 교통법규 위반행위에 대해 벌점
을 관리하며 일정기간 동안 점수가 누적되면 면허정지처분(연간 누
산벌점 40점 이상) 또는 면허취소처분(누산벌점 1년간 121점, 2년
간 201점, 3년간 271점 이상)을 하고 있다. 1991년에는 면허정지
254,044명, 면허취소 222,964명으로 나타났다.

2) 검찰의 처리실태

2002년도 도로교통법 위반사건에 대한 검찰의 처리현황을 구속 /
불구속 여부, 기소 여부 등으로 나누어 살펴보기로 한다. 먼저 구
속여부의 경우, 전체인원 468,894명 가운데 구속은 8,845명(1.9%),
불구속은 460,049명(98.1%)으로 대부분 불구속 상태로 나타났다. 구

---

271) 경찰청, http://www.police.go.kr.

속된 8,845명 가운데 현행범체포 5,281명(59.7%), 긴급체포 499명
(5.6%), 사전영장 2,832명(32%), 체포233명(2.3%)으로 나타났고, 불
구속된 460,049명 가운데 불구속 입건 454,858명(98.9%), 영장청구
에 대한 검사기각은 3,998명(0.9%), 영장청구에 대한 판사기각은
1.107명(0.2%) 구속적부심 석방은 56명, 검사의 구속취소는 30명으
로 나타났다.[272]

3) 법원의 처리실태

2001년 도로교통법 위반사건에 대한 법원의 처리실태를 살펴보
면 도로교통법 위반사건으로 1998년도에 법원에서 처리된 제1심
공판사건의 인원은 12,008명이며, 그 가운데 유죄판결을 받은 사람
은 10,997명(91.6%), 무죄 53명(0.4%), 공소기각 등의 판결(判決)을
받은 인원은 958명(8.0%)으로 나타났다.

유죄내용을 살펴보면 유죄인원 10,997명 가운데 자유형이 7,736
명(70.3%), 벌금형이 3,261명(29.7%)으로 나타났고, 자유형의 경우
실형은 1,464명(18.9%), 집행유예는 6,272명(81.1%)으로 나타났다.
실형 가운데 3년 이상의 자유형을 받은 사람은 50명(3.4%), 1년 이
상 262명(17.9%), 1년 미만 1,111명(72.9%), 부정기형 41명(2.8%)으
로 나타났다.[273]

---

272) 대검찰청, 범죄분석, 2003, 389면.
273) 법무연수원, 범죄백서, 2002, 298면.

(4) 특례법 위반사건의 처리실태

1) 경찰의 처리현황

2003년 전체 경찰의 단속현황을 보면 총 12,790,534건이고, 그 가운데 통고처분이 4,226,749건으로 94%에 달하고 있다. 즉심은 661건으로 전체의 0.01%, 그리고 형사입건은 636,939건으로 4.7% 로 나타났다. 이후 2004년 총 단속건수는 18,167,581건 중 통고처분이 18,167,581건으로 95%, 즉심은 1,159건으로 전체의 0.1%, 통고처분이 673,106건으로 4.1%에 달하는 것으로 나타났다. 경찰의 총 단속 건수는 2004년을 정점으로 하여 이후부터는 1천 5백만 건 전후의 발생을 보이고 있다.

2) 검찰의 처리현황

〈표 1-3〉 특례법위반사범의 처리현황(2002~2006)[274]

		2002	2003	2004	2005	2006
계		217,797 (100)	217,997 (100)	210,598 (100)	191,022 (100)	190,832 (100)
기소	소계	71,429 (32.9)	76,304 (35.0)	75,370 (33.9)	65,504 (34.1)	67,667 (35.4)
	구공판	8,881 (4.1)	8,812 (4.0)	8,053 (3.8)	7,020 (3.7)	7,354 (3.9)
	구약식	67,429 (28.7)	67,492 (31.0)	63,317 (30.1)	58,034 (30.4)	60,313 (31.6)
소년보호송치		474 (0.2)	427 (0.2)	394 (0.2)	389 (0.2)	529 (0.3)
불기소	소계	145,894 (67.0)	141,226 (64.8)	138,833 (65.9)	125,579 (65.7)	122,636 (64.3)
	혐의없음	568 (0.3)	708 (0.3)	604 (0.3)	647 (0.3)	643 (0.3)

		2002	2003	2004	2005	2006
계		217,797 (100)	217,997 (100)	210,598 (100)	191,022 (100)	190,832 (100)
불기소	기소유예	1880 (0.9)	2,225 (1.0)	2,375 (1.1)	2,787 (1.4)	3,279 (1.7)
	기소중지	1178 (0.5)	1,496 (0.7)	1,453 (0.7)	1,196 (0.6)	1,094 (0.6)
	죄안됨	25 (0.0)	23 (0.0)	25 (0.0)	24 (0.0)	26 (0.0)
	공소권없음	142,204 (65.3)	136,778 (62.7)	134,340 (63.8)	120,894 (63.3)	117,587 (61.6)
	참고인중지	39 (0.0)	36 (0.0)	36 (0.0)	31 (0.0)	16 (0.0)

2006년 특례법위반사 190,832명 중 67,667명을 기소하여 기소율이 35.4%에 달하고 있고 122,636명을 불기소함으로써 불기소율이 64.3%에 달하고 있고 불기소인원 중 95.9%가 공소권 없음으로 처리되었다. 2002년 특례법위반자 217,797명 중 기소현황을 살펴보면 기소자는 71,972명(32.9%), 불기소는 145,984명(67%), 소년법원 송치는 474명(0.2%)으로 나타났다.[275]

3) 법원의 처리현황

특례법위반사범에 대한 제1심법원의 처리현황을 보면 2002년부

---

274) 법무연수원, 범죄백서(2003～2006) 재구성

275) 검찰이 특례법위반사건에 대하여 기소한 구체적 내용을 살펴보면 2002년 기소인원 가운데 구공판이 8,881(4.1%)을 차지하고 있으며, 구약식이 67,429명(28.7%)을 차지하고 있다. 또한 불기소처분의 경우 총인원 145,894명 중 '혐의 없음'이 568명(0.3%), '기소유예'가 1880명(0.9%), '기소중지'가 1178명(0.5%), '죄 안 됨'이 25명(0.0%), '공소권 없음'이 142,204(65.3%)로 불기소처분의 대부분을 차지하고 있으며, '참고인 중지'가 39명(0.0%)으로 나타났다(법무연수원「범죄백서」, 2002).

터 2006년간 자유형이 선고된 비율은 65%로 나타나고 있으며, 이 가운데 약 55%가 집행유예인 반면 실형은 약 10%에 불과한 것으로 나타나고 있다. 실형이 선고된 사건 가운데 2004년부터 2006년까지의 특례법위반행위에 대한 자유형을 보면 4년간 평균 60% 이상이 1년 미만의 자유형이 선고된 것으로 나타나고 있어 법정형에 비해 매우 가볍게 선고되고 있다.

〈표 1-3〉 제1심 형사공판사건 특례법 위반자 처리현황[276]

		처리									
	합계	판결								소년부 송치	기타
		사형	자유형			재산형	선고 유예	무죄	공소 기각		
			무기	유기	집행 유예						
2002	13,102	-	-	2,045	6,788	3,220	36	39	273	83	618
2003	13,171	-	-	1,791	6,573	3,730	69	52	265	69	602
2004	14,559	-	-	1,521	6,438	5,119	82	51	361	37	950
2005	14,629	-	-	1,248	6,004	5,625	80	43	303	56	1,270
2006	13,636	-	-	1,047	5354	5,548	79	44	238	39	1,274

---

276) 법무연수원, 범죄백서(2003~2007) 재구성.

제3장

교통과실범 성립의 제한이론

제3장 교통과실범 성립의 제한이론

- 제1절 서설
- 제2절 과실범의 일반이론
- 제3절 교통과실범의 제한원리

20세기 초 급격한 산업발전은 우리 인간생활에 있어서 긍정적인 측면과 부정적인 측면을 동시에 제공해 주고 있고, 그 부정적 측면이라고 보이는 각종 과실범의 격증, 그중에서도 교통수단으로 발생되는 교통과실범의 격증은 커다란 사회적 문제로 등장하고 있다. 과실범은 본래 결과의 발생을 의도하여 행위가 취해진 것이 아니므로 다분히 우연적인 요소가 개입되어 결과가 발생하는 범죄이다. 따라서 발생이 예상되는 위험 모두에 대하여 회피조치를 취해야 할 의무가 있다고 한다면, 오늘날 인간의 사회생활은 마비되어 버릴 것이다.

과실범에 있어서 핵심적인 주의의무는 사고방지를 위한 각종의 법률·명령·규칙들에 존재하는 법규범 및 사회생활규범과 이론적으로 수립된 허용된 위험과 신뢰의 원칙에 의하여 구체화되고 있다. 그러나 법규범들은 직접적으로 주의의무를 구체화하는 것이므로 예외적이며, 구체적인 상황에서는 규범의 준수가 오히려 위법성을 야기하거나 증대시킬 수 있다.[277]

---

277) 허용된 위험에 관하여 일반인들은 생활의 일부로 느끼고 있는 실정이다. 예컨대 자동차, 철도, 공장, 원자력, 가스산업, 건축 등의 영역에서 특히 문제가 된다. 기술화가 진전되면 더욱 그 범위는 넓어진다.

따라서 법규범이 행위자의 주의의무를 구체화하는 절대적인 기준이 될 수 없으므로 예외적이며 구체적인 상황에서는 사회생활규범 및 허용된 위험과 신뢰의 원칙이 판단기준이 될 것이라고 본다. 법규범이 주의의무를 정하지 않은 영역에서는 사회생활규범이 행위자의 주의의무를 구체화하는 데 사회생활규범 역시 행위자의 행위방법만을 징표할 뿐이라는 문제점을 가지고 있다.

형법의 규율대상은 객관적으로 결과발생의 개연성이 있는 행위이며, 이러한 행위에 대하여 예상되는 결과회피수단을 강구하지 않았다는 것에 대해서만 처벌하게 되는 것이다. 즉 단순히 결과와의 인과관계만으로는 만족하지 않고 객관적인 행위의 위험성이 필요하다는 것이다. 이러한 결과회피의무의 한정은 허용된 위험과 사회적 상당성의 개념을 통하여 과실범의 요소로 되는 과실행위에 나타난다.

허용된 위험은 사회생활상 불가피하게 존재하는 법익침해의 위험을 의미하고 이러한 위험을 동반하는 행위에 대해서는 사회적 유익성에 근거하여 설령 타인의 법익을 침해할 위험이 있더라도 불법으로 평가받지 않는 것을 의미한다. 이에 대해 많은 학자들은 신뢰의 원칙이 허용된 위험을 구체적으로 응용한 하나의 경우라고 이해하고 있다.[278]

그렇다면 신뢰의 원칙은 많은 논자들의 주장과 같이 허용된 위험의 구체적인 적용의 한 경우로서 허용된 위험과의 관계하에 있어서만 주장이 가능한 것인가 또한 그렇다고 한다면 신뢰의 원칙

---

[278] 西原春夫, 交通事故と信賴の原則, 成文堂, 1980, 38面, 立山龍彦, 刑法總論演習, 北樹出版, 1984, 122面, 大谷 實, 危險の分配と信賴の原則, 劑藤誠二編, 過失犯 －新舊過失論爭－(學陽書房. 1975, 95面). 김일수 / 서보학, 형법총론(제9판), 박영사, 2002, 484면, 배종대, 형법총론(제6판), 홍문사, 2001, 593면, 박상기, 형법총론(제5판), 박영사, 2002, 290면, 손동권, 형법총칙론, 율곡출판사, 2001, 289면, 손해목, 형법총론, 법문사, 1997, 719면, 신동운, 형법총론, 법문사, 2001, 214면, 이재상, 형법총론(신정판), 박영사, 1997, 170면, 임웅, 형법총론, 법문사, 2000, 443면, 이형국, 형법총론(개정판), 1999, 385면, 정성근 / 박광민, 형법총론, 삼지원, 2001, 430면, 하태훈, 형법총론(전정판), 법원사, 2002, 454면.

과 허용된 위험과는 어떤 관계인가 등이 문제가 되지 않을 수 없을 것이다. 따라서 허용된 위험과 신뢰의 원칙의 관계와 허용된 위험과 신뢰의 원칙의 한계와 사회상당성과의 관계는 어떠한 것인가를 검토해 볼 필요가 있다. 본 장에서는 과실범의 개념과 교통과실범을 중심으로 과실인정의 한계가 되는 '허용된 위험의 법리'와 '신뢰의 원칙'에 대해서 검토해 보고자 한다.

Ⅰ. 과실의 개념

일반적으로 과실이란 부주의로 인하여 범죄사실을 인식하였더라도 그 결과가 발생하지 아니할 것이라고 오신하여 ― 의무위반적으로 신뢰하여 ― 행한 경우(인식 있는 과실)도 포함하는 것으로 해석하고 있다.[279] 또한 과실범의 경우는 고의범의 경우와 달리 언제나 처벌되는 것은 아니며 법률에 특별한 규정을 두고 있고 또 처벌의 형량도 고의범에 비하여 경하게 되어 있다. 법률에 규정이 있는 경우에만 예외적으로 처벌되는 과실범처벌의 예외성은 고의와 같이 구성요건의 현실에 대한 인식이나 의욕 없이(즉 의무에 위반하여 구성요건의 현실을 인식하지 못했거나, 구성요건에 대한 인식은 가능했지만 의무에 위반해서 구성요건적 결과가 발생하지 않을 것이라고 신뢰하여), 단지 구성요건적 결과의 발생을 회피하기 위하여 사회생활상에서 요구되는 주의의무를 뜻하지 않게 위반하여 범죄를

---

279) Jescheck, a. a. O., S.456, Lackner, StGB Kommentar, 14. Aufl., 1981, C.H. Beck, §15 Ⅲ, S.78.

실현하였다는 데서 찾을 수 있다. 과실범에 있어 행위자는 법질서의 명령을 고의로 위반한 것이 아니라, 단지 부주의(Unaufmerksāmkeit)에 의해서 위반한 것이므로 과실범의 불법과 책임의 내용은 고의범의 그것보다 가볍다.[280]

그리고 과실은 가벌적 행위의 한 특별한 형태로서 고의와 함께 거론되지만 양자는 확실히 구분된다. 과실범은 고의범과는 달리 의사가 아닌 부주의를 통하여 법의 요구에 반하는 결과를 야기하는 것이기 때문에 그 불법과 책임내용이 고의범의 그것보다 적다고 볼 수 있다. 또한 고의로써 구성요건을 실현했다는 것이 확정되면 과실은 별도로 처벌의 대상이 되지 아니한다. 그러나 고의에 대한 혐의가 있고 그것이 확정되지 아니한 경우에 바로 과실범의 책임을 물을 수 없으며 과실범의 전제조건이 갖추어져 있는 경우에만 과실책임을 물을 수 있다. 따라서 고의가 확인되는 경우 과실은 고려되지 않으나 고의가 입증되지 않을 경우, 과실이 존재하면 과실로 판단될 수 있다.[281]

과실의 개념에 대해 우리 형법은 명문으로 "정상의 주의를 태만함으로 인하여 죄의 성립요소인 사실을 인식하지 못한 행위"라고 정의하고 있다(형법 제14조). "죄의 성립요소인 사실의 인식"을 범의(고의)라는 표제에 기술하고 있는 형법 제13조와 비교해 볼 때, 과실은 죄의 성립요소가 되는 사실에 대한 인식이 없는 경우('불인식')인 반면, 고의는 인식이 있는 경우('인식')라고 간단히 구별될 수 있다. 고의의 본질[282]을 구성요건적 사실에 대한 인식 이외에

---

280) Jescheck, a. a. O., S.508.
281) Jescheck, a. a. O., S.508, Schönke / Schröder / Cramer, StGB, kommentar, 24. Aufl., 1991, §15, Rdn.3, Wessels, a. a. O., S.194, 김성환, 과실의 체계적 지위에 관한 일고찰, 손해목교수화갑논문집, 1993, 법문사, 151면 이하.
282) 고의의 본질에 대해 인식설과 의사설이 있다. 전자는 고의의 본질을 인식적 요소 외에 의욕적 요소가 반드시 존재할 필요가 없다는 견해로서 이에 따르면, 과실개념은 항상 불인식(인식가능성)으로 파악할 수 있고 '인식 있는 과실' 개념

구성요건실현의 의욕요소까지 포함한 것으로 본다. 그 결과 과실개념도 인식 없는 경우(인식 없는 과실)뿐만 아니라 인식이 있는 경우라도 의욕적 요소가 없는 경우(인식 있는 과실)까지 포함된다고 해석하고 있다.

Ⅱ. 과실범의 입법례

과실에 대한 각국의 입법례를 살펴보면 일본형법 제38조 제1항은 "죄를 범할 의사가 없는 행위는 이를 벌하지 아니한다. 단, 법률에 특별한 규정이 있는 경우에는 그러하지 아니한다"라고 규정하였으며 이 단서가 과실범 처벌의 일반적 근거규정으로 이해되고 있다. 따라서 총칙적 규정으로서는 과실개념을 사용하고 있지 않고 또 과실의 정의도 언급한 바가 없다.[283]

독일형법 제15조는 "법규가 명문으로 과실행위에 형을 과하도록 정하고 있지 아니한 때에는 고의 행위만을 벌할 수 있다"라고 규정하고 있다. 1930년의 독일 형법 초안 제19조에는 "행위자가 사실상 및 개인적 관계상 부담해야 할 의무가 있고, 또 그 부담이 가능한 주의(Sorgfalt)를 태만하여, 그 결과의 가벌적 행위의 구성요건이 실현가능하다는 것을 예견하지 못했거나, 또는 실현가능하다고 생각하였으나 발생하지 않을 것이라고 믿었을 때에는 과실에 의한

을 인정하지 않는다. 이에 반해 후자는 고의개념에 인식적 요소뿐 아니라 의욕적 요소까지 있어야 한다는 견해로서 심지어 미필적 고의개념에 대해서도 용인, 감수, 신중 등으로 표현되는 의욕의 형태를 요구하고 있다.

283) 木村龜二, 「過失犯の構造」現代刑法學の課題(下), 瀧川還歷, 1955. 581面.

행위이다"고 규정하고, 1958년의 독일 형법 초안 제17조 제1항에는 "그 주위 사정과 일신상의 입장에서 보아 주의의무 및 주의능력을 가지면서도 주의하지 아니하고, 따라서 가벌적인 행위의 구성요건이 실현될 수 있다는 것을 인식하지 못하거나, 비록 그 실현가능성을 인식할지라도 그것이 발생하지 않으리라고 믿는 자는 과실에 의해 행위한 것이다"라고 규정하고 있다.

스위스형법 제18조 제2항은 "행위가 의무에 위반한 부주의(Pflicht-widrig Unvörsichtigkeit)로써, 행위자 자신이 자기 행위의 결과를 고려 없이 또는 고려하지 않았던 것으로 귀책될 때에는, 행위자는 중죄 또는 경죄를 과실에 의하여 한 것이다. 의무에 위반한 부주의란 행위자가 사정상 및 개인적 관계상 의무로써 부담하여야 할 주의를 준수하지 않은 경우이다"고 규정하고 있다.[284] 이와 같은 규정은 1932년 폴란드 형법 제14조 제2항과 1951년 유고슬라비아 형법 제7조 제3항에서도 찾아볼 수 있다. 이와 같이 과실에 관한 일반적인 규정을 두고 있는 입법례의 경우에도 이것만으로는 과실의 개념 내지 내용을 정확히 파악하기에는 부족하고 여전히 문제의 핵심을 학설과 판례에 맡기고 있다.

형법은 제14조에 정상의 주의를 태만히 함으로 인하여 죄의 성립요소인 사실을 인식하지 못한 행위는 법률에 특별한 규정[285]이

---

[284] 과실 내지 과실범에 관한 입법례를 정리하면 다음과 같다. 먼저 과실개념이나 과실에 대한 정의를 전혀 내리지 아니하면서 과실범 처벌의 근거규정을 마련하고 있는 입법으로는 일본형법 제38조, 프랑스 형법 등이 있고, 용어만 사용하고 있는 예로는 독일형법 제15조와 이태리 형법 제42조 제2항이 있고, 어느 정도 과실범의 구성요소를 명시하고 있으나 구체적으로 명확한 개념을 내세우지 않고 있는 예로는 우리나라 형법 제14조, 1930년 독일형법초안, 스위스형법 제18조 제2항, 1932년 폴란드형법, 1951년의 유고슬라비아형법 등을 들 수 있다(木村龜二, 上揭書, 590面 以下).

[285] 형법상 과실범처벌규정을 보면 실화(제170조), 업무상 실화·중실화(제171조), 과실·업무상과실·중과실에 의한 폭발성 물건파열, 가스·전기 등 방류, 가스·전기 등 공급방해(제173조의 2), 과실일수(제181조), 과실·업무상과실·중과실에 의한 교통방해(제189조), 과실치상(제266조), 과실치사(제267조), 업부상 과실·

있는 경우에 한하여 처벌한다고 규정하고 있다. 그러나 본 조항만으로 과실의 개념을 규정짓기는 곤란한 일이고 그 궁극적인 문제는 학설과 판례에 위임하고 있는 실정이다. 구체적으로 과실은 행위자가 구성요건의 실현가능성을 예견하거나 예견할 수 있었음에도 불구하고 그 구성요건적 결과의 발생을 회피하기 위하여 사회생활상 요구되는 주의의무[286]를 위반하는 것이라고 정립할 수 있다.

중과실치사상(제268조), 업무상과실·중과실장물취득(제364조) 등 과실범처벌규정을 두고 있다. 범죄행태별로 살펴보면 과실치상·중과실장물취득 등의 행위는 과실침해범에 속하고 자기소유의 물건에 대한 실화(제170조 제2항), 과실일반건조물 등에의 익수(제181조 후단)의 행위는 구체적 위험범의 범주에, 그 나머지는 추상적 위험범의 범주에 속한다. 이와 같이 우리 형법에서는 과실결과범만 처벌하고 있다. 독일의 경우 과실위증죄(제163조 제1항)와 같은 과실거동범의 규정도 있고, 일본의 경우 행정형법인 관세법 제20조에도 과실거동범규정을 처벌하고 있다. 김일수 / 서보학, 형법총론 466면, 김신규, 과실범의 구조, 목포대사회과학연구[9], 1994 / 12, 91면 이하.

286) 사회생활상 요구되는 주의의무는 객관적 주의의무라고 표현하는데 이는 구성요건의 실현위험이 (객관적으로) 인식 가능한데 이 위험을 고려해서 객관적으로 명하여진 주의를 태만 하는 것을 말한다.

Ⅰ. 허용된 위험의 법리

1. 개념

오늘날 통상 일컬어지는 소위 행위의 객관적 예견가능성이 과실과 밀접한 관련을 가지고 있다는 것은 순전히 실무상의 필요에 따른 것이라고 볼 수 있다. 더 나아가 객관적 귀속이론은 언제나 하나의 행위가 사회적으로 유해하며 정상적인 것인가에 관한 문제뿐만 아니라 결과귀속의 문제의 판단까지도 다룬다. 객관적 귀속의 전제로 그 행위는 허용되지 아니한 위험한 것이어야 한다. 통상적으로 부주의한 행위여야 한다는 것이다. 그 행위가 허용된 위험 내의 것이라면 거기에는 불행이 문제되는 것이지 불법이 문제되지 않는다. 허용된 위험(erlaubtes Risiko)은 일상생활에서 불가피하게 존재하는 법익침해의 위험을 의미하고 이러한 위험행위에 대하여 사회적 유익성·필요성에 근거하여 설령 타인의 법익을 침해하였더라도 불가벌이라는 것이다.[287] 허용된 위험론의 형법상 지위에 대해 우리나라의 다수설은 허용된 위험을 독자적 기능을 가진 법 현상으로 보고 있다. 그러나 독일의 다수학자들은 허용된 위험을 독자적인 법 현상으로 보지 않고 있다. 즉 허용된 위험을 사회적 행위개념이나 구성요건해석 내지는 특별한 정당화 사유에 의하거나 과실영역에서 다루어질 수 있다고 보는 것이다. 이러한 허용된 위험론은 최근의 급격한 기술적 진보로 인해 그 적용범위를 확대해 나가고 있으나 그 자체로 매우 추상적인 개념이므로 지나친 적용으로 자칫 현대문명의 이기만을 위해 인명과 재산의 침해를 함부로 허용할 위험성이 있다. 따라서 본고에서는 허용된 위험의 형법상 지위와 현대사회에서 인명과 재산의 존중, 그리고 현대문명의 발달이라는 두 요소를 조화시킬 수 있는 가능성에 대해 검토해 보고자 한다.

2. 허용된 위험의 법적 성질

(1) 구성요건배제설

허용된 위험론의 형법상 지위에 관하여 대체로 구성요건배제사유로 보는 견해[288]는 허용된 위험을 사회적 상당성(社會的 相當性)

---

287) 김일수 / 서보학, 형법총론(제11판), 박영사, 2006, 454면, 김성돈, 형법총론, 현암사, 2006, 384면, 김성천 / 김형준, 형법총론(제3판), 동현출판사, 2005, 220면: 박상기, 형법총론(제6판), 박영사, 2005, 287면, 배종대, 형법총론(제8전정판), 홍문사, 2005, 699면, 박광민 / 정성근, 형법총론, 삼지원, 2001, 430면: 임웅, 형법총론(개정판보정), 법문사 2006, 496면, 이재상, 형법총론(제5판), 박영사, 2005, 189면, 이정원, 형법총론(제3판), 2004, 407면, 이영란, 한국형법학, 숙명여대출판부, 2002, 159면: 오영근, 형법총론(보정판), 박영사, 2006, 197면, 원형식, 형법총론, 청목출판사, 2006, 213면, 정영석, 형법총론(제5전정판), 법문사, 1993, 159면, 손해목, 형법총론, 법문사, 1997, 721면, 손동권, 형법총론(제2개정판), 율곡출판사, 2005, 334면.

288) Roxin, AT,§18 Rn. 1f, Kindhäuser, erlaubte Risiko und Sorgfaltswidrigkeit, GA,

의 유형으로 보고 있으며, 사회적으로 거래교통에 적합한 형태라고 한다.[289] 이는 허용된 위험의 범위 내에서 행해진 행위는 형법적 구성요건의 외부에 있다는 견해로서 주로 목적적 행위론자들에 의해서 전개되어 왔다.

Hirsch는 과실범과 고의범의 양자에 허용된 위험의 법리가 적용된다고 보면서 첫째로 과실범에 있어서는 '허용된 위험(사회적으로 상당한 금지되지 않은 위험)'과 그에 유사한 개념으로서 '사회적으로 불상당한 금지되지 않는 위험'과 '사실상 허용되는 위험'으로 크게 분류하고 (ⅰ) 사회상당한 금지되지 않는 위험은 본래의 의미의 허용된 위험으로서 이러한 법리가 적용되는 광산업, 건설업, 항공운수업 등의 위험기업의 경영은 오늘날의 사회생활질서에서 완전히 정상적인 형태이고 따라서 사회상당행위로서 구성요건성이 인정되지 아니한다고 하였다. (ⅱ) 이와 병립해서 '사회적으로 불상당한 금지되지 않는 위험'의 존재를 지적하면서 예컨대 파업, 낙태, 매춘주선 등에 수반되는 위험도 "이러한 경우는 스스로 의욕해서 그 위험영역에 들어온 것이고 이러한 경우의 동의는 주의의무위반 그 자체를 배제하는 것이므로 단순한 정당화 사유가 아니라 구성요건 해당성이 존재하지 아니하는 것이다"라고 하면서 구성요건배제설을 취하고, (ⅲ) 다시 '사실상 허용되는 위험'이라는 제3의 유형을 인정하면서 그 예로는 전시하에서 파손된 보안설비를 보수하지 않고

---

vol.141, 1994, S.197, 김일수 / 서보학, 형법총론, 455면: 김성돈, 형법총론, 532면, 이형국, 383면, 이재상, 170면, 이정원, 형법총, 407면, 임웅, 형법총, 444면, 손해목, 형법총론, 721면, 손동권 교수는 허용된 위험을 구성요건 배제사유로 보면서 위법성조각과 관련하여서는 독자적 위법성조각사유의 자격을 부여받을 수는 없고, 개별위법성조각사유에 공통적으로 적용되는 구조원칙으로 보고 있다. 손동권, 형법총론, 334면.

289) 사회상당성의 개념 자체가 불명확한 것으로서 일반적인 구성요건배제사유로 인정하기에는 문제가 있으며, 오히려 과실행위의 불법성을 규정하는 해석기준으로 이해하는 것이 타당하다는 견해가 있다. 박상기, 형법총론, 290면, 배종대, 형법총론, 701면.

그대로 생산을 하는 경우, 화학공장에서 폭발을 피하기 위하여 긴급하게 유독가스를 배출시키는 것 등을 들 수 있는데 이러한 종류의 위험은 진정한 정당화 사유로서 소위 초법규적 긴급피난에 해당한다고 한다.[290]

그가 주장하는 3가지 위험유형 중에서 '사회적으로 불상당한 금지되지 않는 위험'과 '사실상 허용되는 위험'은 통설적 의미에서의 허용된 위험은 아니므로 그에 있어서 과실범영역의 허용된 위험은 구성요건배제사유라고 할 수 있다.

(2) 위법성조각설

위법성조각사유로 보는 견해[291]는 허용된 위험과 사회적 상당성을 개념적으로 구분하여 사회적 상당성은 구성요건배제사유지만 허용된 위험은 위법성조각사유라고 한다. 허용된 위험은 위험의 근접성이나 일정한 이익 때문에 위험시될 뿐 아니라 원칙적으로 금지된 행위가 예외적으로 이익교량의 관점에서 정당화되는 경우라고 한다.

사회적 상당성은 그 시대의 사회윤리적 질서에 비추어 사회생활상 상당하다고 인정되는 목적이나 수단에 의한 경우는 법익침해의 결과가 발생되더라도 그 구성요건을 배제한다는 것이다. 일반적으로 학자들은 허용된 위험을 사회적 상당성의 하나의 유형으로 보아 이를 구별하지 않고 있다.[292] 일정한 위험한 행위가 법적으로

---

290) Hirsch, ZStW, Bd, 74, 1962, S.93ff
291) Jescheck / Weigend, Strafrecht AT, 5. Aufl., 1996, §56 Ⅲ, Maurach / Gössel / Zipf, AT, §44. Rn. 11, 정영석, 형법총론, 159면, 정성근 / 박광민, 형법총론, 433면, 허일태 교수는 허용된 위험의 법리를 형법 제20조 사회상규로 이해하여 위법성조각사유로 파악하고 있다. 오선주 교수, 정년기념논문집, 형설출판사, 2001, 75면 이하.

허용되는 한계를 사회적 상당성 이론이 제공한다는 것이다.[293]

이러한 입장은 허용된 위험론이 과실범에 있어서 위법성(違法性)을 책임성에 대한 독립한 또는 전제적 이론분야로 확립시키기 위한 가교적 역할을 수행했다고 평가하는 일반적인 견해와도 상응하는 이론인 것이다. Binding은 행위에 수반된 추상적 위험과 구체적 위험을 구별하고 전자는 허용된 위험으로 위법성을 조각하고 후자는 책임조각사유에 해당한다고 설명한다. 그러나 Binding의 이러한 견해는 그의 '주관적 위법성론'과 관련하여 볼 때 현실적 위험의 경우도 실질적 의미에서의 위법성조각설이라고 해도 좋을 것이다. 왜냐하면 '모든 책임 없는 불법은 법규범의 입장에서 보면 어떠한 불법도 아니고 오히려 우연에 불과하다'고 하는 주관적 위법성론에서 보면 책임이 조각된다는 것은 이미 형법상의 위법은 없고 단지 민사책임의 전제 정도의 위법만이 있을 뿐이라고 해석되기 때문이다.[294]

허용된 위험을 위법성조각사유인 정당방위나 긴급피난과 같은 행위정황과 동일시하기는 어렵다.[295] 위법성조각사유는 발생한 결과까

---

292) Samson, StGB-SK, Vor§32 Rn. 53, 배종대, 형법총론, 331면: 이재상, 형법총론, 170면. 신동운, 형법총론(제2판), 법문사, 2006, 317면.

293) 형법 제20조는 "법령에 의한 행위, 업무로 인한 행위, 기타 사회상규에 반하지 않는 행위는 벌하지 아니한다"라고 하여 "사회상규"를 명문으로 규정하고 있다. 사회상규는 이에 반하지 않는 행위를 실질적 위법성이 없다고 하여 위법성을 조각하는 법적 성질을 갖고 있는 데 반해, 사회적 상당성은 "역사적으로 형성된 사회윤리적 공동생활의 질서 내에 속한 행위"의 판단기준으로 구성요건이 조각되는 법적 성질을 갖는다고 한다. 즉 사회적 상당성은 구성요건을 해석하는 기본원리 중의 하나로서 구성요건의 소극적 측면인 데 반해, 사회상규는 행위의 구성요건해당을 일단 전제한 후 실질적 위법성의 단계에서 행위의 위법성을 배제하는 불법의 소극적 측면이라는 점에서 구별된다. 김일수 / 서보학, 형법총론, 378면, 사회적 상당성과 사회상규에 관한 논문으로 양화식, 형법 제20조의 사회상규에 위배되지 아니하는 행위에 관한 고찰, 형사법연구, 제19호(2003 여름호), 175면 이하, 이형국, 위법성조각사유로서의 「사회상규에 위배되지 아니하는 행위」에 관한 고찰, 연세논총, 연세대학교대학원, 1983, 219면 이하: 천진호, "사회상규에 위배되지 아니하는 행위"에 대한 비판적 고찰, 비교형사법연구, 제3권 제2호(통권 제5호), 2002, 146면 이하 등이 있다.

294) 條田公德, 許された危險の學術史的考察, 法政論集, 1974, 118面 以下에서 인용하였음.

지 정당화하지만 허용된 위험은 위험한 행위일 뿐, 그로 인해 발생하는 위험결과까지 정당화하지는 않는다. 따라서 허용된 위험을 위법성조각사유에 편입시킬 경우 그 입지가 축소 내지 중복될 뿐 아니라 위법성조각사유를 규정하고 있는 형법체계와도 맞지 않다.

(3) 책임조각설

종래 전통적 범죄론에 의할 때 책임조각설이 지배적 견해였으나 현재는 소수설에 머무르고 있다. 허용된 위험은 책임요소로서의 일반적인 주의의무위반과 예견가능성의 문제라고 보는 입장이다.[296] 이는 기본적으로는 책임의 본질을 행위에 대한 행위자의 주관적·정신적인 관계에서 찾는 심리적 책임론에 기인한다. 그러나 오늘날 의사형성과 의사실현에 대한 비난가능성에 책임의 본질이 있다고 보는 규범적 책임개념이 일반적이다.[297] 이에 의하면 허용된 위험을 일반적 주의의무위반과 비난가능성의 문제로 파악하여 책임이 배제된다는 주장은 타당하지 않게 된다.

Hippel은 Hälschner의 영향을 받아 과실인정의 기준으로서 객관적 주의의무인 '사회생활상 필요한 주의(in Verkehr erforderliche Sorgfalt)'와 행위자의 인격적 능력에 따른 '결과회피가능성'의 2가지를 제시하고 전자에 관하여 "사회생활 중에는 주의 깊게 행동했던 경우에도 일정한 위험을 필연적으로 내포하는 사업 등이 다수 존재하고 있고 이러한 사회생활에 합당한 위험(Verkehr mäßige Gefahr)은 결코 과실의 근거가 될 수 없다. 공적 이익에 비추어 당해활동을 금지할 수 없다는 것에 의해서도 과실은 제약되기 때문이다"[298]고 하

---

295) 배종대, 형법총론, 701면, 박상기, 형법총론, 291면.
296) Kienapfel, a. a. O., S.21.
297) 박상기, 형법총론, 291면.

면서 행위자가 구성요건해당적 결과를 발생시켰음에도 사회생활상 요구되는 일반적 주의를 다 했다면 책임의 본질적 요소가 소멸하여 2차적인 개인적 능력에 대한 고려 없이 책임이 결여된다고 하였다.

Roeder는 허용된 위험행위의 상대방에 대하여 정당방위를 인정해야 된다는 입장에서 행위는 위법하나 책임만 조각될 뿐이라고 하면서 "객관적으로 명령된 주의의무의 준수는 법익침해의 결과가 발생한 경우 정당화 사유가 아니라 책임조각사유에 불과하다"[299]고 주장하였다. 그의 이러한 견해는 행위반가치사상에 대한 비판을 전제로 하는 것으로서 이는 행위반가치의 이름하에 현실적인 법익침해, 즉 결과반가치가 경시되는 것에 대한 경고로서 의미도 가진다고 할 수 있다. 특히 책임조각설은 독일에서 민법학자들에 의하여 지지되고 있는데 이는 민법의 기능상 당연히 손해발생 자체를 중시해야 하기 때문이라고 본다.

(4) 기타의 견해

허용된 위험을 구성요건배제, 위법성조각, 책임조각의 어느 2가지 이상을 동시에 포함하거나 전혀 별개의 이론으로 보는 견해도 있다.[300] 구성요건과 위법성을 절충하는 견해는 구성요건이 배제되

---

298) Hippel, Deutsche Strafrecht, Bd, 2. 1930, S.361ff(이에 대해서는 條田公德, 前揭論文, 113面). Hippel은 과실인정의 기준에 객관적 요소도 포함시킴으로써 과실이 위법요소로 평가되는 데 선구적인 역할을 하였다.

299) Roeder, Die Einhaltung der sozialadäquaten Risikos, 1969, S.94.

300) 허용된 위험은 개념의 불명확성·포괄성으로 인하여 형법상 독자적 지위를 인정할 수 없는 집합개념에 불과하여 주의의무위반의 내재적 척도로서의 성격을 가지므로 결국 주의의무위반의 판단기준과 중복된다는 견해가 있다. 박상기, 형법총론, 290면, 배종대, 형법총론, 701면, 양화식, 형법상의 허용된 위험론, 성시탁교수화갑논문집, 사법행정, 1993, 212면 이하.

는 경우에는 이를 사회상당적 위험이라고 하고, 위법성이 조각되는 경우에는 정당화적 위험이라고 구분하여 설명하고 있다.[301]

즉 허용된 위험이 법률적으로 중대한 위험의 결함으로서 그리고 그에 대한 객관적 귀속이 부정되는 사례유형으로 이해되지 않는 한, 이는 우월적 이익의 원칙에 따라서 정당화 구조로 파악된다고 보아야 한다. 즉 사실적인 관점에서 불확실하게 행위한 행위자는 사전에 그 주의를 요하는 상황을 직시하거나 경우에 따라 예후적으로 그 불확실성이 최소화될 수 있도록 최선을 다한 것이 인정될 때 정당화된다는 것이다. 그리고 행위개념으로 보는 견해에 따르면 일반적인 행위개념 속에 목적성이나 혹은 사회적 중요성 등 규범적인 내용을 포함시킴으로써[302] 허용된 위험행위를 형법적 평가에서 제외시킬 수 있다고 보는 견해이다.

(5) 소결

다음의 관점에서 볼 때 구성요건배제설이 타당하다. 즉 허용된 위험은 구성요건의 설정(행위의 유형화 작업) 시 처음부터 본질상 불명확 내지는 불완전한 요소를 내포하고 있기 때문에 형식상으로 조문에 포섭되어 있으나 실질적으로 사회적 유해성이 없어 조문에서 삭제되어야 할 모든 비정형적 사례를 배제한 만큼 정확하지 못하다. 이와 같이 구성요건은 성립 시부터 불완전할 뿐 아니라 시간의 경과에 따라 사회의 진화와 그에 따른 사회적 가치개념과 분리

---

301) 김일수 / 서보학, 형법총론, 484면(원칙적으로 허용된 위험을 구성요건배제사유로 보면서 예외적으로 형법 제20조의 정당행위에 속하는 행위는 위법성조각사유로 보기도 한다), 이형국, 형법총론, 383면. 손동권, 형법총론, 334면.
302) 전구성요건적 행위개념을 부인하고 오직 구성요건과 관련지어서만 형법상 의미 있는 행위개념을 인정하는 행위개념 부인론에 의하면 허용된 위험의 문제는 항상 구성요건 해당성·위법성·책임의 단계에서만 검토된다. 박상기, 형법총론, 289면.

될 위험을 항상 띠고 있는 것이며 현대와 같이 복잡하고 급격하게 변화해 가는 사회 속에서는 이런 위험이 더욱 크다고 하겠다.

이러한 긴장을 해소하는 가교적 기능이 사회상당성과 허용된 위험론이다. 이러한 개념은 필연적으로 불완전한 구성요건이라는 행위유형을 바로잡는 기능을 수행하여 형벌규범을 사회현실과 합치하도록 한다고 할 수 있다. 이와 같이 허용된 위험에 해당하는 행위는 이미 구성요건에 해당하는 행위가 아니라고 할 것이다.

3. 허용된 위험의 적용범위

(1) 원칙

어떠한 행위를 법이 금지하고 있다면 그러한 행위는 정상적인 조건하에서는 허용되지 않는 위험한 영역이 된다. 그래서 허용된 행위와 허용되지 아니한 행위는 명백히 구분될 수 있다. 도로교통상에서 과속, 음주운전, 과적운전은 전적으로 허용되지 않는 위험한 행위양식들이다. 허용된 행위와 허용되지 아니한 행위의 경계는 법적 규정 외에 일정한 직업분야, 기술규칙, 기타 산업규칙 등이 있다.

(2) 허용된 위험의 구체적 적용범위

허용된 위험의 원칙이 적용되기 위한 조건으로는 법에 의하여 인정되고 있는 사회적 유용성을 달성하기 위한 행위로서 성질상 일정한 법익침해의 위험을 가지고 있어야 한다. 형법상 논의되고 있는 허용된 위험의 유형을 살펴보면 다음과 같다.

① 형법상 보호법익의 침해에도 불구하고 사회적 유익성·필요성 때문에 인정되는 경우이다. 예컨대, 인명과 건강유지를 위한 행위(수술, 구조작업), 교통상의 이익 행위(자동차 운전), 학문연구 행위(위험한 실험), 교육과 단련을 위한 행위(스포츠, 훈련), 생산 및 자재획득을 위한 행위(채광산업, 공장·채석장의 작업) 등이다.[303]

② 사회적 상당성과 허용된 위험을 구별하여 허용된 위험의 유형을 사회적 상당성에 포함시키고 극히 제한적으로 인정되는 경우이다. 예컨대 위험한 상황에서 구조행위로서 위험을 수반하는 행위-화재 시 아이를 구하기 위해 창밖으로 아이를 던지는 행위, 공공을 위한 법익위태화의 경우로 명예훼손 행위가 공익을 위한 행위 등이다.[304]

③ 허용된 위험에 대한 승낙 내지는 위험인수(Gefahrübernahme)의 경우[305]로서 보호법익의 주체가 스스로 위험행위로 나아간 경우가 있다. 예컨대 사회적 상당성이 인정되는 위험한 운동경기, 주취상태인 친구의 자동차에 동승한 경우 등이다. 후자의 경우는 동승자가 스스로 위험한 행위를 승낙하고서 시행했다는 것을 이유로 들고 있다.

---

303) Engisch, Untersuchungen über Vorsatz und Fahrlässigkein in Strafrecht, 1930, S.287, 박상기, 형법총론, 288면.
304) Jescheck, Lehrbuch des Strafrechts, AT, 3.Aufl., 1978, S.323, 박상기, 형법총론, 288면.
305) 박상기, 형법총론, 287면 이하.

(3) 고의범에서의 적용여부

허용된 위험의 사상은 주로 과실범과 관련하여 발전되어 왔다. 그러나 허용된 위험은 위험이나 모험은 목적을 가지고 행하여질 수 있다고 보는 입장에서는 고의범에서도 적용이 가능하다는 견해가 있다.306)

물론 허용된 위험과 고의행위와의 관계가 논의된다고 해도 주로 미필적 고의의 경우에만 주로 문제가 될 것이다. 예컨대 터널공사나 성공가능성이 희박한 수술 등과 같이 모든 예방조치에도 불구하고 결과가 발생하는 경우의 행위자는 이러한 결과를 예견하고 또한 용인하고 있다고 보기 때문이다. 고의범에서의 허용된 위험의 적용을 용인하는 견해는 목적적으로 결정되고 목적인식적으로 조정되고 있는 행위태양, 즉 희망하지는 않았으나 허용된 결과뿐만 아니라 적극적으로 희망한 경우까지 포함하고 있다.307) 예컨대 살인의 고의로 번개와 천둥에도 불구하고 하인을 숲 속으로 내보내는 것, 산보하던 사람이 그 열매를 먹게 될 것을 기대하면서 유독 식물을 심는 행위 등이 면책되는 것은 허용된 위험의 법리의 개념으로 가능하다고 보는 것이다. 그러나 허용된 위험의 개념이 고의범에까지 적용된다고 보는 견해는 다음과 같은 비판을 받고 있다.

첫째, 희망하지 않았으나 인용한 경우를 보면 이를 미필적 고의라고 보기는 어렵다. 즉 미필적 고의와 인식 있는 과실의 구별기준에 관하여 통설적 견해인 인용설에 의하면 미필적 고의와 인식 있는 과실 모두 결과의 발생을 인용하는 점에서는 동일하나 인식 있는 과실의 경우 결과의 불발생을 믿는 경우이다. 따라서 터널공사

---

306) Schönke / Schröder, StGB kommentar, S.59, 김성돈, 형법총론, 532면, 박상기, 형법총론, 286면, 오영근, 형법총론, 221면.
307) Kienapfel, a. a. O., S.13.

나 위험한 수술의 경우 법익침해에 대하여 결과불발생을 기대하면서 행하여지기 때문에 미필적 고의가 아니라 인식 있는 과실에 해당한다고 볼 수 있다.

둘째로 결과발생을 의욕하고 있는 경우 이러한 행위들이 사회적 상당성이라는 영역에서 이루어진다고 보면 매우 복잡하고 어려운 이론적 환상이라는 점에서 이 법리의 적용을 고의범에까지 확장시키는 것은 타당하지 않다.

(4) 법익침해가 발생한 경우

Binding은 행위에 부수한 추상적 위험과 법익의 구체적 위험을 명확하게 구별하면서 허용된 위험은 위법성 자체를 조각하는 행위에 부수한 추상적 위험에 해당하고 위험을 수반하고 행위에서 현실적으로 법익침해가 발생한 경우에는 위험의 경우와는 달리 위법하나 책임이 조각되는 것으로 해석하고 있으며 Kienapfel도 위험의 허용성도 그 위험이 실현되면 이미 소멸하며 그 위험은 이미 '허용된' 것이 아니라고 보아 결과가 발생한 경우는 허용된 위험의 개념에 포함시킬 수 없다[308]고 보고 있다. 그러나 오늘날에 있어서는 허용된 위험행위의 결과로서 법익침해의 결과의 발생에 논의가 집중되고 있으며,[309] 현실상황에 비추어 결과 없는 위험만을 문제 삼는다면 그것은 학문적 노력을 낭비하는 것에 불과한 것이다.

---

308) Kienapfel, a. a. O., S.14.
309) Schönke / Schröder, StGB, 17. Aufl, 1976. S.59.

4. 허용된 위험과 사회적 상당성

(1) 사회적 상당성의 의의

사회적 상당성은 그 시대의 사회윤리적 질서에 비추어 사회생활상 상당하다고 인정되는 목적이나 수단에 의한 경우는 법익침해의 결과가 발생되더라도 그 구성요건을 배제한다는 것이다. 일반적으로 학자들은 허용된 위험을 사회적 상당성의 하나의 유형으로 보아 이를 구별하지 않고 있다.[310] 일정한 위험한 행위가 법적으로 허용되는 한계를 사회적 상당성 이론이 제공한다는 것이다.[311]

Welzel은 상당성이 있는 행위란 반드시 사회적으로 규범적인 것을 의미하는 것이 아니라 사회적 행위자유의 테두리 안에 속하는 행위를 의미한다고 한다. 즉 "사회적 상당성은 정상적이고 역사적인 것으로 형성된 사회적 생활질서의 테두리 안에서 행하는 행위로서 구성요건해당성이 없다"고 한다.[312] 그리고 이러한 행위의 예

---

310) Samson, StGB-SK, Vor§32 Rn. 53, 이재상, 형법총론, 170면. 신동운, 형법총론, 317면.

311) 형법 제20조는 "법령에 의한 행위, 업무로 인한 행위, 기타 사회상규에 반하지 않는 행위는 벌하지 아니한다"라고 하여 '사회상규'를 명문으로 규정하고 있다. 사회상규는 이에 반하지 않는 행위를 실질적 위법성이 없다고 하여 위법성을 조각하는 법적 성질을 갖고 있는 데 반해, 사회적 상당성은 '역사적으로 형성된 사회윤리적 공동생활의 질서 내에 속한 행위'의 판단기준으로 구성요건이 조각되는 법적 성질을 갖는다고 한다. 즉 사회적 상당성은 구성요건을 해석하는 기본원리 중의 하나로서 구성요건의 소극적 측면인 데 반해, 사회상규는 행위의 구성요건해당을 일단 전제한 후 실질적 위법성의 단계에서 행위의 위법성을 배제하는 불법의 소극적 측면이라는 점에서 구별된다. 김일수 / 서보학, 총론, 378면, 사회적 상당성과 사회상규에 관한 논문으로 양화식, 형법 제20조의 사회상규에 위배되지 아니하는 행위에 관한 고찰, 형사법연구, 제19호(2003 여름호), 175면 이하, 이형국, 위법성조각사유로서의 「사회상규에 위배되지 아니하는 행위」에 관한 고찰, 연세논총, 연세대학교대학원, 1983, 219면 이하 등이 있다.

312) Welzel, Strafrecht, 11.Aufl., 1969, S.56f, Jescheck, a. a. O., 201, Schöke / Schröder / Lenckner, a. a. O., Vor §13ff. Rn. 69.

로서는 대체로 도로, 교통, 항공, 철도교통에서 법규에 따른 운행 중 발생하는 상해, 경미한 신체의 침해나 자유의 제한, 우편배달부에게 통상적인 새해 선물을 주는 행위, 의료상 필요한 극약의 사용, 건축이나 광물채취에 있어서의 폭발물 사용·투기, 기타 운동경기에서의 경기활동 등이 이에 속한다.

(2) 사회적 상당성의 법적 성격

1) 구성요건배제설

사회적 상당성론이 처음부터 구성요건을 배제하거나 수정하는 기능[313]을 담당한다는 견해이다. 구성요건을 배제한다는 견해에 의하면 구성요건은 불법을 유형화해 놓은 것이며 범죄 유형적 불법의 구현으로 볼 수 없는 형태는 구성요건이 배제된다는 전제에서 welzel은 "역사적으로 형성된 공동생활의 사회 윤리적 질서범위 내에 속하는 일체의 행위는 사회적으로 상당하며, 이는 구성요건에 해당하지 아니한다"[314]라고 단정하였다.[315]

이러한 행위수행은 그것이 비록 문언상으로는 어느 구성요건에 포섭될 수 있을지라도 결코 범죄구성요건에는 해당할 수 없다는 것이다. 구성요건조각사유로 보는 견해는 구성요건을 협의의 불법구성요건, 즉 범죄유형적 형태에 제한하려는 입장의 논리필연적 결론이다. 그러나 사회적 상당성을 가지고 범죄유형적 행위와 비범죄적 행위를 구분 짓기에는 이 개념의 폭이 넓기 때문에 이론상 난

---

313) Maurach / Gössel / Zipf, AT, 2, §43 Rn, 39, 김일수 / 서보학, 형법총론, 378면.

314) welzel, Strafrecht, 11. Aufl., S.58.

315) 손동권 교수는 welzel이 의미하는 사회상당한 행위는 현행 형법 제20조 「사회상규」에 해당하므로 사회상당성은 위법성 단계에서 문제된다고 한다(손동권, 형법총칙론, 86면).

점이 있다. 특히 위법성조각사유와의 구별이 불분명해진다.

예컨대 자기자녀를 교육상 목적으로 한차례 때리는 행위는 법적·사회윤리적으로 위법하지 않다. 그럼에도 이러한 행위를 사회상당성이 있는 행위로 본다면 구성요건과 위법성의 구별이 불가능하게 된다.

구성요건배제사유로 보면서, 구성요건해석원리로서 인정하는 견해는 사회적 상당성의 범죄체계상의 독자적인 지위를 인정하지 않고 구성요건적 문언의 해석을 위한 보조수단 내지 '일반적 해석원리'로 인정하는 견해이다.316) 법률의 규정에 따라 이미 일정한 범죄유형에 상당하지 않을 때에는 구성요건이 배제된다. 즉 역사적으로 형성된 사회생활의 질서범위 내의 상당한 행동양식인 경우 구성요건 자체를 배제하는 원리로서 사회적 상당성이 갖고 있는 이와 같은 기능을 과도하게 평가하는 일이 되어 맞지 않으므로, 사회적 상당성은 단지 구성요건의 해석을 위한 하나의 관점에 머물지 않으면 안 된다는 것이다.

2) 위법성조각설

사회적 상당성은 특정분야에서 통상적으로 발생하는 위험형법에만 제한하여 일반적으로 적용될 초법규적 정당화 사유317)라고 하는 입장이다.

이 견해는 사회적 상당성을 관습적 정당화 사유로 보면서 공동생활의 윤리질서 범위 내에 속하는 구성요건해당행위는 위법성을 조각한다고 보는 입장이다. 예컨대 의사의 수술행위는 구성요건에 해당하지만 사회적으로 상당한 행위가 되어 정당행위가 된다는 것

---

316) 김일수 / 서보학, 형법총론, 283면, 박상기, 형법총론, 164면.
317) Schmidhäuser, Strafrecht, All. Teil, 2. Auf., 1975, 9ff, 정영석, 형법총론, 159면.

이다.

그러나 형법상 구성요건은 범죄유형 내지 불법유형으로 파악되기 때문에 왜 사회적 상당성의 문제영역이 구성요건과 절연되어 위법성의 영역에만 머물러야 하는지 이론적 해명이 곤란해진다.[318] 또한 사회적 상당성은 그 개념의 모호성과 척도의 불확실성 때문에 관습적 정당화 사유가 될 경우에는 위법성의 한계가 불명확해질 가능성이 크다. 그리고 정당방위·긴급피난 등 기존의 정당화 사유와의 역할 및 한계 설정도 어려운 문제로 남게 된다. 특히 우리형법상 일반적 정당화 사유인 사회상규의 구별개념은 사실상 불가능해진다.

3) 책임조각설

사회적 상당성이 중요한 의미를 갖는 체계상의 위치는 위법성보다는 책임이라는 전제에서 Roeder는 사회적 상당성을 책임조각사유로 파악하는 입장을 취한다.[319] 그는 법규를 준수하는 자동차운전자는 사회적으로 상당하게 행위하였지만, 그럼에도 그에 의해 발생되는 어떤 위험까지 사회가 감수해야 할 필요는 없다는 입장에서 그것이 사회적으로 상당할 때는 단지 책임을 조각할 수 있을 뿐이라고 주장한다.

이렇게 되면 교통법규에 맞게 행위하는 운전자에게 정당방위도 할 수 있게 된다는 결론이 되는데 Roeder는 이를 인정한다.[320] 그

---

318) 대법원판례 가운데 「사회상규에 위배되지 않는 행위」를 설명하면서, 사회적 상당성이라는 표현을 쓰고 있는 판례가 있다. 즉 행위가 법규정의 문언상 일응 범죄구성 요건에 해당된다고 보이는 경우에도 그것이 극히 정상적인 생활형태의 하나로서 역사적으로 생성된 사회생활질서의 범위 안에 있는 것이라고 생각되는 경우에 한하여 그 위법성이 조각된다고 하였다.(대판 1994. 11. 18., 94도 1567, 대판 1989. 10. 24., 87도1044, 대판 1985. 6. 11., 84도1958, 대판 1983. 2. 8., 82도357) 이렇게 보면 사회적 상당성은 위법성조각사유가 된다.

319) Roeder, Die Einhaltung der sozialadäquaten Risikos, 1969, S.77ff.

러면 문제는 사회적으로 상당한 행위에 대한 정당방위권의 인정이 맞는 것인가가 문제인데, 이는 고도 산업사회에서의 공동생활의 요건에도 부합하지 아니한다. 그러므로 사회적으로 상당한 행위에 대하여는 긴급피난이 고려될 수 있다.

4) 사회적 상당성 부정설

일부 학자들은 허용된 위험을 사회적 상당성의 일유형으로 보아 이를 구별하지 않고 있다.[321] 일정한 위험행위가 법적으로 허용되는 한계를 사회적 상당성 이론이 제공한다는 것이다. 그러나 일정한 위험한 행위가 법적으로 허용되어 구성요건이 배제된다는 판단은 반드시 사회적 상당성의 사상에 의존하지 않아도 가능한 경우가 있다.

예컨대, 사회적으로 상당하지 않으나 금지되지 않은 위험은 위험한 활동이 사회생활의 정상적 질서와 조화를 이루지는 못하지만 그럼에도 불구하고 구성요건에 해당하는 주의의무위반이 없는 경우로서, 의사가 행하는 ― 허용되건 허용되지 않건 ― 임신중절수술의 경우 환자에 대한 위험 등이 그것이다. 이 경우에는 과실범의 구성요건이 배제된다고 보고 있다. 왜냐하면 고도의 위험에 신체를 맡긴 사람은 스스로 위험한 행위를 감수했기 때문이고 의사의 경우 위험한 업무를 함에 있어서 고도의 위험에 맞는 주의의무를 다할

---

320) 보행자가 교통법규에 따라 운전해 가는 오토바이운전자와 교통법규에 위반하여 맞닥뜨렸을 때, Roeder에 의하면 보행자는 스스로에 대한 침해로부터 보호받기 위하여 일순간 오토바이를 밀쳐서 전도시킬 수 있는 정당방위권을 당연히 가져야 한다고 한다. 그러나 여기서 보행자의 정당방위권은 교통법규에 위반하여 오토바이운전자에게 가한 침해는 적법하나, 교통법규를 준수하며 운전한 운전자에게는 위법하다. 또한 교통상 정당하고 사회적으로 상당한 행위에 대하여 정당방위를 인정하는 것은 형법의 기본원리에 반한다. Roeder, a. a. O., S.77ff(이에 대하여는 양화식, 사회적 상당성, 수원대사회과학논총, 제1집, 1989, 60면 이하).
321) Samson, StGB ― SK, Vor§32 Rn. 53, 이재상, 형법총론, 170면.

것이라는 사실을 인식하고 그러한 행동을 양해하였기 때문이다.

　이처럼 사회적 상당성 원칙은 개념의 불확실성과 척도(尺度)의 불확정성 때문에 법적 안정성을 해칠 염려가 있을 뿐만 아니라, 사회적 상당성 이론으로 해결하려는 사례는 구성요건해석의 방법을 통하여 또는 허용된 위험의 법리를 근거로 한 정당화 사유에 의하여 해결할 수 있기 때문에 부정되어야 한다는 입장이다.322) 또한 개념이 불분명한 허용된 위험 대신에 형법상의 정당행위, 긴급피난, 과실범이론 등을 통하여 문제를 해결할 수 있기 때문에 형법상 이를 인정할 실익이 없고 관념상의 기능밖에 없는 것이며,323) 단지 다양한 위험상황에서 발생한 각각의 결과를 나타내는 총체적인 명칭, 즉 집합개념의 의미밖에 없다고 할 것이다.324)

　허용된 위험의 개념은 일정한 요건하에서 위험행위를 할 수 있음을 나타내며, 사회적 상당성의 개념은 그러한 허용된 위험행위의 전제요건을 구성할 수 있는 실질적 이유들의 복합체를 나타낸다. 물론 사회적 상당성 개념도 당해 행위가 사회생활상 일반적으로 승인되는 이유를 그 자체가 나타내지 못하는 한에서 형식적 성격을 지닌 점을 부인할 수 없다. 또한 사회적 상당성 개념이 애매모호하여 그 한계설정이 어렵다는 비판도 가능하다.325)

　사회적 상당성 부인론에 대해서는 구성요건의 해석원리326) 내지 허용된 위험의 법리와의 관계에서 사회적 상당성이 애당초 갖고 있는 모든 기능을 충분히 대체할 수 있느냐 하는 문제를 검토하지 않고 그 무용성을 단정해 버림으로써 실체를 왜곡할 수 있다는 비

---

322) 배종대, 형법총론, 269면, 손동권, 형법총칙론, 85면.
323) 배종대, 형법총론 581~582면, 양화식 형법상 허용된 위험론, 법조, 1991 / 4, 53면.
324) 박상기, 형법상의 허용된 위험론, 고시연구 창간 20주년 기념논총, 1994. 820면
　　 이하.
325) 양화식, 전게논문, 40면.
326) 구성요건적 해석을 위한 보조수단 내지 일반적 해석원리로서의 기능을 가진다
　　 는 견해도 있다(박상기, 형법총론, 155면, 임웅, 형법총론, 168면).

판이 가능해진다.

5) 소결

이처럼 사회적 상당성의 개념은 행위가 허용되려면 그것이 역사적으로 생성되어 온 사회질서의 범위 내에 있어야 한다는 실질적 이유를 나타내고 있음에 반하여, 허용된 위험의 개념은 일정한 위험행위를 하는 것이 법질서에 의해 허용된다는 것을 말하고 있다. 따라서 허용된 위험 그 자체는 개념이 불분명한 것이고 허용된 위험 대신에 형법의 다른 제도, 예컨대 정당행위, 긴급피난, 과실범이론 등을 통해서 문제를 해결할 수 있기 때문에 형법상 이를 인정할 실익이 없고 관념상의 기능밖에 없는 것이며, 단지 다양한 위험상황에서 발생한 각각의 결과를 나타내는 총체적인 명칭, 즉 집합개념의 의미밖에는 없다고 할 것이다.

다시 말해 허용된 위험의 개념은 일정한 요건하에서 위험행위의 전제요건을 구성할 수 있는 실질적 이유들의 복합체를 나타낸다. 물론 사회적 상당성 개념도 당해 행위가 사회생활상 일반적으로 승인되는 이유를 그 자체가 나타내지 못하는 한에서 형식적 성격을 지닌 점을 부인할 수 없다. 또한 사회적 상당성 개념이 불명확하여 그 한계설정이 어렵다는 비판도 가능하다. 이와 관련하여 근래에는 구성요건의 제한기능이 상대적으로 좁고 불명확한 사회적 상당성 개념 대신에 이보다 광범위하고 명확한 척도를 제시하는 것을 목적으로 하는 객관적 귀속이론으로 이를 해결하려 하고 있다.

5. 허용된 위험의 법리의 한계

사회생활상의 유익한 위험 행위로부터의 법익침해는 사회적 유용성을 근거로 일정한 범위 내에서 그러한 행위의 정당화를 법적으로 긍정하려는 것이 허용된 위험이다. 그러나 행위의 사회적 유용성을 중시한 나머지 위험한 행위를 하는 것 자체를 법적으로 아무리 허용하고 있더라도 그 위험행위로 인한 모든 결과에 대하여 면책되는 것이 아니기 때문에 허용된 위험에 있어서 허용되는 기준이 무엇인가가 문제된다.[327]

허용된 위험론은 적법과 불법, 사회상당성과 사회합치성, 구성요건과 위법성, 고의와 과실의 경계선상에 놓여 있는 복합적인 개념이다.[328] 이는 허용된 위험론이 그 자체 보편타당한 개념이라고 성격상 정의될 수 없고 항상 판례에 의해서만 충족되는 것이며, 독자적 이론의 범주가 아닌 무수한 형벌면제적 행위의 집합개념에 불과하며, 이러한 개념의 공통점은 '해결방법'보다 '해결목표'에 관심을 집중하고 있는 것이므로 실체가 없는 공허한 것에 불과하며, 상이한 학문적 의미를 내포하고 있는 제 행위의 집합개념으로 아무런 독자적 가치를 가지고 있지 않으므로 형법상 무용한 개념으로 보는 견해도 있다.[329]

따라서 허용된 위험이 적법이 되기 위해서는 정형적인 위험을 예상하여 그러한 위험이 구체화됨으로써 법익침해의 결과가 발생하는 것을 예방하기 위하여 여러 가지의 작위·부작위를 명하고 있는 각종 행정법규상의 위험방지의무와 위험행위를 구체적으로 행할

---

327) 허용된 위험의 비판에 관하여는 강영철, 신뢰의 원칙과 허용된 위험의 법리, 형사법학, 제2권, 중앙대학교대학원, 1990, 4면 이하.

328) Kienapfel, a. a. O., S.9ff.

329) Kienapfel, a. a. O., S.9ff.

경우에 요구되는 형법상의 주의의무를 준수해야 된다.[330]

허용된 위험의 한계는 각각의 업무에 과해진 행정법규상의 위험방지의무의 준수유무와 형법상의 주의의무의 준수유무를 조사·확정함으로써 명확해진다. 그렇다면 행정법상의 위험방지의무도 일정한 위험한 상태를 전제로 하여 위험의 구체화를 예방하기 위하여 필요하다고 생각되는 행위를 정형화한 것이기 때문에 구체적인 결과발생에 대하여 이것을 회피하기 위하여 법적으로 요구되는 내적·외적인 행위·부작위인 형법상의 주의의무와 근본적으로는 공통의 성질을 갖고 있다고 할 수 있다.[331]

그러나 형법상의 주의의무라고 하는 것은 해당 사고발생 당시의 구체적 상황에 따라 가해자에게 과해지는 구체적인 의무임에 반하여 행정법규상의 위험방지의무라고 하는 것은 사고 당시의 구체적 상황의 여하에 관계없이 운전자의 모두에게 과해지는 일반적인 의무이기 때문에 양자는 서로 일치하는 경우도 있겠지만 그렇지 않은 경우가 더 많을 것이다. 따라서 행정법규상의 위험방지의무에 위반하였다고 해서 그것만으로는 곧 형법상의 주의의무위반이 성립하는 것도 아니고, 또한 행정법규상의 위험방지의무를 준수하였다고 하여 그것만으로 곧 형법상의 주의의무가 준수되었다고 할 수도 없게 될 것이다.[332]

다른 관점에서 허용된 위험은 행위의 적극적 가치가 전면에 강조되고 그 위험행위에 대한 필요성·허용성 및 그에 따른 형벌제한 등이 형법외적 형태를 취하고 있다는 점에서 일반적 주의의무에 대한 특징이 나타난다고 전제하고, 이와 같이 형법 외 규범에 의하여 형법규범을 제한하는 것은 기술적 사고에 의한 법적 사고

---

330) 西原春夫, 交通事故と信賴の原則, 成文堂, 1980, 38面, 立山龍彦, 刑法總論演習, 北樹出版, 1984, 36面.
331) 藤木英雄, 過失犯の理論, 有信堂高文社, 1980, 56面.
332) 藤木英雄, 上揭書, 58面.

의 배제의 징후를 보이는 것이라고 평가하고 있다. 또한 기술의 진보와 타당성을 망각하는 것은 불가능하지만, 소위 '불가피적 침해'에 대하여 대항하는 권리는 무력하다고 생각하는 경향이 강하며 이러한 사고는 법에 대한 기술의 우위에 의하여 결국 '살인 또는 상해의 권리'가 유도될 것이라고 우려하면서 허용된 위험이라고 하는 특수한 이론은 과실침해범의 범위 내에서 준수해야 하는 주의의 양정으로 족하고 그것과 별도로 형법 이외의 허용성·필요성을 기준으로 하는 것은 보안규칙만 지키면 책임은 없다고 하는 오해를 낳을 우려가 있으므로 소위 허용된 위험으로 처리되는 사안은 고의범에 있어서는 고의의 흠결(목적적 행위론의 입장), 과실범에 있어서는 일반적인 주의의무의 문제에서 해소되는 것이므로 이러한 개념도구 외에 특별한 이론으로서 '허용된 위험'은 불필요한 것으로 결론짓고 있다.

그렇다면 행정법상의 위험방지의무와 형법상의 주의의무와 일치하는 것은 어떤 경우이고 일치하지 않는 경우는 어떤 경우인가가 문제가 될 것인데, 형법상의 주의의무를 과하기 위한 전제로 되고 있는 구체적인 사실관계와 행정법규상의 위험방지의무의 전제로 되고 있는 정형적인 위험상태가 일치하지 않게 될 것인데, 그렇기 때문에 행정법규상의 위험방지의무위반이 없음에도 불구하고 형법상의 주의의무위반이 인정되는 경우도 있게 될 것이다. 그러므로 이상에서 살펴본 바와 같이 행정법규상의 위험방지의무와 형법상의 주의의무와는 서로 공통적인 성질을 가지지만 양자는 일치하지는 않는다.

Ⅱ. 신뢰의 원칙

1. 개념

도로교통사고[333)]를 방지하기 위한 교통관여자의 상호신뢰는 원활한 교통문화의 필수조건이다. 과거 신뢰의 원칙이 확립되기 이전의 판례를 보면 운전자가 업무상 필요한 주의를 태만하여 사람을 상해한 경우 피해자의 과실 유무와는 상관없이 업무상과실치상의 죄를 면하지 못하였다. 즉 도로교통사고 시 사고와의 인과관계가 인정된다면 형사책임을 져야만 했다. 이러한 판례들은 피해자의 과실 유무 및 그 정도에 관계없이 과실책임을 인정하였고 당시의 교통사정상 교통의 원활보다는 인명을 중시하는 경향에서 비롯된 것이라고 보인다. 그러나 이것은 결국 처벌되는 자가 불운을 탄식할 뿐인 것으로 법리상 대단히 불합리하다고 볼 수 있다.

현대산업사회에서 자동차는 현대인의 필수품이 되었고 자동차의 고속화는 시대적 요청이다. 이에 따라 도로교통의 기술화와 교통법규가 정비되었으며 교통도덕이 널리 보급된 오늘에까지 불신의 원칙을 그대로 유지할 수 없다. 만일 그렇게 한다면 교통은 더욱 정체될 것이며 자동차는 그 사회적 유용성과 현대적 기능을 발휘할 수 없게 될 것이다. 이러한 현실적 배경하에서 도로교통의 원활을 위하여 필요불가결한 활동으로부터 야기되는 위험의 방지는 도로교통에 관여하는 모든 사람이 각자의 사회적 지위와 능력에 따라 합

---

333) 우리나라 교통사고 발생건수는 2007년 기준으로 211,662건이 발생하여 6,166명이 사망하고, 부상자는 335,906명으로 나타나고 있다. 경찰청(www.police.go.kr). 2006년 특례법위반은 191,119건, 도로교통법위반은 400,271건으로 전제범죄 발생건수(1,829, 211건)의 30%를 넘고 있다(법무연수원 「범죄백서2007」).

리적으로 분배되어야 한다는 요청에 의해 등장한 이론이 신뢰의
원칙이다.

2. 신뢰의 원칙의 성립배경

(1) 신뢰의 원칙의 의의

독일의 판례[334]를 통하여 채택된 이론인 신뢰의 원칙은 교통규
칙을 준수한 운전자는 다른 교통관여자가 교통규칙을 준수할 것이
라고 신뢰하면 족하고 다른 교통관여자의 부적절한 행동까지 예견
하여 방어조치를 취할 의무는 없다는 이론이다.[335]

---

334) 독일에서는 특별한 사정이 없는 모든 교통관여자는 다른 교통관여자가 교통질서
를 지킬 것을 신뢰하여도 좋고, 따라서 타인이 교통질서에 위반하는 태도로 나
올 것을 염두에 둘 필요는 없다고는 원칙으로 표현하고 있다(Welzel, Strafrecht,
11. Aufl.,1969, S.132). 여기서 신뢰의 원칙의 적용여부에 "특별한 사정"이라는
사실문제를 중시하였다. 반면 일본에서는 자동차 운전자는 특별한 사정이 없는
한 다른 차량이 교통질서를 지켜서 자기차와의 충돌을 회피하기 위하여 적절한
행동으로 나올 것을 신뢰하는 것이 상당한 경우 가령 다른 교통관여자의 부적
절한 행동에 의하여 결과가 발생되었다고 하더라도 주의의무위반은 인정되지
않는다(西原春夫, 交通事故と信賴の原則, 成文堂, 1980, 14面 以下)고 하여 신
뢰의 원칙의 적용여부에 「사회적 상당성」을 중시하는 견해로 나눠지고 있다.

335) Schönk / Schröder / Cramer, Strafgesetzbuch, 25.Aufl., 1997, §15 Rn.149, Schroeder,
StGB Leipziger Kommentar, 11.Aufl., 1992, §16 Rn.168, Roxin, Strafrecht AT,
3.Aufl., 1997. §24 Rn.21, Bockelmann / Volk Strafrecht, AT, 4.Aufl., 1987, S.161,
김일수 / 서보학, 형법총론(제9판), 박영사, 2002, 485면, 배종대, 형법총론(제9개
정판), 홍문사, 2008, 677면, 박상기, 형법총론(제5판), 박영사, 2002, 193면, 손동
권, 형법총론(제2개정판), 율곡출판사, 2007, 335면, 신동운, 형법총론, 법문사,
2006, 214면, 이형국, 형법총론(제4판), 법문사, 2008, 337면, 오영근, 형법총론,
박영사(보정판) 2007, 199면, 임웅, 형법총론(개정판보정), 법문사, 2007, 497면,
원형식, 형법총론, 청목출판사, 2006, 213면, 이재상, 형법총론(제5판), 박영사,
2007, 189면, 진계호 / 이존걸, 형법총론(제8판), 대왕사, 2007, 275면, 정영일, 형
법총론(개정판), 박영사, 2007, 152면, 하태훈, 형법총론(전정판), 법문사, 2002,
453면.

이 원칙은 1935년 독일 판례336)에서 등장하여 과실범 인정범위
를 한정함으로써 행위자의 "주의의무의 합리적 경감"이라는 의미로
채택되고 있다.337)

신뢰의 원칙은 도로교통뿐만 아니라 다른 분야에서도 채용이 확
대되고 있다. 즉 타인을 위하여 규칙에 적합한 고려를 행한 어느
곳에든지 그 적용이 가능하다는 것이다. 특히 고속교통기관에 의한
교통행위, 의료행위, 환경문제, 토목건축행위, 도시가스공급행위, 광
산, 원자력 등 현대생활에 있어서 사회적 유용성은 있으나 성질상
법익침해의 위험성이 항상 내재하고 있는 행위가 급격히 증가하고
있는 때 과실범은 더욱 중요한 의미를 가진다. 이러한 분야에 있어
서 신뢰의 원칙이 적용되기 위해서는 신뢰의 원칙은 과실불법의
성립여부에 관한 판단원리로 기능함과 동시에 과실책임의 판단에
있어서도 의미를 갖는다. 이런 경우에 신뢰의 원칙은 객관적 주의
규범의 영역으로부터가 아닌 과실책임의 영역이 되는 것이다.

---

336) 신뢰의 원칙에 대한 최초의 판례는 1935년 12월 9일 독일제국법원의 판결(RGSt
70, 71)이며, 이러한 경향은 스위스, 오스트리아 등에서 나타나고, 일본에서는
1950년대에 논의가 시작되어 1966년 6월 14일 일본최고 재판소 판결(여객의 정
리, 유도 등을 취급하는 역원이 종착역에서 여객을 하차시키는 경우의 주의의
무)에서 명시적으로 원용한 데서 비롯되었다. 우리나라에서는 1957년 2월 22일
4289형상330에서 시작하여 자동차 교통사고에 신뢰의 원칙을 채용한 사례로는
1970년 2월 24일 대법원 판결(1970. 2. 24., 70도176)에서 적용하기 시작하였다.
337) 신뢰의 원칙을 인정하는 견해가 지배적이나 전적으로 적용을 부정하는 견해도
있다. 즉 井上祐司 教授는 교통능률이라는 전체주의적 교통정책의 산물로서 인
명천시사상이 농후하므로 부인한다. 井上佑司, 行爲無價値と過失理論, 成文堂,
1970. 79面以下. 또 소극적 인정설로 平野教授는 신뢰의 원칙은 과실범의 일반
적인 성립요소를 명시적으로 표현한 것에 불과하고, 특별한 원칙 내지 요건을
이루는 것은 아니라고 하였다(平野龍一, 刑法總論, Ⅰ 有裵閣, 1972. 197面 以下).

(2) 우리나라에서의 신뢰의 원칙의 채택과정

1) 불신의 원칙의 채택

근대 형법의 계수는 일본에 의해 이루어졌고, 일제식민지시대 판례에서는 불신의 원칙이 지배하였다. 조선고등법원 판례는 "운전수로서 업무상 필요한 주의를 태만하여 사람을 상해한 때에는 피해자의 과실 유무를 불문하고 형법(구) 제211조의 죄책을 면하지 못한다"고 규정하고 있다.[338] 또한 "형법(구) 제211조 소정의 죄의 성부는 하나의 발생한 사고가 당해 업무자의 업무집행상의 과실에 기인하는 것이냐 아니냐에 의하여 결정할 것이며 피해자의 과실 유무는 본죄성립의 조건이 아니다"[339]고 하여 과실범의 취급상 엄격한 태도를 취해 왔고 나아가 불신의 원칙에 입각한 판례도 보이고 있다.

즉 건널목 부근에 4~5세의 유아가 있는 경우에 기차 운전수의 주의의무에 관한 조선고등법원 1933. 9. 11. 판결 중에서 이와 같이 건널목 부근의 유아 때문에 기차의 감속을 해야 함으로써 고속도 교통기관의 목적에 부응치 못한다 하여도 현재 사람의 생명·신체가 위해를 입을 우려가 있는 상태에 놓여 있는 경우에는 이를 보호하기 위하여 교통의 편익을 다소 희생하는 것은 부득이한 바로서 단순히 운전시간 준수를 위하여 사람의 생명신체의 위해 방지에 필요한 주의의무를 면제할 이유는 없다고 판시하여 신뢰의 원칙을 인정하는 오늘날의 태도와는 반대의 태도를 보이고 있었다.

---

338) 朝高判 1926. 1. 21. 刑集 13卷 1面.
339) 朝高判 1926. 7. 21. 刑集 25卷 719面.

2) 판례의 변화

그 후 이와 같은 판례의 엄격한 태도는 궤도 사이의 교통수단에서부터 완화되었다. 이하에서는 신뢰의 원칙이 적용되는 과정에서의 주요판례를 유형별로 살펴보면 다음과 같다.

① 서행하는 기관차에 승차 시 주의의무를 태만하여 실족사한 경우

1957년 2월 22일 대법원판결은 역구내에서 기관차의 입환작업을 하던 중 조수가 서행하는 기관차에 올라타려다가 실족하여 사망한 사건에 관하여 피해자는 기관차조수로서 자신이 기관차의 속력, 기관차에 올라탈 수 있는가에 대한 판단 등을 감안하여 올라탈 수 있는 시기와 장소를 정할 수 있다 할 것이다. 그 승하차에 기관사인 피고인이 일일이 기관차를 정지 또는 서행치 아니하였다고 하여 업무상 필요한 주의의무를 다하지 않았다고 할 수 없고, 기록에 의하여 당시의 사정을 종합하면 본 사고는 피해자의 과실에 기인하여 발생한 것임을 알 수 있다고 판시하였는바[340] 이것이 신뢰의 원칙만을 적용하여 피고인을 무죄로 한 것이라고는 할 수 없으나 공동작업에 종사하고 있는 다른 사람의 역할에 대한 신뢰를 피고인의 업무상 주의의무를 결하게 하는 하나의 요소로 파악하고 있다는 점에서 주목할 만하다.

② 철로상에서의 열차와 사람이 충돌한 경우

1957년 10월 18일 대법원 판결은 차단기를 내렸는데 통행인이 철로상에 들어와 열차와 충돌하여 사망한 사안에 대하여 과실은

---

340) 大法院刑事判例原本集, 915集 235面.

통행인에게 있고 차단기 간수인에게는 없다고 판시하였다.[341] 이와 같이 판례는 궤도상에서 그 태도의 변화를 보였고 그 밖에 일반도로상에서도 '자동차 운전수가 승객이 외관상 위험성이 인식되지 않는 인화물질이 들어 있는 보자기를 휴대하고 승차함을 허용하였다 하더라도 업무상 주의의무를 해태하였다고 할 수 없다[342]고 하였다.

③ 맞은편에서 좌회전하면서 충돌한 경우

불조심 강조 기간 선전 및 가두방송을 하면서 각자의 간격을 5미터로 하고 시속 16킬로미터로 질서 정연하고 조심성 있게 행진하는 소방차동차 대열에 반대방향에서 오는 시내버스의 뒤쪽에서 자전거에다 함석 20장을 싣고 오던 피해자가 갑자기 뛰어들면서 좌회전 하려한 경우에 피고인은 동인에게 요구된 업무상 주의의무를 다한 것이라[343]고 보았다.

④ 화물차 적재함에 뛰어오르다 사고가 난 경우

화물차의 운행 도중에 사람이 그 적재함에 뛰어 올라타는 것은 통상 있을 수 없는 일이므로 이를 예견할 수 있는 특별한 사정이 없는 한 운전자에게 이를 방지할 업무상의 주의의무는 없다[344]고 하였다.

이러한 일련의 판례들은 아직 뚜렷하게 신뢰의 원칙에 입각한 것으로 보기는 어렵고 다만 피해자의 과실이 가해자의 과실에 비

---

341) 大法院刑事判例原本集, 917集 723面.
342) 대판 1959. 12. 18., 4292형상538.
343) 대판 1968. 6. 25., 68도676.
344) 대판 1970. 12. 29., 70도2535.

하여 중대한 경우에는 허용된 위험의 법리하에 그 위험을 교통관 여자 상호간에 분배한다는 취지를 벗어나지는 못한 것이라고 판단된다.

그 이후 신뢰라는 용어를 사용한 판례가 나타났는데, 이 판례에서 대법원은 "같은 방향으로 달려오는 후방 차량이 교통법규를 준수하여 진행할 것이라고 신뢰하여 우측전방에 진행 중인 손수레를 피하여 자동차를 운행하는 운전자로서는 후방에서 오는 차량의 동정을 살펴서 동 차량이 무모하게 추월함으로써 야기될지도 모르는 사고를 미연에 방지하여야 할 주의의무까지 있다고 볼 수 없다"고[345] 하여 신뢰라는 용어를 명시적으로 사용함으로써 신뢰의 원칙을 공식적으로 인정했다는 점에서 중요한 의미가 있다.

3) 신뢰의 원칙의 채택

우리나라의 경우 신뢰의 원칙은 1950년대 말경에 싹트기 시작했다고 볼 수 있다.[346] 종래의 학설이나 판례는 과실범의 취급에 있어서 엄격한 태도를 취해 왔다. 그러나 이러한 견해는 교통의 발달로 인한 교통사정의 변화로 완화되었다. 대법원은 일반도로상의 교통사고에 있어서도 '신뢰'라는 용어를 사용하면서 이 원칙을 채용하고 있다. 이하에서는 신뢰의 원칙이 우리나라의 판례상 어떻게 채택되어 왔는지 살펴보고 신뢰의 원칙을 적용하여 과실을 부정한 판례와 신뢰의 원칙을 부정하여 과실을 인정한 판례에 대해 살펴보기로 한다.

---

345) 대판 1970. 2. 24., 70도176.
346) 신뢰의 원칙을 최초로 적용한 판례는 기관조수견습생이 잘못하여 야기한 사고에 있어서 기관사에게 신뢰의 원칙을 적용하여 업무상과실치상죄를 부정한 사례이다. 대판, 1957. 2. 21., 4289형상330.

① 고속도로상에서의 장애물을 피하려다 사람을 치상케 한 경우

피고인이 고속도로 우측에 야산이 있어 그 산을 우회하기 위하여 노면이 우측으로 완만하게 회전한 곡각 지점에서 시속 약 120킬로미터로 달리면서 회전하는 순간 주행선상 약 40킬로미터 지점에 노변의 보수를 위하여 쌓아둔 모래 무더기를 발견하고 당황하여 차체를 추월선으로 진입시켰으나 과속으로 미처 핸들을 우측으로 회전시키기 전에 차체가 중앙분리대에 충격하자 다시 차체를 급히 우회전시키는 바람에 그곳에서 일하던 사람을 치상케 한 사건에서 자동차전용의 고속도로상에서는 통상의 경우 그 주행선상에 장애물이 나타나리라는 것을 예견할 수 있는 것이 아니므로 구체적으로 위험을 예견할 수 있는 사정이 없는 한 고속도에서 자동차를 운행함에 있어서는 일반적으로 감속, 서행하여야 할 주의의무가 있다고 할 수 없다고 판시하였다.347) 이 판결은 너무 예견가능성의 점에 국한시켜서 보려는 느낌이 있으나 고속도로상에 있어서는 특별한 위험 표시가 없는 한 노변보수를 위한 모래무더기 같은 장애물이 나타나지 않으리라고 신뢰해도 좋다고 판시한 것으로 신뢰의 원칙을 전제로 한 사고방식이 잠재한 것으로 해석된다.

② 뒤따르던 차량의 추월로 인한 차량사고의 경우

피고인은 전방 우측으로 손수레 3대가 일렬로 진행하기에 이를 피하여 도로 중앙선을 약간 침범하여 일정간격을 두고 진행하던 중 피고인의 차를 뒤쫓아오던 상피고인이 그곳 도로는 협소하여 추월을 할 수 없는 곳인데도 피고인의 차를 추월하여 맞은편에서

---

347) 대판 1971. 5. 24., 71도623, 대판 1981. 12. 8., 81도1808.

오던 피해자를 발견하고 급좌회전하다 가로수에 충격되면서 그 반동으로 피해자를 넘어뜨려 사망한 사건에서 피고인이 적절하게 교통법규를 준수하여 진행할 것이라는 신뢰하에 우측전방에 진행 중인 손수레를 피하여 자동차를 운전한 것이므로, 중앙선을 약간 침범하였다 하더라도 도로교통법 소정의 책임을 짐은 별론으로 하고 상피고인의 차량이 무모하게 추월함으로써 야기될지도 모르는 사고를 미연에 방지하여야 할 주의의무까지 있다고는 볼 수 없다고 판시하였다.[348]

③ 교차로에서 신호위반한 차량과의 충돌사고의 경우

사고피고인이 네거리에 설치된 신호등의 빨강의 정지신호를 일단 정지했다가 푸른 신호로 바뀌었으므로 차를 진행하였다. 그때에 좌측 도로에서 차를 발견하였으나 빨강으로 신호가 바뀌었으므로 그것에 따라 그 차는 정지할 것이라고 믿었으나 그 차는 정지 신호를 무시하고 네거리를 횡단하려고 하였으므로 피고인의 차와 충돌한 사안에서 피해자의 차량이 신호대기선을 넘어 피고인 차량의 전면을 가로질러 위 네거리를 횡단하려는 의도 아래 계속 진행하여 온다는 것은 결코 쉽게 예상할 수 없으므로 피고인에게 피해자의 차량이 신호대기선을 넘어 계속 진행하여 올 것을 사전에 예견하고 이에 대한 사전조치를 강구할 것을 기대할 수 없다[349]고 하였다.

④ 우선 신호를 무시한 차량과의 충돌사고의 경우

교통정리가 행하여지고 있지 않은 교차로에 넓은 도로로부터 진

---

348) 대판 1970. 2. 24., 70도176.
349) 大法院 判決集 1刑 37面.

입하는 통행의 우선순위를 가진 운전자는 이와 교차하는 좁은 도
로로부터 진입하는 차량이 교통법규에 따라 적절한 행동을 취하리
라고 신뢰한다고 할 것이므로 그와 같은 기대, 신뢰하에 상당한 주
의를 한 이상 상대 차의 부주의로 야기된 충돌사고로 업무상과실
치상의 죄책을 물을 수 없다[350]고 보았다.

3. 신뢰의 원칙의 법리적 검토

(1) 체계적 지위

신뢰의 원칙은 과실범에 있어서 객관적 주의의무의 한계를 설정
하는 실질적이고 구체적인 기준을 정하는 하나의 원칙으로서 '허용
된 위험의 법리', '사회적 상당성' 및 '위험의 적절한 분배 원칙'과
관련하여 이해하는 것이 일반적이다.

신뢰의 원칙의 체계적 지위에 관하여는 객관적 주의의무 자체의
체계적 위치에 따라 결정된다. 즉 객관적 주의의무를 구성요건의
문제로 해석하여 신뢰의 원칙도 구성요건배제사유로 파악하는 입
장[351]과 허용된 위험의 법리는 실질적인 이익형량의 문제로 위법성
에 위치시키는 것이기 때문에 신뢰의 원칙도 당연히 위법성의 단
계에서 해석하는 견해로 나뉘진다.

그러므로 신뢰의 원칙은 객관적 주의의무를 구체화하기 위한 방
법의 원칙[352]이라는 것이 다수의 견해를 차지하고 있다. 결국 객관

---

350) 대판 1990. 2. 9., 89도1774.
351) Welzel, Das Deutsche Strafrecht, 11, Aufl., S.134.
352) 木村靜子, 過失犯における信賴の原則, 藤目編, 判例と學說 7・刑法 Ⅰ(總論),
　　　日本評論社, 1977, 226面.

적 주의의무의 내용을 둘러싼 대립을 배경으로 신뢰의 원칙은 예견가능성 내지 예견의무의 한정인가 결과회피를 한정하기 위한 문제인가의 논쟁으로 귀결된다. 이를 살펴보면 그 첫째는 고전적 범죄체계하에서 과실을 책임요소로 파악하는 입장에서는 신뢰의 원칙은 예견가능성을 부정하거나 한정하는 성격을 가진다고 하는 견해이다. 이 견해는 다시 객관적 예견가능성설과 예견가능성 중에서 사실적·자연적 예견가능성에서 형법적 가치가 있는 예견가능성을 선별하는 원리로 보는 견해로 나누어지는데, 오늘날 과실의 개념을 구성요건요소로 보는 학설이 지배적인 견해로 자리잡은 시점에서 신뢰의 원칙을 단지 책임요소로서의 예견가능성에 한정한다고 보기는 어렵다.

둘째로 과실범을 구성요건요소로 보는 범죄체계하에서 주장되는 것으로서 신뢰의 원칙은 주의의무를 제한하는 기능을 가진다고 하는 견해이다. 이 견해는 다시 주의의무의 내용 중에서 결과회피의무를 제한할 뿐이라는 견해 및 예견의무와 결과회피의무를 모두 제한하는 기능을 가진다고 해석하는 견해와 신뢰의 원칙은 행위자 자신이 규칙을 준수할 것을 요구하고 있다는 관점에서 내적 주의의무의 이행을 전제조건으로 하여 외적 주의의무에 제한을 가해주는 하나의 척도가 된다고 보는 견해로 나누어진다. 이는 과실범에 있어서 주의의무를 어떻게 파악하는가에 따라서 구별되는 것이지만 앞의 학설들은 신뢰의 원칙을 적용하는 데 있어 실제로 차이가 없다.

결론적으로 앞의 학설들은 행위개념의 목적성이나 사회적 의미성이라는 모호한 기준을 근거로 분류하는 것인데, 이러한 해석에 반대되는 소극적 구분(한계)기능으로서 파악하는 경우, 즉 구성요건 이전의 단계에서 행위를 별개로 논할 필요 없이 개별 평가단계에서 — 특히 구성요건 단계에서 — 문제되는 행위의 의미를 살피는 이론으로 과실을 평가하는 경우에는 허용된 위험의 문제는 항상

구성요건·위법성·책임의 단계에서 검토되게 된다. 따라서 신뢰의
원칙이 허용된 위험의 구체화된 경우로 객관적 주의의무를 제한할
때에는 근래에 주장되고 있는 바와 같이 허용된 위험을 객관적 귀
속의 일척도로 편입하여 신뢰의 원칙을 자연히 객관적 귀속의 일
척도로 보아 구성요건해당성을 배제하는 성격을 갖는다고 보는 것
이 타당하고, 앞서 설명한 바와 같이 객관적 주의의무에 반하지만
행위자에게 법적으로 책임을 가할 수 없는 경우에 허용된 위험이
책임의 평가에도 관계됨과 동시에 이를 구체화한 신뢰의 원칙도
따라서 비난가능성이라는 책임의 판단에도 작용하게 된다고 보아야
할 것이다.

(2) 신뢰의 원칙의 적용요건

1) 외부적 요건

신뢰의 원칙은 도로교통사정의 변화에 따라 자동차운전자의 주
의의무부담의 경감합리화를 위하여 등장한 이론이다. 그렇기 때문
에 신뢰의 원칙을 적용하기 위해서는 여러 가지 교통환경적 요건
이 필요하다.[353)]

첫째, 자동차의 신속·원활한 교통의 필요성이다. 현재와 같이
자동차 수가 많고 고속화하여 그것이 일상생활상 필요불가결한 것
이 된 때에는 고속도 교통기관의 신속·원활화로 인하여 얻어지는
이익의 보호가 일반 국민의 이익보호와 직결되므로, 자동차운전자
로 하여금 다른 교통관여자의 적절한 행동을 기피하고 자동차를
운전하도록 하지 않고서는 그 고속성을 도저히 확보할 수 없을 것

---

353) 이 세 가지 요건을 객관적 요건 내지 외부적·실질적 요건이라고 한다. 山中敬
一, 信賴の原則, 現代刑法講座 第3卷, 成文堂, 1982, 81面.

이다. 따라서 신뢰의 원칙을 적용하기 위해서는 무엇보다도 먼저 고속도 교통기관의 발달과 그에 따른 사회적 조건이 전제되어야 한다.

둘째, 위험분배를 전제로 한 도로의 정비,[354] 신호기의 설치, 교통안전시설의 확충 등 교통환경의 정비가 필요하다.[355] 예컨대 보도와 차도가 구별되고 교차로 기타의 장소에서 신호기가 설치되어 있고 횡단보도와 육교 등이 제대로 설치되면 자동차 운전자는 다른 교통관여자의 적절한 행동을 기대할 수 있는 범위가 확대될 것이다.

셋째, 교통문화의 정착이 요구된다. 즉 교통교육, 교통도덕의 보편화에 의하여 일반교통관여자가 교통질서에 반하는 부적절한 행동을 취하는 것이 희박한 단계에 있어야 한다.

그런데 객관적 요건에서 중요한 것은 이들 세 가지 요건 외에 보다 구체적으로 어떠한 상황이 존재하는 경우에 신뢰의 원칙이 적용될 수 있는가 하는 것이다. 따라서 이들 세 가지 조건은 어떠한 구체적 상황에 있어 신뢰의 원칙이 적용될 수 있는가 하는 객관적 범위를 다루는 데 있어서 선행조건이 될 뿐이다.

2) 내부적 요건

신뢰의 원칙의 적용요건은 객관적 측면에서만 고찰할 것이 아니라, 위의 세 가지 객관적인 기본 전제조건을 바탕으로 하여 행위자 자신에게 어떠한 요건이 구비되어 있는 경우에 그 적용이 가능한

---

354) 도로의 총 연장은 2005년도 말 현재 102,293㎞이고, 이 중 78,587㎞가 포장되어 포장률은 76.8%이다. 포장도로 78,587㎞ 중 4차로 이상의 도로가 19,375㎞로 24.7%를 차지하고 있다. 또한 전체 도로 중 2차로 이하의 도로가 75.3%인 59,212㎞이다. 국토해양부(www.moct.go.kr).

355) 이경호, 과실범의 현대적 조명과 과제, 부산대 박사학위 논문, 1989, 86면 이하.

가라는 것을 검토해 볼 필요가 있다. 이것은 신뢰의 원칙을 적용하기 위한 내부적인 조건으로 그 유형화가 객관적 요건에 비해 용이하고 일반적인 고찰도 가능하다 하겠다. 신뢰의 원칙을 적용하기 위한 주관적 요건[356]은 첫째, 신뢰의 존재, 둘째, 신뢰의 상당성, 셋째, 사고의 원인으로서의 법규위반의 부존재라고 할 수 있다.[357]

왜냐하면 신뢰가 현실적으로 존재하지 않는 경우에는 예견의무 내지 회피의무는 부정될 수 없으며, 구체적인 교통사정을 전제로 하여 그러한 신뢰를 함이 사회 윤리적으로 상당한 경우에 비로소 형법은 가해자의 신뢰를 보호할 뿐이며 이러한 신뢰가 있는 경우에 한하여 사실상 예견가능성이 있음에도 불구하고 결과회피의무의 발생을 부정하는 것이 되기 때문이다.

(가) 신뢰의 존재

신뢰의 원칙이 적용되기 위해서는 타인이 적절한 행동을 취할 것이라는 행위자의 신뢰가 현실적으로 존재해야만 한다. 이러한 신뢰의 존재에 있어서 검토해야 할 문제로 ① 신뢰의 존재 및 신뢰의 정도문제, ② 신뢰의 대상문제, ③ 신뢰의 상대방에 의한 인식의 문제로 나누어 고찰해 볼 필요가 있다.

먼저 신뢰라고 하는 것은 인간의 내면에 속하는 주관적이고 막연한 것이다. 신뢰감은 단순한 예견·예측에 가까운 약한 상태 그리고 다소 의심이 동반된 회의적인 것까지 상당히 광범위한 폭을 지니고 있다.[358] 이러한 의미에서 신뢰는 완전무결한 것까지는 필

---

356) 가해자 자신에게 어떠한 조건이 구비된 경우에 이 원칙을 적용할 수 있는가의 문제라는 점에서 이를 주관적 요건이라고 한다.
357) 西原春夫, 前揭論文, 45~58面, 이경호, 전게논문, 6면 이하.
358) 예컨대 질주하고 있는 자신의 차 앞에 보행자가 돌출하지 않을 것이라고 하는 신뢰는 좁은 소로를 지나고 있는 경우와 고속도로를 지나고 있는 경우와는 다른 것이고 비우선차가 자신의 우선권을 침해하지 않을 것에 대한 우선차의 신뢰는 교차 전에 신호가 있는 경우와 없는 경우에 역시 차이가 있는 것이다. 그

요하지 않다고 하더라도 상당한 정도의 신뢰 더 나아가서는 무의
식적인 예측이라는 형식을 취한 것에 지나지 않은 정도의 신뢰는
최소한 존재하여야 한다. 따라서 객관적으로는 신뢰의 원칙을 적용
할 수 있는 상황이 존재하더라도 가해자에게 미필적이라도 결과발
생에 대한 고의가 존재하는 경우에는 미필적 고의가 성립하게 될
것이고 또한 가해자에게 타인의 적절한 행동에 대한 적극적인 불
신이 존재하는 것과 같은 경우에는 인식 있는 과실이 성립하게 될
것이므로 이러한 경우에는 타인의 적절한 행동에 대한 신뢰 그 자
체가 존재하지 않는 것으로 될 것이다.[359]

다음으로 신뢰의 대상은 교통질서가 신뢰의 대상임을 알 수 있
다. 그러면 신뢰의 대상인 교통질서란 교통관여자에게 상호 신뢰의
대상이 되는 것으로 평균인의 의식 속에 알려져 있고 유효한 힘을
지닌 규칙이라고 할 수 있다. 이러한 교통관여자가 교통법규에 따
라서 적절한 행동을 취할 것을 신뢰할 것을 신뢰의 대상으로 한다.

마지막으로 신뢰의 대상과 관련하여 신뢰의 상대방이 이미 행위
자가 인식하고 있는 자에 한하는가 아니면 아직 보이지 않는 자도
포함하는가이다. 이에 대해 세 가지 학설이 대립되고 있다.[360]

제1설은 행위자의 신뢰는 상대방의 구체적인 행동의 존재를 전
제로 한 것이기 때문에 그 상대방은 구체적인 장소에 등장한 자인
것을 요하고 아직 눈앞에 나타나지 않는 자는 포함하지 않는다는

러나 어느 경우에도 주관적 사실로서의 신뢰는 존재하는 것이고 다만 그 정도
의 차이가 있을 뿐이다.

359) 예컨대 혼잡한 상점로를 보행 중인 상황에서 자동차 운전자는 보행자가 어쩌면
도로 가운데로 나올지 모른다는 사실을 인식은 하면서도 자신의 운전능력으로
는 충분히 충돌을 피할 수 있다고 생각하는 경우 신뢰는 존재하지 않으며, 우선
도로를 주행 중인 자동차 운전자가 비우선 도로와의 교차점에서 그 비우선 도
로로부터 교차점으로 진입하려는 어떤 자동차를 미리 발견하였으나 이렇게 충
돌하면 대향차에게 책임이 있으므로 충돌하여도 좋다고 생각하고 감속 없이 직진
하여 사고가 난 경우에는 타인의 적절한 행동에 대한 신뢰는 존재하지 않는다.

360) 강영철, 신뢰의 원칙에 관한 연구, 중앙대 박사학위논문, 1986, 139면 이하.

견해이다. 즉 신뢰가 존재한다고 하기 위해서는 일반적인 신뢰가 아니라 구체적인 신뢰의 존재를 요하므로 적어도 신뢰의 상대방의 존재만은 인식하고 있어야 한다는 견해이다. 제2설은 타인의 적절한 행동에 대한 신뢰라고 할 경우의 그 행동이라는 것은 결국 현실적으로 존재하는가 안 하는가를 묻지 않고 관념의 세계에 있는 추상적인 행동인 것이며 더욱이 사고의 발생에 이르는 각종 양태의 행동을 포함한 포괄적인 것이기 때문에 그것에 대한 신뢰는 이미 모습이 인식된 자나 모습이 인식되지 아니한 자 모두 신뢰의 상대방이 될 수 있다는 견해이다.

제3설은 교통사고의 유형을 차량 대 차량의 사고와 차량 대 보행자의 사고로 구분하여, 전자의 경우에는 신뢰의 대상이 되는 상대방 차량의 존재를 이미 인식하고 있었는가에 관계없이 신뢰의 원칙을 적용할 수 있지만, 후자의 경우에는 가해 차량의 운전자가 미리 보행자의 존재를 인식하고 그가 신뢰할 수 있는 보행자인가 아닌가를 확인한 후가 아니면 신뢰의 원칙을 적용할 수 없다는 것으로, 차량 대 차량의 사고에 있어서 아직 모습이 인식되지 않은 자도 신뢰의 상대방이 될 수 있으나, 차량 대 보행자의 사고에 있어서는 아직 모습이 인식되지 않은 보행자는 신뢰의 대상으로 될 수 없다는 견해이다.[361]

생각건대 신뢰의 대상인 행동의 주체란 현실적으로 사고가 발생하기 이전의 개념으로 행위자가 이미 인식하고 있을 필요는 없고

---

[361] 신뢰의 원칙을 적용하여도 대부분의 판례는 피해자의 존재 및 행동을 인식한 자에 한하여 신뢰의 원칙을 적용하고 있지만, 그것은 그러한 사안이 과실범 중에 다수이기 때문에 반드시 그러한 경우에만 신뢰의 원칙이 적용을 한정하고 있는 것은 아니다. 예컨대 교차점으로부터 돌연 우선 도로에 침입하여 왔던 비우선차에 우선 차가 충돌했다는 사례(BGHSt, 7, 118)나 정차하고 있는 버스의 배후로부터 갑자기 보행자가 차도로 뛰어 나왔음에도 주행 중인 자동차에 충돌했다고 하는 사례(BGHSt, 13, 169) 등 많은 경우에 독일 판례는 행위자가 피해자를 미리 인식하고 있지 않음에도 명시적으로 신뢰의 원칙을 적용하고 있다.

인식 가능한 포괄적인 상대방이라고 할 수 있으므로 제2설이 타당하다고 하겠다.

(나) 신뢰의 상당성

전술한 바와 같이 신뢰의 원칙이 적용될 수 있기 위해서는 타인의 적절한 태도에 대한 신뢰가 있어야 하나, 신뢰가 존재하더라도 이때의 신뢰가 행위자의 자의에 기한 판단일 뿐이고 당해 구체적인 사정에서 보아 사회적 상당성을 지니지 못하면 신뢰의 원칙은 적용될 수 없을 것이다.

왜냐하면 신뢰의 원칙은 타인의 적절한 행동에 대한 가해자의 신뢰를 보호하여 그의 주의의무 부담을 경감·합리화하려는 데 그 목적이 있다고 할 수 있겠지만, 그렇다고 하여 가해자의 모든 신뢰를 보호한다는 의미는 아니고 구체적이지만 교통사고를 전제로 하여 그러한 신뢰를 하는 것이 사회윤리적으로 보아 상당한 경우에 비로소 형법은 가해자의 신뢰를 보호하게 되는 것이기 때문이다. 따라서 타인의 적절한 행동에 대한 가해자의 신뢰가 존재하더라도 그 신뢰가 형법적인 입장에서 보아 사회생활상 당연하다고 판단되는 신뢰가 아니면 신뢰의 원칙의 적용은 배제될 것이다.

신뢰의 상당성과 관련하여 다루어져야 할 것은 피해자가 이미 교통질서를 위반하고 있고 가해자 측에서 그 위반을 이미 인식하고 있었던 경우에 신뢰의 원칙을 적용하여 가해자의 과실을 부정하는 것이 상당한가 하는 문제이다.

독일의 판례를 보면 "타인의 교통위반의 태도가 신뢰의 원칙을 배척하는 경우는 그 타인의 태도로부터 일반적인 교통부적격이 인식될 수 있는 경우라든가 또는 현재 행해지고 있는 실수로부터 이것과 이어진 그 이상의 교통위반이 예견될 수 있는 경우에 한한다"고[362] 하여 교통관여자가 경솔·부도덕성이 현저한 교통부적격자이

든가 재차 새로운 교통위반을 범할 것이 예견된 경우를 제외하고
는 신뢰의 원칙을 적용할 수 있음을 인정하고 있다. 그러나 이러한
독일판례의 입장을 우리나라 현행 교통 사정하에서 인정한다면 개
인의 생명, 신체, 재산에 커다란 희생을 초래할 위험성이 크므로
다른 교통관여자가 교통법규에 위반하여 다른 위험한 행동으로 나
올 것을 예견하고 있지 않은 경우에만 신뢰의 원칙이 적용될 수
있고, 피해자가 교통법규에 위반하고 다른 위험한 행동으로 나올
것을 가해자 측에서 이미 인식하고 예견했던 경우에는 적용될 수
없다고 하는 것이 타당하다.

(다) 사고원인으로서의 교통법규위반의 부존재

신뢰의 원칙의 적용여부와 관련하여 가해자 자신은 교통법규를
위반하면서 타인의 교통질서에 따른 행동을 취하리라고 신뢰하는
것이 상당하다고 볼 수 있겠는가 라는 문제이다. 즉 가해자 자신에
게 교통법규위반이 있을 경우에도 여전히 신뢰의 원칙이 적용할
수 있는가이다. 만약에 신뢰의 원칙을 적용할 수 있다면 가해자의
교통법규위반이 어느 정도일 경우에 신뢰의 원칙이 적용이 가능한
가에 대해서 검토해 보아야 한다.

이 문제에 대하여는 세 가지 학설이 대립한다. 제1설은 스스로
교통법규에 위반한 자는 신뢰의 원칙을 적용할 수 없다는 견해[363]
이고, 제2설은 행위자에게 교통법규위반이 있고 위반사실과 사고
간에 인과관계가 있을지라도 ① 행위자의 위반이 다른 교통관여자
로 하여금 이미 기정사실로 되어 있는 경우, ② 자기에게 위반이
있든지 없든지 간에 무릇 상대방의 적절한 행동을 신뢰하는 경우

---

362) BGHSt, 34, 356.
363) Jescheck, Lehrbuch des Strafrechts, AT, 2. Aufl., S.439, Welzel, Das Deutsche
　　　Strafrecht, 11. Aufl., S.133.

에는 신뢰의 원칙이 적용된다는 견해[364]이고, 제3설은 신뢰의 원칙
은 사회적 상당행위의 하나의 유형으로써 적용되는 것이므로 사고
의 원인으로 된 위반행위가 인정될 수 있는 이상 사회적으로 상당
하게 되어 신뢰의 원칙은 적용될 수 없다는 견해[365]이다.

일본의 판례는 가해자의 교통위반이 결과의 발생에 대하여 원인
관계에 있는 경우에도 신뢰의 원칙의 적용을 인정하는 태도를 취
하고 있으며[366] 우리나라 대법원 판례 중에도 가해자의 교통법규위
반이 있어도 그것이 사고의 직접적인 원인이 아닌 경우에는 신뢰
의 원칙을 적용하여 가해자의 과실을 부정한 판례가 있다.[367] 그러
나 이 경우 신뢰의 원칙을 적용하지 않는 것이 타당하다. 왜냐하면
행위자의 법규위반으로 인한 결과발생의 경우 결과 발생과 주의의
무 위반은 인과관계가 인정되기 때문이다.

4. 신뢰의 원칙의 적용한계

신뢰의 원칙은 모든 교통관여자가 교통규칙을 준수할 것을 신뢰
할 수 있는 정상적인 관계를 전제로 한다. 따라서 이러한 신뢰관계
를 기대할 수 없는 특별한 반대사정이 있는 때에는 신뢰의 원칙은
적용될 수 없게 된다. 판례에 있어서 신뢰의 원칙을 적용하기 위해
서는 다시 이 원칙의 적용을 부정하고 가해자의 과실을 긍정하는
사안도 검토되어야 한다. 신뢰의 원칙은 특별한 사정이 있는 경우
적용될 수 없다고 보고 있다. 신뢰의 원칙을 적용할 수 없는 특별

---

364) 西原春夫, 交通事故と過失の認定, 成文堂, 1980, 128面.
365) 三ッ木建益, 交通法則の過失に違反した車輛運轉者と信賴の原則, 法律のひろば
    24卷 4號 54面.
366) 日最判, 1967. 10. 13., 最高刑集, 21卷, 8號, 1099面.
367) 대판, 1970. 2. 24., 70도176, 대판 1980. 2. 12., 79도3004.

한 사정으로서는 다음과 같다.

(1) 결과발생을 인식할 수 있는 경우

행위자가 이미 상대방의 규칙위반을 알고 있었던 경우는 신뢰의 원칙이 제한된다. 예컨대 수십 미터 전방 맞은편에서 중앙선을 침범하여 들어오는 차량을 발견한 운전자는 결과발생을 방지할 적절한 행위가 요구되므로 신뢰의 원칙이 적용될 수 없고[368] 빗물로 노면이 미끄러운 고속도로에서 진행전방의 차량이 빗길에 미끄러져 비정상적으로 움직이고 있다면 앞으로의 진로를 예상할 수 없는 것이므로, 그 차가 일시 중앙선을 넘어 반대차선으로 진입되었더라도 노면의 상태나 다른 차량 등 장애물과의 충돌에 의하여 원래의 차선으로 다시 미끄러져 들어올 수 있으므로, 그 후방에서 진행하고 있던 차량의 운전자로서는 이러한 사태에 대비하여 속도를 줄이고 안전거리를 확보해야 할 주의의무가 있다[369]고 하였다. 본 판례는 노면이 미끄러운 고속도로를 운행하는 운전자는 여러 제반사정을 고려하여 앞서 가던 차량이 미끄러져서 다시 제 차선으로 돌아올 수 있다는 것을 미리 예상할 수 있었음에도 이를 게을리 하여 사고가 발생한 경우에는 운전자의 과실을 인정하고 신뢰의 원칙의 적용을 배제한 것이라고 할 수 있다.[370]

---

368) 특수반대사정의 발생시점에 관한 구체적 판례로는 대판 1990. 1. 23., 89도1395, 대판 1990. 4. 24., 89도257.

369) 대판 1990. 2. 27., 89도777.

370) 이와 유사한 판례로 "부득이한 사정으로 할 수 없이 중앙선을 침범한 경우에는 교통사고처리특례법 제3조 제2호의 중앙선 침범에는 해당하지 아니한다 할 것이나 피고인이 고속도로의 주행선을 진행함에 있어서 비가 내려 노면이 미끄러웠고 추월선상에 다른 차가 진행하고 있었음에도 속도를 더 줄이고 추월선상에 다른 차량의 동태를 살피면서 급히 급제동할 수 있는 조치를 취해야 할 주의의무를 게을리 하여 추월선상의 차량이 피고인의 차선으로 갑자기 들어오는 것을 피하다가 빗길에 미끄러져 중앙분리대를 넘어가 반대편 추월선상의 자동차와

이 경우에는 그 이전까지는 잠정적으로 예정되어 있었던 타인의 관할이 이제 행위자에게도 현실적으로 지배조종이 가능한 영역으로 새로이 등장하게 된다. 즉 이때에는 행위자 스스로 전체의 업무를 관장하게 하는 것이 개별적으로 업무를 분배하는 것보다 사회적 질서유지에 훨씬 더 효율적이며 나아가 행위자 개인에게도 자신의 작업수행에 더 많은 장점을 약속해 주기 때문에 행위자 단독으로도 지배조종이 가능한 한도 내에서 신뢰의 원칙은 배제된다.

(2) 상대방의 교통법규준수를 신뢰할 수 없는 경우

장애자나 노약자, 명정자, 연소자와 같은 상대방은 교통규칙을 알 수 없거나 준수할 가능성이 매우 낮다. 따라서 이러한 자에 대해서는 신뢰의 원칙이 적용될 수 없다. 다만 이러한 경우에도 원활한 도로교통을 위하여 독일 연방법원판례가 적절히 지적하고 있는 바처럼, "모든 나이가 많은 보행자가 아니라 단지 아주 연로하거나 허약한 사람임을 외견상 인지할 수 있을 때에만 그(보행자)의 부주의한 행위가능성을 염두에 두어야 한다"371)고 할 것이다. 그 외에 다른 교통참여자가 음주운전자라는 사실을 알고 있는 경우에는 음주 운전자가 정상적인 운행을 할 것이라고 기대할 수 없기 때문에 신뢰의 원칙을 적용할 수 없으며, 교통사고 다발지역의 표지가 있거나 평소 보행자가 많아서 서행해야 하는 곳에서도 교통법규를 준수하여 운행하던 행위자가 위의 사정들을 충분히 인식(회피)할 수 있었다면 신뢰의 원칙은 적용되지 않는다. 예컨대 버스정류장이나 초등학교·유치원과 같은 장소에서도 신뢰의 원칙은 제한된다.

충돌한 경우에는 업무상과실치상죄 및 도로교통법 제108조 위반의 범죄를 구성한다"고 판시하였다(대판 1991. 1. 15., 90도1918).
371) BGHSt 17. 204.

시내버스정류장 부근과 같은 곳에서는 운전자는 왕래하는 보행자뿐만 아니라 도로를 건널 때 무분별하게 횡단하는 사람까지도 고려하여 그에 대한 조치를 적시에 취할 수 있어야 한다. 왜냐하면 경험칙상 시내버스는 교통에 익숙지 못한 노인 또는 어린아이 등과 같은 사람들이 주로 이용하는 것이고, 그들은 차도에 들어설 때에도 오가는 자동차에 대해 항시 요구되는 주의력을 다할 수 있는 것은 아니기 때문이다.

(3) 스스로 교통법규를 위반한 경우

교통규칙을 스스로 위반하여 운전한 경우에는 신뢰의 원칙이 제한된다. 스스로 교통규칙을 위반한 운전자는 타인에 대하여 적법한 행위를 기대할 수 없으므로 신뢰의 원칙을 주장할 수 없다.[372] 신뢰의 원칙은 객관적 주의의무의 한계만을 설정해 줄 뿐, 타인의 주의를 신뢰하여 행위자 스스로 객관적 주의의무를 위반하여 행위해도 좋다는 것을 의미하지는 않기 때문이다.[373] 그러나 이와 관련하여 행위자의 규칙위반이 결과발생의 결정적 요인이 아닌 때에는 정황에 따라 신뢰의 원칙이 인정될 수 있다는 견해가 있다. 판례도 같은 취지로 판시하고 있다. 예컨대 제한속도를 초과하여 과속으로 운전한 경우라 하더라도 신뢰의 원칙을 적용하여 과실을 부정한 경우가 있다.[374] 이들 판시 내용을 종합해 보면 피고인의 운행은 그것이 신뢰할 수 있는 상황 아래에서의 운행인 이상 신뢰의 원칙은 적용된다는 것이다. 그 과속이 도로교통법위반에 해당함은 별론

---

372) 이재상, 형법총론, 174면.
373) 배종대, 형법총론, 59면.
374) 대판 1975. 1. 13., 74도1214. 교통법규를 준수하더라도 결과가 발생할 것이 틀림없는 경우 신뢰의 원칙의 적용가능성을 인정한 듯이 보인다.

으로 하고 과속과 교통사고의 발생 사이에 상당인과관계가 없다고 하여 인과관계의 문제로 해소하고 있다. 그러나 이러한 경우는 신뢰의 원칙이 적용될 사례가 아니며 객관적 귀속의 관점에서 볼 때 결과발생에 대한 책임(과실책임)을 귀속시키는 것이 옳다고 해야 할 것이다.

5. 우리나라 판례의 구체적 검토

신뢰의 원칙이 적용되는 대표적인 영역은 도로교통이다. 그중 특히 그 적용범위와 관련하여 대법원은 크게 ① 자동차 간의 교통사고, ② 자동차와 자전거와의 교통사고, ③ 자동차와 사람과의 교통사고로 나뉜다.

(1) 자동차 간의 교통사고

자동차 간의 교통사고는 일반적으로 신뢰의 원칙을 인정하고 있다. 즉 교통선행권자는 교통대기권자가 자신의 교통권을 존중하리라는 것, 규정에 따른 운행권자가 맞은편 차량이 자신의 차량을 가로질러 가지 않을 것이라는 것, 모든 교통관여자는 허용된 제한속도를 본질적으로 초과하지 않을 것이라는 것 등이다.

① 중앙선이 있는 일반도로에서 상대방차량이 중앙선을 침범한 경우
중앙선 표시가 있는 직선도로에 있어서 특별한 사정이 없는 한 그 대향차 선상의 차량은 그 차선을 유지운행하고 도로중앙선을 넘어 반대차선에 진입하지 않으리라고 믿는 것이 우리의 경험칙에

합당하다고 할 것이므로 대향차 선상을 달려오는 차량을 발견하였다 하여 자기가 운전하는 차를 정지 또는 서행하거나 일일이 그 차량의 동태를 예의주시할 의무가 있다고 할 수 없다.[375]

② 방향지시등을 켜지 않고 2차선 도로의 1차선상에서 우회전한 경우

방향지시등을 켜지 않은 채 2차선 도로의 1차선상에서 우회전하는 화물차와 같은 방향의 2차선상을 운행하는 승용차가 충돌하여 발생한 교통사고처리특례법위반사건에 있어서 승용차 운전자의 과실을 인정하기 어렵다.[376]

③ 교차로에서 신호를 무시하고 좌회전하는 경우

교통정리가 행하여지고 있지 아니하며 좌우를 확인할 수 없는 교차로에 진입하는 운전자에게 통행의 우선순위와 관계없이 요구되는 주의의무의 내용과 일단 전방 좌우를 살펴 안전하다는 판단하에 먼저 교차로에 진입한 운전자에게 통행의 후순위 차량의 통행 법규위반 가능성까지 예상하여 운전하여야 할 주의의무는 없다[377]고 하여 교차로에 먼저 진입한 운전자는 다른 차량이 자신의 진행속도보다 빠른 속도로 교차로에 진입하여 자신의 차량과 충격할지 모른다는 것까지 예상하고 대비하여 운전하여야 할 주의의무는 없다고 보았다.

---

375) 대판 1984. 2. 14., 83도3086.
376) 대판 1991. 9. 10., 91도1746.
377) 대판 1992. 8. 18., 92도934.

④ 진행신호에 따라 과속으로 진행하는 차의 앞을 가로질러 대
   향차선의 차가 좌회전한 경우

신호등에 의하여 교통정리가 행하여지고 있는 ㅏ자형 삼거리의
교차로를 녹색등화에 따라 직진하는 차량의 운전자는 특별한 사정
이 없는 한 다른 차량들도 교통법규를 준수하고 충돌을 피하기 위
하여 적절한 조치를 취할 것으로 믿고 운전하면 족하고, 대향차선
위의 다른 차량이 신호를 위반하고 직진하는 자기 차량의 앞을 가
로질러 좌회전할 경우까지 예상하여 그에 따른 사고발생을 미리
방지하기 위한 특별한 조치까지 강구하여야 할 업무상의 주의의무
는 없고, 위 직진차량 운전자가 사고지점을 통과할 무렵 제한속도
를 위반하여 과속 운전한 잘못이 있었다 하더라도 그러한 잘못과
교통사고의 발생과의 사이에 상당인과관계가 있다고 볼 수 없다.[378]

(2) 자동차와 자전거 간의 교통사고

① 자동차 전용도로에 자전거를 탄 사람이 나타날 것을 예견할
   수 없다고 본 경우

서울시 소재 잠수교 노상은 자전거의 출입이 금지된 곳이므로
자동차의 운전수로서는 거기에 자전거를 탄 피해자가 갑자기 차도
상에 나타나리라고는 예견할 수 없다고 할 것이다.[379]

② 자전거를 타고 오던 자가 갑자기 도로를 횡단하다가 넘어진 경우
피고인은 제한시속으로 도로 우측 포장부분을 진행하다가 맞은
편에서 도로포장 좌측변을 따라 자전거를 타고 오던 피해자가 피

---

378) 대판 1993. 1. 15., 92도2579.
379) 대판 1980. 8. 12., 80도1446.

고인의 차량과 불과 5, 6미터 정도로 근접하는 순간 갑자기 도로를
횡단하려고 자전거의 핸들을 꺾다가 눈이 내린 노면 중앙부분에서
넘어진 것을 발견하고 급정거조치를 취하였으나 차량이 미끄러지면
서 충돌하였는바, 위와 같은 사실관계 아래서는, 피고인에게 자전
거를 탄 피해자가 5, 6미터 정도의 근접한 거리에서 갑자기 도로를
횡단하여 피고인 차량이 진행하던 도로 좌측 부분으로 진입할 것
을 예상하고 더욱 감속하거나 일단 정지를 하는 등 사고발생을 미
연에 방지할 주의의무가 있다고 보기 어렵다.380)

③ 자전거가 근접한 거리에서 중앙선을 침범한 경우

피고인이 오토바이를 운전하고 자기차선을 진행하다가 근접한
거리에서 대향차선상에서 자전거를 타고 비탈길을 내려오는 피해자
를 발견하였는데(피해자의 진행방향 앞에서 버스 1대가 먼저 통과
한 때문에 근접한 거리에서 발견된 것임) 피해자가 방향조작을 잘
못하여 피고인의 차선으로 침범하여 들어왔다면 그러한 상황하에서
는 피고인에게 자전거가 피고인의 운행차선 전방으로 진입해 들어
올 것까지를 예견해서 감속하는 등 충돌을 방지할 주의의무를 위
반하였다고 탓할 수 없다 할 것이다.381)

④ 야간에 전조등을 켜지 않은 채 차도를 횡단하는 경우

운전자에게 야간에 무등화인 자전거를 타고 차도를 무단 횡단하
는 경우까지를 예상하여 속도를 감속하고 잘 보이지 않는 반대차
선상의 동태까지 살피면서 서행 운행할 주의의무가 있다고 할 수
없다.382)

---

380) 대판 1983. 2. 8., 82도2617.
381) 대판 1984. 4. 24., 84도240.
382) 대판 1984. 9. 25., 84도1695.

(3) 자동차와 보행자 간의 교통사고

자동차와 보행자 사이에도 자동차 운전자에게 신뢰의 원칙을 적용하여 과실을 부정하는 예가 늘고 있다. 대법원이 보행자에 대한 사고에 관하여는 아직 신뢰의 원칙을 폭넓게 적용한다고는 볼 수 없다.[383] 보행자에 대한 사고에서도 이 원칙은 당연히 적용되어야 한다는 견해가 있으나,[384] 오히려 보행자에 대해서는 신뢰의 원칙을 유보해야 된다고 본다.

① 고속도로를 횡단하는 보행자를 충격한 경우

고속국도에서는 보행으로 통행, 횡단하거나 출입하는 것이 금지되어 있으므로 고속국도를 주행하는 차량의 운전자는 도로양측에 휴게소가 있는 경우에도 동 도로상에 보행자(步行者)가 있음을 예상하여 감속 등 조치를 할 주의의무가 있다 할 수 없다.

② 육교 밑을 횡단하는 보행자를 충격한 경우

각종 차량의 내왕이 번잡하고 보행자의 횡단이 금지되어 있는 육교 밑 차도를 주행하는 자동차운전자가 전방 보도 위에 서 있는 피해자를 발견했다 하더라도 육교를 눈앞에 둔 동인이 특히 차도로 뛰어들 거동이나 기색을 보이지 않는 한 일반적으로 동인이 차도로 뛰어들어오리라고 예견하기 어려운 것이므로 이러한 경우 운전자로서는 일반보행자들이 교통관계법규를 지켜 차도를 횡단하지 아니하고 육교를 이용하여 횡단할 것을 신뢰하여 운행하면 족하다 할 것이고 불의에 뛰어드는 보행자를 예상하여 이를 사전에 방지해야 할 조치를 취할 업무상 주의의무는 없다.[385]

---

383) 손동권, 형법총론, 290면.
384) 이재상, 형법총론, 173면.

③ 횡단보도의 신호가 적색인 경우임에도 불구하고 보행자를 충
　　격한 경우

교통이 빈번한 간선도로에서 횡단보도의 보행자 신호등이 적색
으로 표시된 경우, 자동차운전자에게 보행자가 동 적색신호를 무시
하고 갑자기 뛰어 나오리라는 것까지 미리 예견하여 운전하여야
할 업무상의 주의의무까지는 없다.[386]

6. 소결

신뢰의 원칙은 도로교통의 신속·원활화라는 이유에서 도입되었
고 신뢰가 가능한 환경에서만 적용되어야 한다. 신뢰의 원칙이 적
용되기 위해서는 (ⅰ) 도로교통의 신속·원활성, (ⅱ) 도로환경의
정비, (ⅲ) 올바른 교통문화의 정착 등이 전제되어야 할 것이다. 즉
도로교통 환경이 일정 수준에 도달하여야 하는데 우리의 도로교통
환경은 이에 미치지 못한다고 볼 수 있고 우리나라 시민의 교통도
덕과 교통질서는 각종 교통사고통계에서 나타나듯이 아직도 많은
문제점을 안고 있다고 본다. 따라서 일반인의 교통질서에 대한 준
수가 철저하지 못하고 도로환경 등이 아직 수준에 미치지 못한다
면 신뢰의 원칙은 받아들여지지 못할 것이다.

구체적인 신뢰의 원칙의 적용에 있어서도 자동차와 보행자 간에
는 신뢰의 원칙이 신중하게 적용되어야 할 것이다.[387] 이는 운전자
의 안전의식개선과 교통문화의 정착에도 도움이 되리라고 생각된다.

---

385) 대판 1985. 9. 10., 84도1572.

386) 대판 1985. 11. 12., 85도1893.

387) 자동차와 보행자 간에는 신뢰의 원칙이 배제되어야 한다는 견해로 前田雅英,
　　　刑法總論 講義, 東京大出版會, 1998, 348面.

교통과실범의 법제에 관한 개선방안

제4장 교통과실범의 법제에 관한 개선방안

- 제1절 교통범죄의 비범죄화
- 제2절 법제에 관한 개선방안

제1절 교통범죄의 비범죄화

Ⅰ. 서설

비범죄화[388]란 "범죄화에 대칭되는 말로써 종래 형법에 범죄로 규정되어 오던 행위를 사회의 의식·가치관의 변천을 이유로 하여 형법의 규제대상에서 제외시켜 범죄로 하지 않는다"는 것을 말한다.[389] 비범죄화는 형법이 개입하는 것을 가능한 한 억제하여 그 합리적인 형벌권행사의 한계를 현대의 가치의식의 변천에 맞추어 제한하려는 의도에서 나왔다. 그러므로 비범죄화는 형벌구

---

[388] 최근 형사법학계에서는 비범죄화론에 대한 논의가 활발하게 진행되고 있다. 또 그 논의의 대상은 국가마다 필요성에 따라 다소 차이는 있지만, 도박죄·간통죄·약물남용 등 일반형사범으로서 그 범위는 매우 다양하며 교통범죄도 예외는 아니다.

[389] 비범죄화에 대한 연구는 김창군, "비범죄화 정책에 관한 이론적 연구", 박사학위논문, 고려대학교대학원, 1992, 21면 이하, 김창군, "비범죄화의 실현방안", 「형사정책」, 제8권, 한국형사정책학회, 1996, 5면 이하, 임웅, "경미범죄와 비범죄화", 「형사정책연구」, 제2권, 형사정책연구원, 1990, 187면 이하, 김성천, "비범죄화", 「중앙법학」, 중앙법학회, 2004, 303면 이하, kaiser gunther / 김성호 역, "형법과 형사정책에 있어서의 범죄화와 비범죄화", 「동아법학」, 제10권, 동아대학교 법학연구소, 1990, 177면 이하, 김용세, "행정의무위반의 비범죄화 방안에 관한 연구", 「비교형사법연구」, 제5권제2호(특집호), 2003, 3면 이하.

성요건을 필요하고 최소한으로 제한시키기 위한 형법의 보충성 요청을 강화시켜 주는 수단이 되기도 한다.

교통범죄의 비범죄화의 논리는 교통범죄가 단순한 질서위반행위이거나 부주의에 의한 과실행위라는 측면, 또한 자동차가 보편화된 상황에서 누구에게나 일어날 수 있는 일상화된 행위라는 점에서 일반적인 형사범에 비하여 가볍게 처벌해야 된다는 견해이다.[390]

교통범죄는 질서위반, 행정법규위반, 그리고 교통사고범죄로 나누어 볼 수 있다. 사회의 급속한 발전과 함께 교통범죄는 경미범죄와 과실범죄의 측면, 형사사법기관의 효율성이라는 측면에서 비범죄화가 논의되어 왔다.[391] 단순한 질서위반행위와 행정법규위반행위는 경미범죄의 측면에서 과태료를 통한 비범죄화 방안이 제시되고 있으며, 과실에 의한 교통사고범죄는 재산상의 피해나 가벼운 신체적 손상의 경우 민사배상을 통하여 국가가 개입을 자제할 필요가 있다는 견해[392]가 제시되고 있다. 그러나 중과실에 의한 심각한 신체 상해를 입힌 경우에는 국가의 적극적 개입이 필요하다.

---

390) 손동권, "과실에 의한 단순물피사고의 비범죄화", 「교통안전연구논집」, 제20권, 도로교통안전관리공단, 2001, 6면, 손기식, 전게서, 408면 이하.
391) 이러한 비범죄화의 경향에 따라 1983년부터 「교통사고처리특례법」을 통하여 과실로 인한 교통사고에 대하여는 비범죄화 정책이 시도되고 있다. 현행 처리실태를 보면 교통사고범죄에 대하여 행정제재와 형사제재를 함께 부과하고 있다. 이하에서는 「교통사고처리특례법」을 '특례법'으로 약칭한다.
392) 손동권, 전게논문, 8면.

Ⅱ. 교통범죄 비범죄화의 이론적 근거

1. 형벌의 보충성

형법은 사회질서 및 사회통제를 위한 가장 효과적이며 최고의 수단이지만 그 가혹성으로 인하여, 가장 소극적이어야 하고, 보충적이어야 하며 최후의 수단으로 사용되어야 한다는 이중적 성격을 지니고 있다.[393]

형사제재는 민사제재와는 달리 인간의 신체, 자유 등 기본권을 제한한다. 따라서 민사제재나 행정제재에 비해 개인의 피해를 회복하기 힘들다. 이러한 측면에서도 국가형벌권의 행사는 제한되어야 한다. 형법의 보충성 원칙은 헌법 제37조 제2항 단서에서 헌법적 근거를 둔 것이라고 할 수 있으며, 보충성 원칙은 형사제재의 최후 수단성과 비례성을 포함하는 개념이다. 범죄자를 처벌하는 궁극적인 목적은 범죄자를 처벌함으로써 그가 속한 공동체의 질서유지와 국가, 사회 및 개인의 법익보호이다. 따라서 형법의 궁극적 과제 내지 기능은 법익보호에 있다.[394]

이러한 원칙에 따라 국가는 우선적으로 단순히 사회윤리와 도덕

---

[393] 김일수 / 서보학, 「제11판 형법총론」, 박영사, 2006, 16면, 김성돈, 「형법총론」, 현암사, 2006, 12면, 김성천 / 김형준, 「제3판 형법총론」, 동현출판사, 2005, 14면, 박상기, 「재7판 형법총론」, 박영사, 2007, 12면, 배종대, 「제9개정판 형법총론」, 홍문사, 2008, 16면, 이재상, 「보정판 형법총론」, 박영사, 2008, 7면, 이형국, 「제4판 형법총론」, 법문사, 2006, 18면, 임웅, 「개정판보정 형법총론」, 법문사, 2007, 9면, 손동권, 「제2개정판 형법총론」, 율곡출판사, 2006, 12면, 정성근 / 박광민, 「제4판 형법총론」, 삼지원, 2008, 24면, 신동운, 「제3판 형법총론」, 법문사, 2008, 4면, 오영근, 「보정판 형법총론」, 박영사, 2007, 9면, 원형식, 「형법총론」, 청목출판사, 2006, 33면.

[394] 박상기 / 손동권 / 이순래, 「제8판 형사정책」, 형사정책연구원, 2005, 98면, 배종대, 「제6전정판 형사정책」, 홍문사, 2006, 61면 이하.

에 맡길 수 있는 영역이 아직도 실정형법에 규정되어 있다면 이를 비범죄화하여야 할 것이다. 즉 형법은 법익보호에 기초한 사회윤리를 보호하는 것이지, 특정한 종교, 윤리, 도덕 그 자체를 보호하는 것은 아니기 때문이다.[395]

현대의 형사정책의 기본적 방향은 자유주의적 형사정책의 확대, 형법의 보충성의 원리의 강화, 책임형법으로부터 예방형법으로의 전환, 피해자 측면의 강화로 나아가고 있다. 이러한 상황에서 전통적인 자유형 위주의 형벌주의는 점차 재산형이나 사회 내 처우로 대체되는 경향을 보이고 있다.

2. 형벌의 일반예방과 특별예방

형벌은 범죄자의 재범을 예방하고 일반국민의 잠재적인 범죄를 예방하는 기능을 가진다. 이와 같이 형법은 범죄 및 범죄자를 진압함으로써 동시에 새로운 범죄를 예방하는 기능을 가지기 때문에 장래적인 범죄예방기능과 과거범죄에 대한 진압적 기능은 상호배척 관계가 아니라 하나의 통일체로서 이해되어야 한다.[396]

형법의 임무는 공동체 내에서 공동생활을 규율하는 것이다. 형법은 이러한 기능을 제대로 발휘함으로써 실효성을 갖는다. 비범죄화와 관련된 형벌의 위하력의 논의에서 일반예방에서 입법자의 형사정책적인 지도원칙을 원용할 수 있다. 일반예방에는 적극적인 측면과 소극적인 측면이 있다. 적극적 일반예방은 법질서의 존립과 관

---

395) 국가형벌권의 행사는 공공이익을 위한 것이라고 하더라도, 개인의 인권 및 기본권을 침해해서는 안 된다고 할 수 있다. 또한 국가는 범죄행위로 인하여 개인의 주관적 권리가 침해되는 정도, 또는 사회적 유해성 및 사회적 위험성을 위협하는 정도에 상응하는 형벌을 부과해야 한다.
396) 손동권, 전게논문, 5면.

철력에 대한 신뢰의 보존과 강화이다. 소극적인 일반예방은 오직 위하의 필요성만을 염두에 두고 있으며, 잠재적인 일반인을 위하해 야 할 필요성 때문에 그 속성상 범죄와 형벌 사이에 균형이 전제 되어 있지 않다.[397)]

이처럼 소극적인 일반예방은 왜곡된 인간상을 상정하여 범죄화 와 형벌가중화에 치중하고 있다. 그러나 비범죄화는 인간존엄, 절 제와 관용, 자율적인 인간상 등을 기본사상으로 삼고 있기 때문에 소극적인 일반예방의 발상과는 그 이념적인 맥을 전혀 달리하고 있다.[398)] 그렇게 본다면 소극적인 일반예방은 비범죄화의 이론적 근거로 원용하기 어렵다. 형법제한의 법 정책적인 필요성은 바로 적극적 일반예방의 합목적성으로부터 나올 수 있는 것이다.

교통범죄에 대한 형사처벌은 범죄자의 장래의 범죄에 대한 억제 및 예방적 효과가 있어야 하며, 일반 예방적 효과도 있어야 한다. 현행 교통범죄에 대한 처벌은 교통질서위반의 경우 통고처분, 즉결 심판, 형사입건으로 되어 있다. 그리고 형사 입건된 경우가 도로교 통법위반사건으로 처리된 것이라면, 이는 대부분 음주운전과 무면 허운전에 의한 것이다.[399)] 이러한 도로교통법위반사건은 대부분 약 식기소 되어 벌금형으로 처벌되고 있다. 그리고 10% 정도가 자유 형으로 처벌되는데, 자유형 가운데서도 10%만이 실형을 받은 것으 로 나타났다. 특히 1심 재판에서는 집행유예의 비율이 높은 것으로 나타났다.[400)]

---

397) 손동권, 형법총론, 17면 이하, 김창군, 전게논문, 10면.

398) Akers, R. L., and C. S. Seller, Criminological Theories: Introduction, Evaluation, and Application, Los Angeles: Roxbury Publishing Company, 2004, pp.125~130.

399) 2007년 교통법규위반단속 총 건수는 15,384,325건이며, 이 중 통고처분은 14,822,389 건이며, 즉결심판회부는 31건, 형사입건은 561,905건으로 나타났다. 통고처분이 많은 것은 무인카메라 단속이 포함됐기 때문이다(경찰청: www. police.go.kr).

400) 2006년 교통범죄(교특법위반과 도로교통법위반)의 기소율을 보면 도로교통법위 반의 기소율은 2005년 445,321건 중 400,638건으로 90%의 기소율을 보이고 있 으며, 2006년 367,078건 중 328,997건으로 89%의 기소율을 보이고 있다. 특례

그러나 이러한 교통범죄에 대한 형사제재에 대한 특별 및 일반
예방효과에 대해서는 부정적인 것으로 알려져 있다. 이는 다른 형
사범과는 달리 재범의 위험성이 덜하기 때문이다. 따라서 자유형
위주의 엄벌주의보다는 범죄예방효과가 높은 다른 형사제재 수단으
로 대체할 필요가 있다. 예컨대 벌금형과 사회내처우 등이 제시되
고 있다.[401]

3. 형사사법기관의 효율성 제고

교통질서사범의 경우 안전띠 미착용과 같은 기초질서행위까지 범
칙행위로 규정하여 처벌하고 있다(도로교통법 제50조 제1항). 이러
한 상황에서 교통경찰이 엄격한 단속을 한다면 국민 모두가 법 위
반자로 제재를 받게 될 것이다. 그리고 이러한 행위에 대한 경찰의
집중적인 단속은 실제적으로 교통질서의 유지나 교통사고를 예방하
기보다는 국가공권력에 대한 불신의 야기를 초래할 수도 있다.

따라서 도로교통법상의 범칙금 부과대상인 사소한 질서위반행위
에 대해서는 과태료로 전환하는 실체법적인 비범죄화도 고려할 수
있다.[402] 그러나 현재 형사사법 실무에서는 이러한 교통법규의 폐
지나 개정을 통한 비범죄화보다는 처리절차의 간소화 방향으로 추
구하고 있다.[403] 비범죄화는 형사사법기관의 업무부담의 감소와 효

법위반은 2005년 192,027건 중 65,054건으로 34.1%의 기소율을 보이다가 2006
년 190,832건 중에서 67,667건으로 35.5%의 기소율을 나타내고 있다. 2006년
특례법위반 1심 공판에서의 집행유예비율은 처리인원 총 13,623명 중 5354명으
로 39.3%로 나타났으며, 도로교통법위반의 집행유예비율은 처리인원 총 21,648
명 중 5291명으로 24.4%로 나타났다(법무연수원, 「범죄백서 2007」, 172면·227면).

401) 원혜욱 / 김찬, "교통범죄의 비범죄화와 그 방안으로서의 통고처분제도", 「형사정
책연구」, 제13권 제1호(49호), 한국형사정책연구원, 2002, 122면 이하.

402) 손동권, 전게논문, 8면.

율성의 입장보다는 바람직한 형벌권의 행사라는 측면에서 추진되어야 한다.

교통관련범죄는 일반형사범과 같이 사회적 도덕이나 윤리질서를 위반하는 행위라고 할 수 없다. 그러한 행위에 대하여 형벌이 부과되는 것이다. 개인의 주관적 권리인 생명 및 신체, 그리고 재산에 대한 침해는 교통사고범죄에 대한 범죄화 및 형벌권 행사의 주된 근거가 된다. 그러나 교통사고범죄의 경우에는 고의가 아니라 과실에 의한 것이기 때문에 형벌권의 축소될 필요성이 있다.[404] 또한 그러한 행위로 인한 타인의 침해에 대한 보상이 이루어지면 형벌의 부과의 근거도 더욱 약화된다고 할 수 있다. 따라서 국가는 가해자의 처벌보다는 피해자에 대한 피해복구 및 재활활동에 더 관심을 보여야 할 것이다.

그리고 교통질서위반에 대한 형벌권의 행사는 교통질서의 유지 및 교통사고의 예방이라는 측면에서, 즉 사회적 위험성의 가능성에 대한 예방적 효과가 강하다. 교통질서위반행위에 대한 형벌부과의 근거가 사회적 위험성이 높기 때문인 것은 사실이다. 그러나 징역형과 같은 가혹한 형벌에 대하여는 위험성의 정도에 따라 선택되어야 할 것이다. 단지 장래의 침해가능성 때문에 가혹한 형사제재 수단을 행사하는 것은 집행의 편이성과 형벌의 상징적 효과를 위한 것으로 보이기 때문이다.

4. 경미범죄의 비범죄화

오늘날 빈번히 발생하는 경미범죄는 일반인들에 의해서 저질러

---

403) 법무연수원, 전게서, 228면.
404) 기광도, 교통관련범죄의 비범죄화에 관한 연구, 형사정책연구원, 2000, 155면 이하.

지며, 이 점은 특히 교통범죄에서 뚜렷이 나타난다. 산업사회로의 진행에 따라 일반인은 질서위반행위를 빈번히 저지르고 있으며 경미범죄현상은 잠재적으로 전 국민 모두에게 발생할 수도 있다. 경미범죄자는 사회적으로 따돌림을 받은 자라고 하기보다는 우리사회에서 흔히 볼 수 있는 자들이다. 그런데 이러한 정상적인 사람들에 대하여 모두 형사절차를 거쳐서 형벌을 부과하여 낙인찍는다면 사회적 통합은 어려울 것이다.

형벌은 범죄자에게 윤리적 비난을 가하면서 사회의 국외자로 낙인(烙印)찍는 것이기 때문에 형법의 사용은 항상 보충적 성격을 가져야 한다.405) 법규범과 그 위반에 대한 제재의 사이에는 일종의 한계효용점이 있어서 일정한 한계점을 넘어선 제재는 오히려 규범을 약화시킨다. 경미범죄에 대해서까지 과도하게 형벌권을 행사하면 형법의 경고적 인상력을 감퇴시키고 범죄의 예외현상으로서의 성격을 잃게 하는 동시에 심지어는 경미범죄행위가 생활의 일부분이 되어버리는 사태까지 발생할 수 있다.406)

현재 경미범죄에 대해서는 경찰에 의한 훈방조치 내지 지도장 발부, 범칙금납부제도 등과 같은 넓은 의미의 비범죄화 방안이 제도적으로 마련되어 있다.407) 그런데 현재 통고처분제도는 조세범처벌법, 출입국관리법, 도로교통법, 경범죄처벌법 등에 부분적으로 도입되어 있다. 범칙금 통고제도는 위반행위자로서는 범칙금의 납부에 의해 신속 간편하게 법적 제재로의 압박으로부터 해방될 수 있다. 그뿐만 아니라 그는 전과자로 낙인되지도 아니하여 비범죄화의 요구에도 부합된다. 그리고 법집행기관은 범칙금의 부과와 징수로써

---

405) 박상기 / 손동권 / 이순래, 전게서, 392면.
406) 형법의 무한한 확대가 방지되어야 할 대표적 분야가 바로 경미범죄이다. 즉 비범죄화의 형사정책적 필요성은 경미범죄에서 우선적으로 대두된다(배종대, 형사정책, 63면 이하).
407) 손동권, 전게논문, 6면 이하.

법익침해의 회복과 재발억제의 효과를 거둘 수 있다. 더 나아가 범칙금제도는 사법기관의 과중한 업무를 경감시키는 효과가 있다. 그리고 범칙금 통고처분으로 법규의 집행을 일차적으로 독려하고 그 불이행에 대해 즉결심판을 청구하거나 기타의 형사재판을 통하여 법집행의 실효성을 유력하게 뒷받침할 수도 있다. 특히 범칙금의 부과를 통해 벌금의 부과와 거의 동일한 행정법규 준수의 강제효과를 거둘 수 있다. 당사자의 입장에서는 범법자로 입건됨으로 인한 낙인의 불명예를 피하고 수사기관에 출석하여 조사에 응하여야 하는 불편을 겪지 않아도 되며, 경미사건의 심리에 시간과 노력을 빼앗기는 것을 피할 수 있다. 이와 같은 피고인을 위한 비범죄화 정책에 기여하는 범칙금 통고제도는 경미범죄에 관한 한 지금보다 훨씬 넓게 확대되어야 한다.[408]

더 나아가 우리나라 실정법에 규정된 여러 경미범죄의 유형 중에서 입법적으로 완전히 비범죄화되거나 절차적으로 범칙금납부대상에 포함시켜야 할 부분이 많은 것으로 판단된다. 그리고 범죄 및 형사처벌의 영역에 들어온 경우에도 경미범죄에 대해서는 가능한 탈시설형벌화하여야 한다.[409] 왜냐하면 시설형벌은 그것이 단기인 경우에는 형사정책적 관점에서 장점보다는 단점이 더 많기 때문이다. 따라서 경미범죄에 대해 법관은 선택형의 형태로 법정된 경우에는 가능한 자유형 대신에 벌금 또는 과료와 같은 재산형을 선택하여야 한다. 그리고 불가피하게 자유형을 선고할 경우에도 이러한 시설형벌을 대신할 수 있는 다양한 대안이 마련되어야 한다.[410] 그

---

408) 박상기 / 이건호, 「경범죄처벌법에 관한 연구: 행위유형과 제재수단을 중심으로」, 한국형사정책연구원, 1996, 155면 이하.
409) 이윤호, "범죄자에 대한 시설수용의 대체방안", 「형사정책연구」, 제2호, 한국형사정책연구원, 1990, 157면.
410) 손동권, "즉심사건처리절차의 문제점과 개선방안", 「형사정책연구」, 제10권 제2호, 한국형사정책연구원, 1999, 188면 이하.

대안으로서는 보호관찰, 사회봉사명령, 수강명령의 제도 등이 고려
될 수 있을 것이다.

Ⅲ. 교통범죄 비범죄화의 추진방향

이상의 논의를 교통범죄에 일반적으로 적용한다면 다음과 같이
귀결되어야 할 것이다. 현재 도로교통법에서 규율하고 있는 사소한
질서위반행위에 대해서는 과감하게 과태료를 부과하는 방향으로 완
전히 실체법적으로 비범죄화시켜야 한다.[411] 그리고 무면허나 음주
운전과 같은 다소 중한 교통질서위반행위에 대해서는 형벌을 법정
하되 그 선고 시 자유형 대신에 벌금형을 부과하거나 사회봉사명
령과 같은 사회내처우 제도를 부과하는 방향으로 나아가야 한다.[412]
그리고 중과실과 심각한 신체상의 피해를 입힌 경우에는 형사사법
기관의 적극적 개입이 필요하다.

교통범죄의 비범죄화 추진방향은 어떠한 행위를 비범죄화, 비형
벌화, 그리고 사회내처우로 전환할 것인가에 대한 내용의 측면이
다.[413] 그리고 비범죄화의 방법은 어떠한 방법으로 비범죄화시킬

---

411) 손동권, 전게논문, 7면.
412) 첫째 행정제재가 형사제재에 선행되어야 하고, 둘째 형사제재 시 벌금형이 자유
형보다 선행되어야 하며, 셋째 자유형 중에서는 사회내처우가 시설 내 처우보다
먼저 고려되어야 한다는 것이다(교통안전공단, 「교통사범 처리기준합리화 방안
연구」, 교통안전공단, 2005, 551면 이하).
413) 비범죄화는 지금까지 범죄로 규정하여 형벌을 부과하였던 행위에 대하여 완전
히 허용하는 조치이며, 비형벌화는 범죄로 규정하지만 형벌의 유형이나 정도를
완화하는 조치이며, 전환은 형사제재를 부과하던 것을 비형사제재, 즉 사회내처
우로 전환하는 조치를 의미한다.

것인가의 문제이다. 즉 입법을 통해서인가 아니면 법률을 통해서인가 아니면 법률의 적용 및 해석의 수준에서 시행할 것인가에 대한 것이다. 전자가 특정 행위에 대한 비범죄화의 여부와 정도를 정한 것이라면, 후자는 그러한 비범죄화를 입법과정을 통할 것인가 아니면 실무상의 관행이나 내규상의 개선을 통해 실행할 것인가의 절차를 다루는 것이다. 이와 같이 비범죄화 방안은 먼저 특정행위를 어떻게 처벌할 것인가를 정하고, 그러한 비범죄화는 입법적으로 결단을 필요로 하는 정책이다. 그러면 교통범죄에 대한 비범죄화 추진방향과 방법은 어떠한 방법으로 달성할 것인지에 대해 살펴보면 다음과 같다.

1. 교통질서위반행위

교통질서위반행위는 타인의 권리 침해보다는 사회적 위험성 측면에서 통제되고 있다. 이러한 교통질서위반행위는 사소한 질서위반행위부터 중대한 위반행위 등 광범위하게 규정되어 있다.

첫째, 경미한 질서위반행위는 단속보다 홍보와 계도 차원에서 사회적 제재의 대상으로 삼고 국가의 개입을 포기하는 것이 바람직하다는 견해도 있다.[414] 그러나 이러한 주장에 대해 경미한 위반을 계도차원에서 접근한다면 차후에 더 큰 위험을 야기할 수 있는 빌미를 제공할 수 있기 때문에 현행 범칙금 규정보다는 행정질서벌인 과태료규정을 두어 제재하는 것이 바람직하다고 판단된다.

둘째, 다소 중하지만 특례법 11개 예외조항에 포함되지 않는 교통질서위반행위에 대해서는 형사제재보다는 행정제재만을 부과하자

---

414) 기광도, 전게논문, 157면.

는 견해가 있다.[415] 즉 이러한 질서위반행위는 범죄로 파악하기보다는 행정질서 위반행위로 전환하여 다룰 필요가 있다는 것이다. 이러한 입장은 현행 도로교통법상의 범칙행위를 행정제제로 볼 것인가 아니면 형사제재로 볼 것인가가 쟁점이 된다. 현재 다수의 견해는 범칙행위를 기본적으로 범죄로 파악하지만, 집행과정의 원활함을 위하여 간이처리제도를 도입한 것으로 파악하고 있다. 따라서 일반적 경미범죄의 측면에서 교통질서위반행위를 행정제재만을 부과할 필요가 있다는 것이다. 그리고 범칙금을 과태료로 전환하는 방안을 모색할 필요가 있다는 주장도 있다.[416]

셋째, 신호위반이나 음주운전 등 11개 예외조항에 속하는 교통법규위반에 대해서는 형사제재를 부과하지만 사회봉사명령과 수강명령을 병과하여야 할 필요성이 있다. 그리고 아주 중한 교통질서위반행위, 특히 음주운전이나 무면허운전은 벌금 및 행정제재(면허정지 및 취소), 수강명령 및 사회봉사명령을 부과할 필요가 있다. 이것이 음주운전이나 무면허운전과 같은 중한 교통질서위반행위에 대한 벌금형은 다소 미약하고, 그렇다고 실제의 징역형을 부과하는 것은 다소 과하다고 인식되는 점을 고려하며, 음주운전에 대해서는 집행유예에 부과된 사회봉사명령보다 독립적인 수강명령이나 사회봉사명령을 도입하는 것이 바람직할 것이다.

2. 과실로 인한 교통범죄

교통범죄에 대한 처벌의 근거는 개인의 재산, 신체 및 생명의 권리를 침해한 것에 대한 형벌이다. 대부분의 사고가 과실이라는 측

---

415) 기광도, 상게논문, 70면 이하.
416) 원혜욱 / 김찬, 전게논문, 123면 이하.

면에서 고의적 행위보다는 가벼운 처벌이 요구되고 있다. 그러나 이러한 개인의 권리침해에 대하여 피해자가 처벌을 요구하지 않을 경우에도 국가가 처벌해야 하는가의 문제를 지니고 있다. 현행 특례법은 타인에게 재산상의 피해를 유발한 경우와 인명피해를 유발한 경우를 동일하게 처리하고 있다. 이와 같은 일률적인 처리보다는 좀 더 구체적이고 합리적인 처리가 요구된다.

첫째, 경미한 교통범죄의 경우, 즉 피해규모가 적은 재산상의 교통범죄(단순물피사고)인 경우 원상회복이 이루어진다면 형사제제를 부과할 필요가 없다고 보는 견해가 있다.417) 이는 합의나 보험에 가입되어 있다면 원상회복이 가능하기 때문에 처벌의 필요성이 없다는 것이다. 그러나 그러한 사건이 교통위반에 의한 것이라면 그에 따른 행정제재 및 형사제재를 부과하면 될 것이다.

둘째, 재산상의 피해규모가 큰 대물교통범죄인 경우 재산상의 피해에 대한 보상이 적절하게 이루어진다면 형사제재보다는 행정제재 또는 수강명령이나 사회봉사명령으로 전환해야 한다. 보험 등을 강화하여 피해자에 대한 손해보상이 자동적으로 이루어지게 해야 할 것이다. 특히 대물교통범죄의 경우에는 원상회복제도를 활용해야 할 것이다.

셋째, 인명피해가 발생한 대인교통범죄는 경상(3주 미만)의 인명피해를 유발한 교통범죄에 대하여는 합의 및 보험에 가입하였다면, 원칙적으로는 비범죄화가 우선되어야 할 것이다. 그러나 교통법규를 위반하였다면, 그에 대한 행정 및 형사제재를 부과해야 할 것이다. 그리고 중상(3주 이상) 및 사망의 인명피해를 야기한 교통범죄에 대해서는 현행과 같이 징역(금고) 및 벌금을 부과하는 것이 바람직하다. 그러나 특례법의 예외조항인 11개 항목에 대한 완화 또

---

417) 기광도, 전게논문, 159면, 손동권, 전게논문, 10면.

는 강화가 쟁점이 되고 있다. 11개 항목에 포함된 행위는 교통사고의 피해를 심화시킬 수 있는 사항을 명시한 것이다. 따라서 11개의 예외조항의 선택이유와 실제적 처리과정에서의 문제점을 검토하여 합리적으로 적용하여야 할 것이다. 또한 이러한 11개의 예외 조항이 적용되어 기소된 사건에 대해 법원의 판결은 주로 벌금형과 집행유예로 나타났다. 최근에 집행유예에만 사회봉사명령을 부과하고 있지만, 독립적인 사회봉사명령을 도입할 필요성이 있다.

Ⅰ. 형벌체계의 조화점

1. 과실기준의 정립

교통사고에 대한 방지대책은 관련분야의 종합적이고 장기적인 대책이 요구된다. 그리고 교통사고에 의한 과실범의 방지라는 측면에서 형벌 내지 형사정책이 거둘 수 있는 역할이 보충적(2차적)일지는 모르나, 현재의 가장 중요한 관심의 방향이라고 하지 않을 수 없다. 급증하는 교통사고는 비록 법적 제재에 의하여서나마 방지하지 않을 수 없고 또한 이를 위하여 교통관여자의 교통질서의식의 함양과 교통신뢰의 확립에 의한 교통도덕의 보급이 시급한 과제라고 하겠다.

교통범죄에 대한 형벌정책의 수립에는 두 가지 측면을 고려해야 한다. 첫째, 일반대책으로서의 교통사고 예방과 이로 인한 인적, 물적 피해의 방지이다. 둘째, 신속, 원활한 교통의 이용과 편익의 도모이다. 지나치게 엄한 형벌은 운전자에게 과중한 부담을 초래하고 그 활동을 중단시킬 뿐만 아니라 교통의 신속성, 원활성까지 해친다. 그런가 하면 방만한 처벌은 교통사고에 대한 일반예방기능을 수행할 수 없게 한다. 여기에 교통사고의 예방과 교통의 신속·원활성의 조화 및 공존을 위한 적절한 형벌정책이 요청된다.[418]

이러한 형벌정책의 조화점의 초석은 인명의 존중과 보호를 그 이념으로 하여 구축된 신속·원활한 교통질서의 정립에 있고 이에 대한 교통관여자들의 상호신뢰의 확립에 있다.

우선 전술한 바와 같이 우리의 형벌정책이 특례법의 시행으로 방만한 상태에 빠질 위험에 있고 특례법이 인명경시 및 범죄성의 인정, 즉 과실인정에 있어서 획일적이고 구체적 타당성이 결여되는 등의 여러 가지 문제점이 지적되었다. 이러한 관점에서 우선 특례법의 문제점을 감안하여 동법의 대폭적인 개정이 고려되어야 한다. 이에 병행하여 교통범죄에 대한 처벌법규를 더욱 구체화, 세분화하고 이에 부합된 형벌정책의 강화를 꾀할 입법론적 대책이 요청된다.[419]

다음으로 과실인정에 있어서 신뢰의 원칙의 구체적 타당성에 부합하는 과실범의 인정의 기준을 정립해야 할 것이다. 신뢰의 원칙은 우리나라에서도 1970년대에 이르러 판례에 의하여 채택·확립되었던바, 차량 대 차량의 경우는 물론 차량 대 보행자의 관계에서도 적용되고 있다.

다만 1982년 특례법의 시행으로 획일적 사실(신호위반, 음주 등의 처벌사유)에 의하거나 과실인정의 여부가 결정됨으로써 신뢰의 원칙에 관한 많은 문제가 나타나고 있다. 그러나 특례법을 대폭 수정하고 신뢰의 원칙을 점차 확대, 적용한다면 구체적 행위상황에 부합된 과실의 인정과 교통질서에 따른 정당한 운전자는 교통사고

---

418) 손동권, 전게논문, 8면.
419) 기광도, 전게논문, 74면.

의 결과(침해적 결과)에도 불구하고 형벌(결과책임)로부터 벗어날 수 있으므로 사실적인 측면에서 운전자의 형벌을 경감하고 교통관여자에게 사고방지를 위한 공동의 노력을 촉구할 수 있다. 교통관여자의 상호 신뢰성이야말로 교통사고방지나 교통질서의식의 확립에 있어서 가장 중요한 요소이다. 그러나 신뢰의 원칙을 확립함에는 그 적용의 기준이나 요건의 정립이 요구되고 이를 위하여 판례에 의한 구체적 상황의 축적과 학문적 연구의 일반화가 요구된다.

2. 교통사건에 있어서 구체적 법적용에 관한 검토

우리나라와 달리 일본의 경우 도로교통사건에서 미필적 고의를 인정한 판례가 많이 보인다. 아마도 우리의 경우 교통사건을 너무 쉽게 과실범으로 처리하는 것이 아닌가 하는 의문이 있다. 이하에서는 주로 일본의 판례와 약간의 우리나라 판례를 통하여 우리의 경우 미필적 고의를 적용할 여지가 있는 악성 교통사건을 추출해봄으로 구체적 사건에서의 법적용 문제를 검토하기로 한다.

(1) 나란히 진행하는 다른 운행차량에 자의로 근접함으로써 충돌된 경우

자기 차가 피해자에게 추월당한 것에 화를 내고 피해차를 놀라게 할 목적으로 자기차를 그 우측부근에 나란히 진행해서 피해자에게 근접하고, 전진할 때 핸들을 우측으로 꺾어 피해자의 크러치 레바에 접촉시키고 그 결과 전도됐고 피해차의 운전자 등에 부상을 입힌 사건인데 원심판결은 상대가 경고를 넘어선 부분이 있다

고 생각하고 폭행의 미필의 고의를 인정했지만, 위 판례는 접촉의 가능성의 인식이 있었다는 것은 부정할 수 없다고 하면서도, '접촉되더라도 할 수 없다'고 생각하고 행동한 것은 아니라고 해서 과실상해죄가 성립한다고 하였다.[420] 이러한 사례가 우리나라에서도 적지 않게 발생할 것으로 추측된다. 이 경우 운전자가 접촉되더라도 할 수 없다고 인용하고서 행위하였다면 적어도 폭행 또는 상해의 미필적 고의는 인정될 것이다. 그러나 접촉가능성에 대한 인식이 있었더라도 접촉되더라도 할 수 없다고 생각하고 행동한 것이 아니라면 결과발생에 대해 소극적 인용조차도 부정되는 경우이므로 과실치상죄만이 성립할 것이다. 즉 실행착수단계에서 여전히 다른 사람이나 차의 충돌에 대한 미필적 고의가 존재하여야 한다. 따라서 운전 중 다른 사람이나 차를 충돌하여도 상관없다고 생각하고 있었다고 하더라도 현실적으로 다른 사람이나 차를 직면하여 순식간에 감속서행 기타 사고를 피하기 위한 노력을 한 때에는 그것이 주효하지 않고 충돌사고를 발생시켰다고 하더라도 폭행의 실행이 있었다고 할 수 없어서 과실만을 인정하여야 한다.[421]

(2) 교통사고야기 후 조치의무 불이행의 경우

1) 피해자를 차체에 걸친 채 주행한 경우

운전자가 교통사고를 일으키고 그 피해자가 차체에 걸쳐 있는 것을 확인하고서도 주행을 계속함으로써 피해자가 추락하여 사망하는 사례가 발생되고 있다. 예컨대, 주취 운전하던 피고인이 보행자들을 치고 차체의 아래에 걸친 채로 시속 10㎞로 300m 주행하여

---

420) 大阪高裁 昭和 47. 3. 6.
421) 손기식, 교통형법(제3판), 한국사법행정학회, 2000, 239면.

사망시킨 사건,[422] 운전 중 과실에 의해 사람을 치고 그 사람을 자기 차의 하부에 걸친 채로 3.8㎞를 주행, 이상한 기분이 있었지만 시속 30㎞로 1.2㎞ 계속 주행한 사건,[423] 주취운전 중 강풍 때문에 자전거에서 떨어져 넘어져 있던 사람을 과실로 충돌하고, 그 사람을 자기 차의 차체 아래에 걸친 채로 시속 30㎞로 약 106m 주행해 사망시킨 사건[424] 등이 여기에 해당한다. 이러한 사례의 경우에 차체의 변조와 운전조작의 이상, 운전경험을 감안할 때 피해자가 매달려 있다는 사실을 감지한 이상 경험칙과 신의칙상 사망에 대한 결과의 인식이 있었다고 인정할 수 있다. 따라서 이 경우에는 사망결과의 개연성이 지극히 높기 때문에, 적극적 용인 혹은 결과의 확실한 인지가 있는 경우로 해석할 수 있다. 피해자가 걸쳤다는 인식이 있다면 특별한 사정이 없는 한 살인죄에 대한 미필적 고의를 인정하는 것이 타당하다.

이러한 원리는 다음의 유사사례에서도 타당하다. 운전 중 과실에 의해 노상에서 술에 취해 누워 뒹굴고 있던 피해자를 치어 중상을 입힌 피고인이 도중에 차륜이 미끄러지는 것 같은 느낌이 들어서 정차해 하차하고 차 아래를 보았을 때까지 생존해서 그곳에 걸려 있던 피해자를 인식했는데, 그 상태로 약 300m를 주행해서 떨어뜨리고 그대로 도주하여 그 후 피해자가 병원에서 사망한 사건이 일본에서 발생하였다.[425] 판례는 사인이 되는 신체의 파괴가 어떤 구간에서 발생했는지가 확실치 않기 때문에 차의 발진시부터 피해자를 차 아래에서 발견할 때까지의 행위를 업무상과실상해죄, 그 후에 행위를 상해죄로 의율하였으나, 이 사안에서는 한번 피해자를 확인하고 거듭 주행했기 때문에 살인죄에 대한 미필적 고의를 인

---

422) 新潟地長岡地部判 昭和 37. 9. 24.
423) 山形地判 昭和 38. 9. 30.
424) 鹿兒島地判 昭和 44. 3. 4.
425) 東京高判 昭和 63. 5. 31.

정하는 것이 타당하다.

2) 도주를 시도하다가 일어난 제2의 사고

교통사고를 일으킨 후에 운전자가 도주를 시도하다가 타인을 부상 또는 사망케 하는 사례도 발생하고 있다. 예컨대, 운전 중 과실에 의해 사람을 전도시키고 도주하려고 하는 과정에서 피해자를 후륜으로 다시 치어 사망시킨 사건이 여기에 해당할 것이다.426) 이러한 경우에 사고 현장의 상황·피해자와 자동차의 위치관계·충돌의 모양 등으로부터 결과발생의 위험성을 감수한 사실이 인정된다면 살인에 대한 미필적 고의는 인정될 수 있을 것이다.

3) 교통사고 후 중상자를 방치하여 사망하게 한 경우

운전 중 과실에 의해 중상을 입히고 가까운 병원으로 후송하려고 조수석에 태웠지만(즉시 병원에 운반하면 죽음의 결과를 방지할 수 있었는데) 사고의 발각을 우려해 어딘가에 유기하려고 도주를 기도하고 주행하던 중에 피해자가 차안에서 사망한 사안에서 운전자에게 부작위에 의한 살인죄를 인정할 수 있을까. 즉시 병원에 데려가지 않은 것은 부작위범에 있어서 작위의무위반으로서 과실상해라고 하는 선행행위, 병원에 운반하려고 한 선행행위, 죽음의 결과방지의 가능성, 차내에 태웠다고 하는 관리가능성 외에 범죄의 자취를 인멸하려고 한 의도 등의 상황으로부터 부진정부작위의 성립에는 별다른 장애사유가 없다. 다만 부작위에 의한 살인죄의 작위의무위반은 인식에 대해 고도의 위험이 없으면 안 되지만 실제로 죽음의 결과발생의 고도의 개연성이 있는 경우에 살인죄의 작위의

---

426) 札幌地小樽地部 昭和 40. 2. 16.

무가 긍정되는 것이다. 동일한 취지에서 과실로 부상을 입힌 피해자를 사람이 통행하지 않는 장소에 운반하고 달아난 경우[427] 살인죄를 인정할 수 있을 것이다. 즉 피해자가 상해의 정도, 유기된 시간적, 장소적 상황 등으로부터 피해자가 방치한다면 사망에 이를 고도의 개연성이 인정된다면 부작위에 의한 살인죄가 긍정되어야 할 것이다. 그리고 중상을 입힌 피해자를 새벽 한기가 매섭게 서리가 내리고 있는 장소에 유기한 경우[428]에도 동일하게 처리되어야 할 것이다.

죽음의 결과에 고도의 개연성 있는 사태에 관해 구호를 하지 않으면 죽을지도 모른다는 인식이 있으면서 구호의 조치를 강구하지 않았다면 미필의 고의가 인정되어야 한다.

4) 피해자를 방치하였으나 그 선행행위가 적법한 경우의 특수 문제

자신에게는 과실이 없고 오직 피해자의 과실에 의하여 교통사고가 발생한 경우에도 피해자를 방치하여 사망에 이르게 한 운전자에게 부작위에 의한 살인죄의 성립을 인정할 수 있는지가 문제된다. 부작위에 의한 살인죄가 성립하기 위해서는 우선 운전자가 피해자의 생명을 보호해야 할 보증인적 지위에 있어야 하는데 우리나라 도로교통법이 교통사고를 일으켜 상대방을 상해한 경우에는 그를 구호하라고 명시적으로 규정하고 있는 것과 실제로 운전자가 피해자를 구조할 수 있는 상황에 있었다면 운전자에게 피해자를 구조하여야 할 보증의무가 있는 것으로 해석하는 것이 타당하며, 따라서 살인죄가 성립된다. 살인에 대한 미필적 고의가 부정된다면

---

427) 浦和地判 昭和 45. 10. 22.
428) 橫挨地判 昭和 37. 5. 30.

다음으로 유기치사죄의 성립이 문제될 것이다. 유기죄는 요보호자
를 구조해야 할 법률상 계약상 의무 있는 자만이 행위주체로 제한
되어 있다. 그런데 도로교통법 제54조는 교통사고를 일으킨 자는
자기과실의 유무를 불문하고 상대방을 구호해야 할 법률상의 의무
를 부과하고 있다. 운전자는 바로 여기의 법적 의무를 이행하지 않
고 유기하여 사람을 사망케 한 자에 속한다. 그리고 사망의 결과에
대해서는 예견가능성도 있고 사망결과와 유기행위 사이에 인과관계
및 객관적 귀속관계도 아무런 의심 없이 인정된다. 결국 운전자에
게는 적어도 유기치사죄의 성립은 긍정된다.

5) 교통사고를 인지하고 뺑소니운전을 한 경우

우리나라 판례는 특정범죄가중처벌등에관한법률 제5조의3 제1항
의 교통사고 야기 후 도주범죄의 성립과 사고운전자의 사고로 인
하여 피해자가 사상을 당한 사실에 대한 인식의 정도는 반드시 확
정적임을 요하지 아니하고 미필적으로라도 인식하면 족한 것으로
해석하고 있다.[429)]

(3) 주취운전사고의 경우

상당한 음주로 술에 취해 정상적인 운전이 불가능해 보이는 피
고인이 무면허로 밤에 전조등이 고장 나 전방 주시가 불안함에도
(도저히 정상적인 운전이 불가능한 상태였기 때문에 축제에서 돌아
오는 다수 보행자를 자동차로 받아서 그 사람들을 사고를 야기할

---

429) 대판 2000. 3. 28. 99도5023, 대판 1985. 9. 10. 85도1462, 대판 1995. 7. 11., 95
도833, 대판 1997. 11. 28. 97도2475, 대판 1985. 9. 10. 85도1462, 대판 1993.
6. 11. 92도3437.

위험이 있는 것을 충분히 인식하면서 술의 힘에 그와 같은 결과의 발생을 개의치 않는다.) 굳이 화물자동차를 운전하여 위 보행자를 차례차례로 치어 3명을 사망, 7명을 부상시킨 경우 폭행의 미필의 고의가 있다고 하였다.430) 이와 같이 자신이 운전부적격의 상태인 것을 인식하였으면서도 운전을 감행함으로써 교통사고를 야기하는 사례들은 우리나라에서도 허다할 것이다. 이러한 경우에 결과발생 가능성이 있다면 일반인에게 허용되지 않는 위험으로서 이의 회피를 위해 반대동기를 형성해야 할 것이고, 이를 위반하고 운전을 감행하였다면 적어도 상해죄에 대한 미필적 고의는 인정될 수 있을 것이다. 즉 허용된 위험의 범위를 초과하고 결과회피가 불가능한 상태에 스스로 들어가서 평소와 다른 위험이 발생하였다면 상해의 실행행위가 있다고 평가된다. 이 경우 결과의 인식에 대해서는 일반인이 행위자의 지위에서 평소와 다른 위험이라고 하는 정도의 사정을 인식하고 있었을 때는 그 위험의 인식이 있는 것으로서 적어도 상해의 미필적 고의를 인정할 수 있다. 더 나아가 경우에 따라서는 살인죄의 미필적 고의도 인정될 수 있을 것이다. 결과의 발생을 개의치 않고, 무관심한 상태로 무모하게 행위한 경우에는 소극적 인용이 있다고 판단할 수 있고, 그 기준은 결과발생의 개연성이 높은 것과 그것에 대한 피고인의 인식의 정도 및 피고인의 전체로서의 행동이 판단자료가 된다. 객관적으로 명확하게 무모한 운전은 불특정·다수의 사람의 생명·신체에 대해 매우 위험하다. 이 경우 행위자의 주관적인 심리과정에서 개의치 않는다고 하는 태도로부터 무관심 또는 상관없다고 하는 감수의사가 인정된다면 종국적으로 미필적 고의는 인정될 수 있을 것이다.

주취상태로 운전하던 피고인이 접촉사고를 일으키고 난 이후 어

---

430) 교통사범에게 처음으로 폭행의 고의를 인정한 판결이다. 廣島古裁 昭和 36. 8. 25.

딘가에서 재차 사고를 일으킬 위험이 있다는 것을 알면서 시속 40
㎞로 계속 운전함으로써 진로 우측전방에 정차 중인 자동차에 충
돌하여 차내에 있던 자를 상해한 사건에서 충돌의 위험이 있는 것
을 인식하면서 굳이 이것을 용인해서 진행했기에 미필적 고의를
인정하였다.431) 수면약을 복용하고 의식이 몽롱하게 되어 정상적인
운전이 불가능한 상태에서 운전함으로써 교통사고를 야기하는 경우
도432) 이와 동일한 원리에서 해석하면 될 것이다.

한편 도로교통법상의 주취운전죄는 자수범(自手犯)으로 보아야
한다.433) 따라서 원칙적으로 주취운전죄의 간접정범은 성립할 수
없다. 예컨대 주취자에게 운전을 맡기거나 차후 운전할 자에게 미
리 술을 마시게 한 동승자는 주취운전죄의 간접정범이 아니라 협
의의 공범이 될 뿐이다.434)

(4) 과속사고의 경우

운전자가 자신이 운전하는 차량을 인간에 의한 통제가 불가능할
정도의 위험한 고속도로 이동하는 물체로서 인간의 공동생활체 속
에 방치하여 두었다고 인정될 정도의 무모한 운전속도를 스스로
선택하고 그 결과 사상사고를 발생시킨 경우에 무모한 운전상태
그 자체가 미필적 고의에 의한 폭행의 실행으로 보아야 한다.435)
즉 일반적으로 과속 중 사고가 발생한 경우에도 사고에 대한 고의
를 인정하는 것은 어렵겠지만 과도한 과속, 특수한 상황하에서의

---

431) 仙臺高裁 昭和 38. 6. 7.
432) 大阪地判 昭和 40. 3. 10.
433) Rudolphi, Fälle zum Strafrecht, 4. Aufl., S.53.
434) Horn, SK, § 316 Rn. 13.
435) 藤木英雄, 自動車事故における人の死傷と故意犯・過失犯, 警察研究. 33권 6호,
24면.

과속으로 인한 사고의 경우에는 미필적 고의문제가 검토될 수 있을 것이다(예: 커브구간에서의 과도한 속도로 운행 중 사고: 2000. 4. 7. 경북 안동, 야간 등 도로환경이 매우 열악한 도로에서의 과도한 과속과 무면허로 운전 중 사고: 1999. 12. 7. 창원, 빗길 과도한 속도로 운행 중 추돌사고: 1999. 5. 15. 경기도 용인).

(5) 중앙선침범사고의 경우

선행차를 추월하려고 상대방향 차선에 차체의 절반 이상을 넘어서 선행차

와 병진상태가 될 때, 자기 차의 전방 약 10m 앞에 반대차선을 직진하는 피해차가 출현했지만, 피해차는 중앙선에 접해서 주행하고 그 좌측에 다른 차가 병진하며 후속차도 뒤따라 진행하고 있기 때문에 피해차는 왼쪽으로 갈 수 없는 상태가 된 경우, 반대차선을 주행하는 것을 알면서 진행하다 피해차와 충돌하고 그 운전자를 부상 입힌 사건인데 원심판결은 가해차는 피해차가 피양하는 것이 곤란한 상태였던 것을 알고 있었기 때문에 충돌의 위험의 인식이 있고, 또 스스로 회피조치를 취하지 않았었기 때문에 상해의 미필의 고의를 인정했지만, 위 명고옥고재(名古屋高裁)는 피해차는 피양할 여지가 있고 피양해서 올 수 있다고 생각했다고 하는 피고인의 공술에서 결과의 인용은 없다고 하며 과실범을 인정했다.436) 이 경우 피해차가 피양하는 것이 곤란한 상태였던 것을 알고 있어서 충돌의 위험인식이 운전자에게 있는 상태에서 스스로 회피조치를 취하지 않았다면 적어도 상해죄의 미필적 고의는 인정되어야 한다.437) 중앙선침범으로 인한 사고의 대부분은 미끄러짐, 추월 중 핸

---

436) 名古屋高裁 昭和 47. 3. 7.

들과대조작, 운전부주의, 타이어의 플랫 등 그 고의성을 인정하기
힘든 경우이지만 다음과 같은 경우는 고의성을 추출할 여지도 있
을 것이다.

- 교차로에 접근하면서 앞지르기를 할 목적으로 중앙선을 침범
  하여 진행 중 마주오던 차량과 정면충돌한 경우(2000. 5. 11.
  제주도에서의 사고)
- 중앙선을 넘나들며 곡예운전을 한 경우(2000. 11. 15. 경기도
  포천에서의 사고)
- 급커브구간에서 과속 중 중앙선 침범(2000. 9. 5. 전북 군산에
  서의 사고)
- 결빙된 도로에서의 과속 중 중앙선 침범(2000. 1. 1. 경기도 남
  양주 사고)
- 빗길 과속운전 중 급제동으로 인한 중앙선 침범(2000. 10. 15.
  충남 부여)
- 혈중알코올농도 0.3%의 음주상태로 운전 중 중앙선침범 사고
  (1999. 11. 10. 대구 사고)
- 주취, 무면허상태에서 사고야기하고 도주하다가 중앙선을 침범
  하여 다시 사고를 야기한 경우(1999. 9. 5. 경남 김해)
- 국도에서 오토바이운전자가 중앙분리대를 넘어 역주행 중 사
  고(1999. 8. 29. 경남 통영시)
- 커브 길에서 중앙선을 침범하여 앞지르기 중 정면충돌사고
  (1999. 6. 1. 전남 완도)

---

437) 東京高判 昭和 37. 11. 6.

⑹ 기타 특수한 경우

1) 사람(특히 경찰관)을 향한 자동차돌진행위

이 경우 미필적 고의의 인정은 그리 어렵지 않다고 할 수 있다. 우리나라 '대판 1988. 6. 14. 88도692'의 사안이 여기에 해당한다. 독일의 연방재판소도 피고인이 정차를 요구하는 경찰관에게 그가 인도로 뛰어야만 구조될 수 있는 상태에서 그를 향해 자동차로 돌진한 사건에서 상대방이 차에 치일 것인가를 우연에 맡긴 것이므로 행위의 결과에 대해 무관심하였고 그러면 법적으로 그 결과를 감수한 것으로 볼 수 있다는 이유로 (미필적) 고의를 인정할 여지가 있는 것으로 판시하였다.[438] 더 나아가 일본에서는 무면허운전의 발각을 우려해서 도주하려고 해서, 정차를 명령한 중앙선 부근에 서 있던 경찰관을 노리고 약 10톤의 시멘트를 적재한 대형자동차가 브레이크도 밟지 않고, 핸들도 꺾지 않고 시속 약 70㎞로 돌진해서 사망시킨 사건이 발생하였는데, 이것도 미필적 고의를 인정하였다.[439]

2) 자기 차의 외부에 붙어 있는 사람을 흔들어 떨어뜨린 경우

(가) 단속경찰관을 떨어뜨린 경우

이에는 일본 판례의 사례가 해당될 수 있다.[440] 이 사례는 운전자가 직무질문을 위해 자동차의 한쪽에 올라탄 경찰관의 양발이 모두 허공에 뜬 상태로 매달린 채로 시속 35㎞로 800m 주행하여

---

438) BGH VRS 26, 202, 203, 이에 대해서는 Ross, Vorsatz, S.109f.
439) 大律地判 昭和 39. 9. 8.
440) 이에 대한 일본의 판례로는 이 외에도 岐阜地大垣支部判 昭和42. 12. 1, 岡山地判 昭和 46. 3. 10, 東京地判 昭和 45. 2. 16, 東京地判 昭和 47. 5. 12 등이 있다.

그 경찰관을 추락사시킨 것이다. 이 경우 운전자는 주행으로 인한 추락을 용인하였고, 그리고 위험한 상태로 추락한다면 중상·사망의 결과를 예견할 수 있는 상태에 있었으므로 살인의 미필적 고의를 인정할 수 있는 것이다. 이러한 사례에서는 사망결과의 인식·용인에 관해 가해자의 운전방법, 속도, 거리, 피해자의 부상의 부위, 정도, 추락상황, 위치, 태도, 장착 또는 착의, 도로상황, 교통량, 당해 차량의 상황 등 구체적 상황하에 있어서 위험의 정도를 상세히 검토하여 그 상황하에 있어서는 추락에 의해 일반적으로 치사의 결과를 초래할 가능성이 높다고 판단하는 것이 합리적인 경우에는 정신상태에 특히 이상이 인정되는 등 특별의 사정이 있는 경우를 제외하고는 치사의 결과에 대해서 미필적 살인고의가 있다고 보아야 한다. 그러나 사망의 결과발생에 대한 가능성을 인식하지 못한 경우이더라도 매달린 경관을 흔들어 떨어뜨렸다면 적어도 상해의 고의는 인정되어야 한다.[441] 따라서 사망의 결과가 발생하지 않았다면 상해죄, 사망의 결과가 발생하였다면 상해치사죄라는 결과적 가중범의 성립은 항상 긍정되어야 할 것이다.

(나) 운전자가 매달린 승객을 떨어트린 경우

이에는 상기한 일본 판례의 사례가 우선적으로 해당된다. 즉 택시운전수가 승차거부를 했기 때문에 승객이 반쯤 열린 창에 달라붙었는데, 108m의 거리를 시속40㎞로 주행해서 승객을 떨어뜨려 상해를 입힌 사건이 일본에서 발생하였다. 우리나라에서도 승차거부가 다반사로 행하여지고 이에 불만을 품고 승차하려는 승객을 운전자가 태우고 무리하게 출발하려다가 사고가 나는 경우가 있을 것이다. 승용차의 보닛 위에 엎드리고 양손으로 와이퍼를 잡고 불

---

441) 岐阜地大垣支部判 昭和 42. 12. 1와 岡山地判 昭和 46. 3. 10.

안정한 자세에 있는 피해자를 인식하면서 시속50㎞로 약 290m의 거리를 2, 3회 주행한 사례도 발생하였다.442) 일본판례는 양 사례에 대해 모두다 살인미수, 즉 살인죄(殺人罪)에 대한 미필적 고의를 인정하였다. 피해자의 불안정한 위험한 상태, 속도, 주행거리, 운전방법, 교통상황, 가해차에 의해 바퀴에 치일 가능성 등으로 보아 객관적 상황으로서 추락에 의해 사망의 결과발생에 대한 높은 개연성을 인정할 수 있고 행위자에게는 그에 대해 인식이 있었다고 볼 수 있다. 이렇게 결과발생의 고도의 개연성을 인식·예견하고 있음에도 불구하고, 반대동기를 형성하지 않고 행동을 결의하였다면 살인에 대한 미필적 고의는 긍정되는 것이다.

Ⅱ. 입법상의 개선점

1. 처벌법규의 구체화, 세분화

전술한 바와 같이 외국의 경우 대물사고의 경우 대체로 벌하지 아니하고 있으나 대인사고의 경우 중상해까지는 엄한 형벌로 다루고 있다. 특히 일본, 독일의 경우 교통범죄가 격증하면서 더욱 형벌을 강화하고 있다. 다만 프랑스가 경상은 벌하지 않고 있는 정도이다.

그런데 우리나라의 형벌법규는 교통과실범의 증가가 심각한 상황에 처해 있고 해마다 그 추세는 증가함에도 불구하고 전술한 특

---

442) 名古屋高判 昭和 46. 1. 28.

례법의 시행으로 사실상 중상해까지는 형벌로부터 벗어나고 동시에 과실범의 처벌법규는 유명무실한 상태에 빠졌다. 물론 오늘날 교통수단으로서의 자동차가 문명의 이기임은 누구도 부인할 수 없다. 그리고 동 특례법은 운전자의 형벌에 대한 잠재적 부담을 줄여주고 있다. 그러나 이는 선량한 시민의 생명, 신체에 대한 중대한 위협이 되고 있음을 지적하지 않을 수 없는 것이고 따라서 교통범죄에 대한 처벌법규를 더욱 구체화, 세분화하여 형사정책의 강화를 도모할 필요성이 있다.

2. 특례법 제4조 제1항 적용의 축소

특례법 제4조 소정의 보험에 가입되었다는 사실 때문에 공소권이 없다는 이유로 불기소된 것에 대한 불기소처분 및 특례법 제4조에 대한 헌법소원 결정을 보면 비록 정족수에 미달하여 합헌결정[443]이 났지만 많은 문제점을 내포하고 있었음을 알 수 있다. 즉 국가가 국민의 생명·신체에 대한 보호로서는 너무도 부족하여 과소보호금지의 원칙에 반하며, 평등의 원칙에 저촉된다는 의견이 다수였다.

특례법의 핵심은 반의사불벌의 원칙과 종합보험이나 공제에 가입된 경우 처벌불원의사로 인정되며, 이러한 처벌불원의사의 경우 곧 검찰의 불기소처분(공소권 없음)으로 처리되어 가해자는 종합보험·공제에 가입되었다는 이유로 형사상 면책을 받게 되는 것이다.

특례법 제4조 제1항에서 "교통사고를 일으킨 차가 보험업법 제4

---

443) 헌법재판소 전원재판부는 특례법 제4조에 대한 헌법소원에 대하여 5명의 재판관이 위헌결정을, 4명의 재판관이 합헌결정을 내 법률의 위헌결정에 필요한 재판관의 정족수인 6명에 미달하여 합헌결정을 했다. 헌법재판소 결정, 1997. 1. 16., 90헌마110·136(병합)

조 및 제126조 내지 제128조 또는 육운진흥법 제8조 또는 화물자
동차운수사업법 제51조 규정에 의하여 보험 또는 공제에 가입된
경우에는 제3조 제2항의 본문에 규정된 죄를 범한 당해 차의 운전
자에 대하여 공소를 제기할 수 없다. 다만……"라고 규정하고 있는
데 이는 "……제3조 제2항 본문에 규정된 죄를 범한……"의 부분은
"……물적 피해사고를 범한……"으로 개정되어야 할 것이다.

그러나 물적 피해도 일률적으로 "공소권 없음"으로 처리하기보다
는 물적 피해의 정도에 관한 기준을 제시하여 지나치게 다액인 경
우와 단순물피사고인 경우를 구별하여 처리하여야 할 것이다. 이
부분의 개정은 특례법 자체의 존재의미가 상실될 수도 있으나, 제3
조 제2항 "……피해자의 명시적인 의사에 반하여 공소를 제기할 수
없다"는 규정으로 앞에서 제기한 문제점의 해결이 가능하다고 본다.

Ⅲ. 교통행정상의 개선점

1. 질서의식의 강화

각계에서 교통과실범의 격증 경향에 대처하기 위한 각종 연구가
활발하게 진행 중이며 사고방지를 위한 보다 근본적인 대책과 사
고원인의 다각적인 분석이 연구되고 있다.[444] 물론 교통사고가 복
잡한 사회적 요인이나 형벌제도의 사회심리적 영향, 교화기능 및

---

444) 현재 도로교통과 관련한 국책기관으로는 도로교통공단, 교통개발연구원, 교통안
　　전공단 등이 있다.

범죄처벌의 실효성 등의 문제와 유기적으로 관련되어 그 원인의 규명은 쉬운 일이 아니다.

포괄적 관점에서 우선은 교통사고에 근본적인 영향을 미칠 수 있는 요인은 교통환경에서 찾을 수 있다. 교통환경적 요인은 교통량의 증가에 복합되는 도로시설의 불비 및 도로정비의 결핍에 있다고 할 수 있다. 예컨대 도로의 협소함이나 도로시설의 내용에 있어서도 우선과 비우선도로의 진행시설 구분이나 신호기 등, 교통표지의 설치 및 보도와 차도에 의한 자동차로부터 보행자의 보호 등의 결핍은 자동차의 고속화나 격증하는 교통상황에서 볼 때 사고의 중요한 근본원인이라고 할 수 있다.

그리고 교통규칙의 불비, 교통범칙금제 시행의 문란, 영업차 운전자의 과로운전을 강요하는 노사관계의 문제라든지 교통교육의 불친절, 교통도덕의 저하 등 교통안전의식의 결여가 교통사고에 있어서 또한 주요한 요인이라고 할 수 있다. 그런데 이와 같은 교통환경 공학적 요인이 교통사고의 예방을 위하여 고려해야 할 중요한 요소임에는 틀림없으나 형벌정책이라는 측면에서 보면 보다 직접적이고 구체적인 원인의 분석과 검토를 하지 않으면 안 된다. 예컨대 교통사고의 직접적인 원인은 차량 측에 있고 거의 대부분이 운전자의 법규위반으로 야기되고 있다. 따라서 대부분의 교통사고가 운전자의 교통질서의식의 결여에 크게 기인하고 있음을 알 수 있다. 여기서 교통통계가 지니고 있는 암수율이나 문제점을 고려한다고 하더라도 우리나라 교통사고의 중요한 원인의 하나가 교통관여자 특히 운전자의 부주의에 있음을 부인할 수 없다. 따라서 운전자의 이러한 부주의가 어떠한 요인에 기인한 것인지에 대한 보다 과학적인 분석이 또한 계속적인 연구과제일 것이다.

과실의 주된 내용이 '전방주시의무위반'과 같은 운전상의 기본적인 주의의 위반에 있다는 점에서 볼 때 사고의 원인은 신체적, 정신적 결함이나 교통법령에 관한 지식, 자동차 운전의 기술 및 운전경험 등의 미숙이 아니라 안전운행을 하려고 하지 않는 운전자의 안일한 태도에 의한 경우가 많고 이것이 가장 문제가 되고 있다.

교통과실범의 방지대책으로서 우선은 무엇보다도 교통사고 발생원인에 착안하여 그것을 제거하는 수밖에 없다. 따라서 전술한 사고 원인을 고려해 볼 때 이것은 어려운 복합적인 문제이다.[445] 다만 가능한 영역에서 그 대책을 강구하지 않을 수 없다. 예컨대 자동차 교통에 있어서 사고의 직접적이고 주된 원인이 운전자의 과실에 있다는 사실을 고려하면 사고의 방지를 위하여 종국적으로 운전자의 주의력에 의존하지 않을 수 없다. 그리고 운전자의 주의력을 환기시키기 위하여 특별예방 내지 일반 예방적 의미의 형벌을 과하고 이것을 강화하는 것도 교통사고방지를 위하여 어쩔 수 없는 대책이다. 그러나 또 한편으로는 처벌의 강화가 과실인정의 합리화나 사고결과의 중대성을 벗어나서 사실상 절대적 책임을 귀속시키는 폐단에 빠져서는 안 되며 책임주의에 근거한 형벌을 전제로 해야 할 것이다.

2. 교통지도 단속 및 조사체계의 정비

교통사고를 유발시키고 교통소통을 저해하는 요인은 다양하다. 도로여건과 교통량, 교통수요와 공급의 불균형, 시민의 질서의식 결여 등 여러 가지가 상호 복합적으로 작용한다. 지도단속은 도로상에서 위험을 방지하고 교통의 안전과 원활한 소통확보를 목적으

---

445) 학자에 따라서는 교통사고에 대한 포괄적 대책으로 물질적인 면, 인적인 면, 사회정책적인 면, 법적인 면의 4가지로 나누어 고찰하고 있다. Vgl. Hans Göppinger, Kriminologie, C. H. Beck, 1971. S.398f.

로 교통법규위반을 감시, 경고, 주의 및 단속하는 경찰활동을 말하는바, 교통범칙자에 대한 통고처분과 운전면허 점수제, 행정처분제도, 교통장비의 효율적 운용으로 급증하는 교통량에 따른 도로교통행정의 뒷받침, 도로이용자들의 자율질서 확립을 보장할 수 있도록 하여야 할 것이다.446)

경찰의 인력증원이나, 인력에 의한 단속에는 한계가 있으므로 장비에 의한 단속 방향으로 나가야 할 것이다. 또한 교통사고 조사체계의 정비를 위해서는 조사장비의 개선과 교통사고통계의 전산화가 원활히 이루어져야 할 것이다. 또한 각종 교통통계와 모든 교통사고 자료 및 정보를 기초자료로 입력시킨 뒤 이를 연구·분석하여 문제점을 개선하고 나아가 교통정책에 필요한 정보를 제공할 수 있도록 교통관련 프로그램을 개발하고 사고다발지점의 심층분석과 이에 따른 안전시설의 강구로 효과적인 교통정책이 선행되어야 할 것이다.

교통안전에 소요되는 인력은 연구개발인력을 포함해서 안전관리인력, 안전지도인력으로 대별할 수 있다. 교통안전을 위한 고급인력 양성교육의 부재는 안전관리인력이나 안전지도인력의 확보에도 많은 영향을 미치고 있다. 즉 안전관리자나 안전지도원은 특별한 교육을 받지 못하고 직무에 임하게 되어 사실상 실효성 있는 직무수행을 하지 못하고 있는 실정이다. 따라서 교통수단의 다원화와 양적 증가 및 가속화에 따른 교통안전관리를 효과적으로 수행하기 위해 유능한 교통안전전문인력을 양성·확보하는 방안을 강구해야 할 것이다. 이를 위해 각 대학의 특성을 고려하여 대학 내에 교통관련학과를 증설하고, 부설연구소를 운영하여 선진기술 도입과 연구개발을 위한 노력이 집중적으로 이루어질 수 있도록 해야 할 것

---

446) 이병철, 교통신호등 문제점 및 개선방안, 교통안전연구논집, 제18권, 1999. 162면.

이다. 또한 교통업무와 관련된 공무원에 대하여는 유사업무 범위 내에서 인사교류를 시키고 보직기간도 좀 더 장기화시키며, 이들에 대한 재교육의 기회를 확대하여야 할 것이다. 또한 지역사회의 교통안전기도를 활성화시키기 위해서는 안전지도원 양성제도가 마련되어야 하며, 이들이 각 사회단체에서 안전교육프로그램을 진행하게 하고, 유아 및 노인들을 위해 교통안전지도를 담당하며, 특히 이륜차와 자전거의 교통안전문제를 전담하는 방안도 강구할 수 있다고 본다.

3. 자동차 보험제도의 보완

현재 자동차보험제도는 종합보험과 책임보험으로 이원화되어 있다. 책임보험은 자동차를 소유한 사람이 모두 가입해야 하는 강제적 보험인 데 비하여, 종합보험은 무한보상이라는 측면에서 임의보험의 성격을 지닌다. 현재 우리사회의 종합보험 미가입자는 20% 정도에 이르고 있다. 또한 최근에는 교통법규를 위반한 경우, 보험료를 인상하는 제도를 통하여 교통질서를 유지하려는 방안이 시도되고 있다. 그러나 이러한 제도는 종합보험의 가입을 기피하게 하는 역기능을 야기하기도 한다.

따라서 현재의 이원화된 보험제도를 일원화하고, 최소한의 보장수준을 높이고, 도주운전자에 의한 교통사고 시 피해보상을 위한 제도적 장치가 마련되어야 한다. 이러한 자동차 보험제도의 개선을 통하여 현행 특례법의 문제를 다소 해결할 수 있을 것이다.

그리고 교통사고의 중대법규 위반행위와의 상관관계를 분석하여 중대법규 위반자에게는 위험에 상응하게 자동차 보험료를 차별화함으로써 교통사고를 사전에 예방할 필요가 있다. 교통법규 위반에 대한 보험료를 차별화하기 위해서는 경찰청이 보유하고 있는 교통법규위반 자료를 보험요율 산출단체인 보험개발원이 이용할 수 있어야 한다. 그러나 이를 위해서는 "공공기관의개인정보보호에관한법률"에 따라 교통법규 위반자료를 경찰청으로부터 제공받기 위해서는 "보험업법"에 근거조항의 신설이 필요하다. 따라서 정부는 교통사고 예방의 실효성을 높이기 위해서는 교통법규위반자에 대한 보험료 차별화를 추진토록 해야 할 것이다.

4. 주취교통사고 감소대책

주취교통사고를 예방하기 위한 최선의 방법은 음주운전 자체를 사전에 막는 것이다. 음주운전을 줄이기 위해서는 음주운전을 범죄시하는 사회분위기 조성과 음주와 관련되는 생활양식을 건전화하고 음주문화를 개선하는 것이 무엇보다 중요하다. 음주운전에 대한 대책을 살펴보면 다음과 같다.[447]

첫째, 알코올 판매와 권유 관행의 규제이다. 미국은 많은 주가 술이 취한 사람에 대한 술 판매를 금지시키는 간이 주점법(Dram Shop Law)을 시행하여 운전자가 음주운전 사고를 내면 술을 제공한 사람에게도 책임을 공유하게 하고 있으며, 일본의 경우는 운전할 사람에게 술을 권하거나 술 마신 사람을 운전하게 하는 것을 금지하는 조항을 도로교통법상에 규정하고 있다.

우리나라의 경우 미국과는 달리 음식점과 주점을 포함하여 광범위하게 주류의 판매가 허용되고 있기 때문에 국민의 주류에 대한

---

447) 이원영, 음주운전 추방을 위한 우리의 과제, 도로교통안전관리공단, 1999. 2면 이하.

접근성은 매우 높은 편이다. 그러나 음주운전의 대부분은 애·경사, 각종 모임의 참석 후에 이루어지며, 그러한 모임은 주로 음식점과 주점을 통해 이루어지기 때문에 관련 시설에 종사하는 업주와 종업원의 행동 여하에 따라서는 손님의 음주운전을 사전에 막을 수 있는 여지가 있다. 그러므로 미국의 간이주점법이나 일본의 도로교통법상의 운전자에게 술을 권하는 것, 술 마신 사람에게 책임을 묻는 조항을 신설하는 것과 아울러 음주운전자와 동승하는 자도 처벌하는 규정을 신설하는 것도 장기적인 관점에서 볼 때, 음주운전의 감소의 효과를 낳을 것으로 기대된다.[448]

둘째, 체계적인 음주단속계획의 수립 및 시행이다. 우리나라의 경우 외국과는 달리 주점, 가정집 등 광범위한 곳에서 음주가 이루어지기 때문에 음주운전자의 단속이 용이하지 않은 실정이다. 따라서 제한된 인력과 장비로 효율적인 단속을 실시하려면 지역실정에 맞는 과학적이고 체계적인 단속계획 수립 및 시행이 필요하다. 체계적인 단속계획에는 계절, 요일, 시간, 연령, 성별, 차종, 장소, 수단 등의 요인들이 포함되어야 한다.

또한 혈중알코올농도 자체를 음주운전의 유죄의 증거로 채택하는 제도하에서는 단속경찰의 측정결과가 음주운전자에 대한 처벌에 많은 영향을 미치므로 공정성과 신뢰성의 확보가 중요하다. 따라서 음주운전 장비 및 측정절차의 표준화를 통하여 신뢰성을 확보하여야 할 것이다. 이를 위해서는 현재 현장에서 쓰이고 있는 휴대형 음주측정기를 통한 측정결과 0.05% 이상의 수치가 나올 경우 보다 정밀한 음주측정기를 확보함으로써 문제의 소지를 없앨 필요가 있다. 동시에 호흡측정 절차 외에 혈액측정 절차에 대해서도 표준화된 절차를 확립할 필요가 있다.[449]

---

448) 이원영, 상게논문, 11면.
449) 서문희, 음주가 사회에 미치는 영향과 비용추계, 한국보건사회연구원보고서, 1997,

셋째, 음주운전으로 교통사고를 내거나 혈중알코올이 허용 한계치를 넘어 단속의 대상이 되면 형사처벌이나 면허정지 및 면허취소 등의 행정처분과 교육, 관찰기간 등으로 일정기간 동안 제재를 받게 하는 조치가 필요하다. 우리나라의 경우 음주운전으로 면허취소를 당한 자가 운전면허의 재취득을 원하는 경우 일정기간의 결격사유만 경과하면 아무런 제약 없이 일반응시자와 동일하게 대우받고 있다.

이에 대하여 음주운전의 상습성 정도에 따라서 형벌부과 및 행정처분과 함께 재발방지에 비중을 둔 알코올치료, 음주운전 교육프로그램이수, 사회봉사명령 등을 병행하는 조치가 필요하다.

5. 도로환경의 정비

일반적으로 교통사고의 원인을 인적 요인, 차량적 요인, 도로환경적 요인 등으로 대별시켜 볼 때 인적, 차량적 요인은 대부분 사고발생의 주체로서 능동적인 의미를 지니고 있고, 도로환경적 요인은 전자를 수용하는 시설여건상의 집합체로써 수동적인 의미를 내포한다고 할 수 있다.

교통은 즉시성과 이동성을 지니고 있기 때문에 도로이용자가 아무리 자율과 자제력에 의하여 올바른 교통행위를 한다고 할지라도 항시 시간과 공간이 변하는 형태, 즉 환경자체가 달라지기 때문에 인간으로서 이에 적절하게 대응해 나가는 것은 결코 쉬운 문제가 아니다. 이러한 관점에서 생각해 볼 때 도로교통환경의 흠결은 교통사고의 주요 요인이 된다고 할 수 있다. 또한 교통안전표지, 도

1면 이하.

면표지, 교통시설 등 교통안전시설의 정비 없이 교통지도, 단속, 교통질서캠페인의 효과를 크게 기대할 수 없다는 점도 유의해야 할 것이다.

교통사고 예방대책은 인적 요인을 중심으로 이루어지는 것이 보통인데 인적 요인에 대한 접근방식은 첫째, 교통사고의 인적 요인을 밝혀내어 그러한 인간적 결함을 최대한으로 방지·보안할 수 있는 도로교통환경의 정비개선을 모색하는 방향이고 둘째, 주어진 교통환경을 보다 안전하게 이용할 수 있도록 인적 요인 자체의 개선을 도모하는 방향이다. 오늘날 대부분의 선진국에 있어서는 적극적인 대책인 첫째 방향에 치중하고 있는 데 반하여 우리나라는 아직도 이에 대한 대책이 미흡한 실정이다. 자동차의 급격한 증가율에 비해서 국민의 교통문화수준의 향상이 미치지 못하고 있기 때문에 교통사고 발생률을 감소시키기 위해서는 교통사고의 인적 요인 자체를 개선하는 것이 시급한 과제이나, 인적 요인의 결함을 보완해 주고 올바른 교통행위를 유도해 줄 수 있는 교통환경의 정비개선을 위한 범국민적인 노력이 적어도 같은 수준에서 이루어지지 않으면 효과적인 교통안전을 기대할 수 없다.

6. 교통안전교육의 강화

교통사고의 증가로 인하여 귀중한 생명과 재산을 잃어가고 있으면서도 교통안전에 대한 별다른 관심을 가지지 않는다는 것은 오늘날 중요한 사회문제 중의 하나라고 할 수 있다.

교통사고의 예방을 위해서는 운전자나 보행자의 교통안전의식 제고를 위한 교육이나 홍보의 역할이 무엇보다도 중요하다. 교통현장에서의 안전한 행동은 개개인에 내재된 성격의 표현이라고 할 수 있다. 그동안 경제적으로는 괄목할 만한 성장을 하였으나 이러한 성장이 공업발전이나 국민소득의 측면에서 논의되어 온 감이 적지 않으며, 당연히 병행되어야 할 교육의 양과 질적인 면의 성장은 더 딘 것이 현실이다. 특히 교통안전교육의 부실은 높은 교통사고율로 나타나고 있으며, 이러한 교통행태는 고질화되어 가고 있는 실정이다.

먼저 초·중·고등학교의 교통안전교육 우리나라에서의 교통안 전교육이 전반적으로 소홀히 다루어지고 있고, 중·고등학교의 체 육·사회교과에 부분적으로 배정되어 있는 교통안전관련 단원마저 입시 위주의 교육에 밀려 거의 무시되고 있는 실정이다. 이에 반해 선진국에서는 교통사고의 원인, 운전자의 피로와 안전운전과의 관 계 및 약물복용이 운전에 미치는 영향 등의 내용을 중·고등학교 에서 다루고 있으며, 특히 이륜차와 자전거 안전교육에 큰 비중을 두고 있다.

학교에서의 교통안전교육은 교육과정의 전체를 통해서 행해져야 하고 구체적인 교육내용과 방법 등이 제시되지 않고서는 실효성 있는 교통안전교육은 이루어질 수 없다. 학교에서의 교통안전교육 에 대한 대책으로 첫째, 교통지도 전담교사제도의 마련, 둘째, 교통 사고가 빈발하는 학교에 대해서는 교육보조자료를 우선적으로 지원 하여 교통안전교육을 강화해 나갈 수 있게 하여야 한다. 셋째, 특 히 통학로의 안전에 철저를 기하여야 한다. 학생들의 통학수단과 통학로 및 보호자와의 연락방법 등을 표시한 도표를 작성하여 학 교 내에 비치하고, 통학로의 안전이 확보될 수 있도록 해야 할 것 이다.

다음으로 운전자에 대한 교육 자동차 운전자에 대하여는 정기적 성검사의 효율성을 극대화할 수 있는 방안이 강구되어야 한다. 또 한 교정교육은 교통안전을 위한 일반운전과는 그 성격이 다르므로 이들의 사고나 법규위반요인을 제기하여 사고의 재발방지효과를 극대화할 수 있어야 한다. 따라서 지역별로 분류하여 일괄적으로 동일한 교육을 실시하기보다는 운전자의 특성, 예컨대 직업, 운전경력, 연령, 교육수준, 법규위반대응, 교정교육의 유무 등을 종합적으로 고려하여 각 집단에 맞는 교육을 실시하여야 할 것이며, 교정이 어려운 운전부적격자에 대해서는 면허취소 등의 조치를 취할 수 있도록 하여야 할 것이다. 현재 시행 중인 벌점제도의 효율적인 운용을 위해 필요한 모든 기준과 전산관리시스템을 확충하고, 이 제도의 포괄적이고 신속한 활용을 통해 모든 운전자들의 엄격한 관리와 부적격운전자들의 규제를 합리적으로 기해 나가야 할 것이다.

제5장

결 론

제5장 결론

　　사회의 발전은 교통수단의 발전과 함께 진행된다고 해도 과언이 아니다. 이러한 교통수단의 발전은 우리사회를 풍요롭게 하고 더 나은 사회로 발전하게 하는 원동력이 되는 것은 사실이다. 그러나 날로 심각해져 가고 있는 교통문제는 우리사회의 가장 중요한 문제로 등장하고 있다. 특히 자동차로 인한 엄청난 인적·물적 피해와 그로 인한 민·형사사건의 증가는 사법실무에 있어서 커다란 부담을 주고 있다.

　　최근 교통사고의 통계분석을 보면 교통사고의 대부분이 운전자 또는 피해자의 과실에 기인한 것으로 나타나고 있다. 따라서 인간의 과실행태에 대한 형사법적인 차원의 깊이 있는 연구와 적절한 대처수단을 강구하는 일이 무엇보다도 중요하며, 이러한 작업을 통하여 교통범죄를 억제·진압함으로써 형법의 일반 예방적 기능을 다할 수 있도록 하는 것이 중요하고도 시급한 과제라고 할 수 있다.

　　따라서 본서는 도로교통과실범의 이론적 측면에서 교통사고 방지를 위한 대책을 강구하는 데 목적을 두고 과실범의 법리와 사실적 측면의 상황을 분석하고 검토하였다. 그 결과 도출된 사실에 대하여 이론적 측면과 사실적 측면으로 나누어 결론을 정리하면 다음과 같다.

과실이 범죄로 되기 위해서는 고의가 범죄로 되기 위한 체계와 마찬가지로 종래의 과실론에서처럼 책임단계에서만 취급될 것이 아니라, 구성요건해당성·위법성·책임성의 각각의 단계에서 독자적으로 취급되어야 할 것이다. 왜냐하면 과실의 주관적 주의의무위반으로 행위자에 대한 비난으로 나타날 때는 책임성의 문제가 될 것이고, 객관적 주의의무위반으로 비난의 대상이 될 때에는 구성요건해당성·위법성·책임의 문제로 될 것이기 때문이다. 과실의 개념은 학설과 판례를 통하여 행위자가 구성요건의 예견가능성을 예견할 수 있었음에도 불구하고, 구체적 상황에서 그 구성요건적 결과발생을 회피하기 위하여 사회생활상 요구되는 주의의무(객관적 주의의무)를 위반하는 것이라고 정의할 수 있다.

과실범의 구성요건적 행위는 과실 자체가 아니고 과실행위라는 결론을 지울 수 있고, 이 행위는 객관적 주의에 위반하는 비고의행위라고 할 수 있다. 그러므로 과실범의 구성요건은 전형적인 과실결과범에서는 과실행위와 결과발생 간의 관련이 있어야 하며, 단순한 과실행위범에서는 과실행위만이 구성요건을 이룬다.

과실의 체계적 지위와 관련하여 책임요소설, 구성요건 요소설, 이중적 지위설의 대립이 있으나, 다수설인 이중적 지위설에 의하면 객관적 주의의무란 사회생활을 영위함에 있어서 누구에게나 일반적으로 요구되는 수준의 주의의무이고, 주관적 주의의무란 행위자의 개인적 능력과 특성에 비추어 행위자에게 가능한 수준의 주의의무이다. 과실은 일면 행위반가치의 판단대상으로서 책임요소가 된다고 보아 과실의 이중적 지위설이 타당하다고 하겠다.

과실의 핵심적 요소인 주의의무위반의 내용으로는 신과실론의 입장에 따라 규범적 요소인 객관적 주의의무위반으로 결론지우고, 객관적 주의의무위반에 대한 의미는 사회생활상 요구되는 주의의무위반으로 개념지우고 그 내용을 다시 객관적 결과예견가능성과 객관적 결과회피의무위반으로 구분하고, 반면 주관적 주의의무위반은 다시 주관적 결과예견가능성과 주관적 결과회피의무위반으로 나누어 검토하였는데, 주관적 주의의무위반의 문제는 바로 비난가능성의 문제로 책임의 단계에서 해소될 수 있다. 객관적 주의의무위반의 문제에 있어서는 객관적 결과회피의무 쪽으로 중점이 옮아가는 경향이 있다.

허용된 위험의 법리는 사회생활상 필요하고 유익하지만 한편으로는 일정한 법익침해의 위험을 내포하는 행위에 관해서 그 행위가 적절한 위험회피조치를 강구했다면 비록 법익침해의 결과가 발생하여도 허용된다는 이론이다. 이 원리가 교통과실범에서 좀 더 구체화된 것이 바로 신뢰의 원칙이다.

신뢰의 원칙은 법이론적 측면에서 보면 주의의무의 내용의 기준이고 과실범 구조상의 법이론적 체계와 주의의무의 내용상의 법이론적 체계가 중요한 문제로 제시된다. 그리고 허용된 위험의 법리와 사회적 상당성의 이론과의 관련이 문제의 논점이라고 하겠다.

요컨대 우선 과실범 체계상에 있어서 신뢰의 원칙의 법적 성격은 구성요건요소의 문제로 보는 신과실론에 입각하고, 객관적 주의의무의 구체적 기준의 문제라고 할 때, 신뢰의 원칙은 범죄체계상 위법성이나 책임의 단계에서 비로소 나타나는 것이 아니고 구성요건의 단계에서 논의되어야 한다고 본다. 따라서 신뢰의 원칙의 적용에 의하여 과실의 성립이 부정되는 경우에는 구성요건해당성을 배제하는 것으로 구성요건요소의 문제로 보는 것이 타당하다.

다음에 주의의무의 내용상 신뢰의 원칙의 법리를 결과예견의무를 전제로 하고 결과회피의무의 범위를 감소·면제하기 위한 것으로 주의의무의 범위를 제한하는 구체적·객관적 기준이라고 할 수 있다. 또한 신뢰의 원칙과 관련된 허용된 위험의 법리나 사회적 상당성의 이론도 이러한 관점에서 그 법리적 체계를 검토할 수 있고, 대체로 신뢰의 원칙은 이러한 법리들과 그 법적 성격 및 보조를 같이 한다고 볼 수 있다.

오늘날 격증하는 사회공동생활의 위험을 좀 더 객관적으로 파악하여 신뢰의 원칙이 위험방지로서의 사회규제적 기능과 현대형벌에 있어서 과실범처벌의 구체적 법체계를 구축해야 된다고 생각된다.

이를 위하여 신뢰의 원칙의 구체적 적용기준과 그 한계를 명확히 하는 일이 무엇보다 중요한 과제이다. 또한 이것은 과실을 어떠한 경우에 부인할 수 있는가 하는 실천적인 측면에서도 매우 중요한 것이고 또한 이 원칙은 모든 자동차 운전자는 다른 교통관여자가 자기와 마찬가지로 교통법규를 준수하리라 신뢰하였다면 설령 교통관여자가 부적절한 행동으로 나올 것까지 예상해서 운전할 필요가 없다는 원칙이다. 다만 (ⅰ) 행위자 자신이 교통법규를 위반한 경우, (ⅱ) 상대방의 교통규칙위반을 구체적·실질적으로 예견·회피할 수 있는 경우, (ⅲ) 유아, 노인, 신체장애자, 명정자 등 적절한 행동을 하리라는 신뢰를 할 수 없는 경우 등에서는, 신뢰의 원칙이 적용되지 아니한다.

현행 형법, 도로교통법, 특례법, 특가법 등에서 교통과실범에 대하여 법적 대응을 하고 있다. 그리고 처벌의 원칙은 일반적으로 교통규칙위반인 행정범(범칙행위)과 교통사고에 의한 법익침해 내지 위태화 행위인 형사범의 두 가지로 볼 수 있다. 먼저 범칙행위에 대하여는 비범죄화 또는 비형벌화하는 경향이 있고 이는 세계적인 공통된 경향이다. 후자인 형사범은 구체적으로 과실결과범이 주된 쟁점이다. 다음으로 도로교통과실범처벌의 근거법인 특례법의 문제점으로 (ⅰ) 교통과실범을 극히 예외적인 경우를 제외하고는 형사법적인 문제에서 행정적 조치로 전환하여 형법상 과실범이론을 교통사고에 있어서는 유명무실하게 하고 있다. (ⅱ) 보호법익적 측면에서 신체의 손상을 물질적 보상으로 대처함으로써 국민의 법감정을 악화시키고 있다. (iii) 형법기능적 측면에서 일반예방적 효력이나 개별적 인권보장의 기능을 저하시키고 있다. 총체적으로 도로교통과실범에 대한 형법적 통제를 민법적, 보험법적 통제로 옮기고 있으므로 형법의 과실범 이론을 공동화하고 있다. 향후 과실인정의 기준으로서 신뢰의 원칙의 일반화 또는 입법화에 의하여 과실범 처벌의 합리적 경감화와 과실범이론의 실효성의 추구 및 실무상의 조화가 더욱 요청된다.

참고문헌

「國內文獻」

● 단행본

김성천·김형준, 형법총론(제3판), 동현출판사, 2005.

김성천·김형준, 형법각론, 동현출판사, 2000.

김일수, 형법총론(제9판), 박영사, 2002.

김일수, 형법각론(제4판), 박영사, 2001.

김일수·서보학, 형법총론(제11판), 박영사, 2006.

박상기, 형법총론(제6판), 박영사, 2005.

박상기, 형법각론, 박영사, 2002.

박상기·손동권·이순래, 형사정책, 한국형사정책연구원, 2002.

배종대, 형법총론(제6판), 2001.

배종대, 형법각론(제3판), 홍문사, 1999.

배종대, 형사정책, 홍문사, 1999.

백형구, 형법각론, 청림출판사, 2002.

손기식, 교통형법(제3판), 한국사법행정학회, 2000.

손동권, 형법총칙론, 율곡출판사, 2001.

손동권, 형법사례연구, 법원사, 2001.

이재상, 형법총론(제5판), 박영사, 2005.

이재상, 형법각론(신정판), 박영사, 1997.

임 웅, 형법총론, 법문사, 2000.

임 웅, 형법각론, 법문사, 2002.

하태훈, 형법총론, 법원사, 2002.

● 논문

강영철, 신뢰의 원칙에 관한 연구, 중앙대학교, 박사학위논문, 1986.

기광도, 교통관련범죄의 비범죄화에 관한 연구, 한국형사정책연구원, 2000.

김두섭·기광도, 교통양형에 관한 실태분석, 한국형사정책연구원 1996.

김남현, 음주운전에 관한 형사법적 연구, ― 주취운전 및 음주측정불응
      죄를 중심으로 ―, 연세대학교 대학원 박사학위논문, 2006.

김남현, 음주운전단속에서 혈액분석법운용상의 문제점고찰, 교통안전연
      구논집 제21권, 도로교통안전관리공단, 2002.

김남현, 현행도로교통법의 문제점 및 개정방향에 관한 연구, 경찰학연
      구 제4호, 경찰대학교, 2003.

김동건, 뺑소니교통사고에 대한 소고, 김용철 교수 고희기념법학논총,
      1993.

김성환, 과실의 체계적 지위에 관한 일고찰, 손해목 교수 화갑논문집,
      1993.

김순태, 신뢰의 원칙에 관한 고찰, 한국방송대학교 논문집, 제27집, 1999.

김신규, 과실범의 구조, 사회과학연구, 목포대학교사회과학연구소, 1994 /
      12.

김용세, 도로교통사고의 피해자특성에 관한 연구, 「피해자학연구」3, 한
      국피해자학회, 1994.

김일수, 과실이론의 새로운 지평, 고시연구, 1991 / 4.

김종인, 교통사고처리특례법, 제3조제2항 단서(신호위반 및 횡단보도)
      에 관하여, 「검찰」96, 대검찰청 1987.

김찬·원혜욱, 교통범죄의 비범죄화와 그 방안으로서의 통고처분제도,
      형사정책연구, 제13권 제49호, 2002.

김창군, 비범죄화 정책에 관한 이론적 연구, 고려대학교 박사학위논문,
      1992.

김창군, 비범죄화의 현실방안, 형사정책, 제8권, 한국형사정책학회, 1996.

박상기, 과실범의 구조, 고시연구, 1992 / 7.

박상기, 형법상 허용된 위험론, 고시연구, 1988 / 11.

박현준, 과실범과 신뢰의 원칙, 영남법학 제2권 제1·2호, 1995.

서보학, 과실범에 있어서 주의의무위반의 체계적 지위와 판단기준, 형사법연구 제15호, 2001.

손기식, 교통범죄에 관한 형사법적 연구 ―교통형법의 체계정립을 위한 시론― 서울대학교 박사학위논문, 1985.

손기식, 교통사고특례법상의 물적·장소적 적용범위, 교통사고처리특례법이 도로에서의 교통사고에 적용되는지 여부, 형사판례연구 2, 1994.

손동권, 과실에 의한 단순물피사고의 비범죄화, 교통안전연구논집 통권 제20호. 2001.

손동권, 명정범죄에 대한 책임비난, 형사정책연구, 제8권, 제1호, 형사정책연구원, 1997, 봄호.

손동권, 자유로운 원인행위로 인한 완전책임의 범죄성립, 판례월보, 1997 / 1.

손해목, 「과실범」형사범의 제 문제, 양촌 신동욱 박사 정년기념논문집, 1983.

송광섭, 교통범죄의 현황과 대책, 형사정책연구, 한국형사정책연구원, 1996.

송인준, 교통사범에 대한 검찰권 행사의 방향, 「검찰」67, 대검찰청, 1997.

신동운, Binding의 규범이론, 고려대학교 박사학위논문 1997.

신양균, 형법상 인과관계와 객관적귀속에 관한 고찰, 연세대학교 박사학위논문, 1988.

양화식, 위험증대설에 관한 고찰, 성균관법학, 제13권 제2호, 2002.

양화식, 형법상 허용된 위험론, 법조, 1991 / 4.

오영근, 원인에 있어서 자유로운 행위와 그 유형 ―과실에 의한 원인에 있어서 자유로운 행위를 중심으로―, 형사정책연구, 1999. 여름호.

원형식, 과실범에 있어서 인과관계와 객관적 귀속 ―의무위반관계를 중심으로―, 중앙법학, 중앙대 법학연구소, 2001.

이건호, 과실범에 있어서 객관적 귀속에 대한 비판적 연구 ―상당인과관계설과 객관적 귀속론을 중심으로― 서울대학교 박사학위논문, 2001.

이경호, 「과실범의 현대적 조명과 과제」부산대학교 박사학위논문, 1989.

이기헌, 특가법 제5조의3의 도주운전죄, 형사판례연구 [5] 박영사. 1997.

이용식, 객관적 귀속이론의 규범론적 의미와 구체적 내용, 법학, 제43권, 제4호, 서울대학교법학연구소, 2002.

이형국, 객관적 귀속의 이론에 관한 소고, 연세대학교 법률문제연구소, 법률연구 제2집, 법문사, 1982.

임 웅, 경미범죄의 비범죄화, 형사정책연구 제2호, 형사정책연구원, 1990.

임 웅, 과실범에 있어서 주의의무의 표준, 고시연구, 1998 / 11.

임광주, 형법에 있어서 과실의 개념, 형사법연구, 제16호, 2001.

장교식, 행정질서벌의 합리화 방안에 관한 검토: 도로교통법을 중심으로, 교통안전연구논집, 통권 제20호, 2001.

정신교, 도로교통과실범에 관한 연구, 건국대학교 박사학위논문, 2004.

정영일, 과실범이론의 현대적 상황, 논문집 7, 경찰대학, 1988.

조병선, 질서위반법, 한국형사정책연구원, 1991.

조병선, 질서위반법과 행정형법, 형사정책연구 제2권 제4호, 1991.

조병선, 한국의 행정형법과 행정형법이론에 고한 고찰, 김종원 교수 화갑기념논문집, 법문사, 1991.

조상제, 신뢰의 원칙과 그 적용상의 한계, 고시계, 2002 / 12.

조준현, 과실범에 있어 주의의무의 기준과 체계적 이해, 사법행정, 1990 / 7.

최명숙, 과실범, 법학연구, 충북대학교, 법과대학법학연구소, 1995.

최인섭 / 박철현, 음주운전의 규제에 관한 연구, 한국형사정책연구원, 1995.

하태훈, 형법개정안의 보안처분제도에 대한 평가, 형사정책연구, 제10호, 여름호, 1992.

한상훈, 특가법 제5조의3(도주운전죄)과 원인에 있어서 자유로운 행위 ― 대상판례: 대법원 1992. 7. 28. 선고 92도999 판결 ― 형사정책연구 제11권, 가을호, 형사정책연구원. 2000.

홍성필·정신교, 교통사건에 있어서의 법 적용에 관한 소고, 교통안전연구논집, 2002.

• 기타 문헌

법무연수원, 범죄백서, 2002. 2003. 2004. 2005. 2006. 2007.
경찰청, 범죄백서, 2002. 2003. 2004. 2005. 2006. 2007.
법무부, 법무자료, 제241집, 일본의 형사절차법, 2001.
법무부, 법무자료, 제210집, 독일신형법, 1997.
대검찰청, 범죄분석, 2002. 2003. 2004. 2005. 2006. 2007.

「外國文獻」

1. 獨逸文獻

Bar, Ludwig, von, Die Lehre vom Causalzusammenhange im Rechte, besonder im Strafrecht, 1987.
Baumann, Jürgen, Strafrecht, AT. 8. Aufl., Bielefeld: Verlag Ernst und Werner Gieseking, 1977.
Baumann / Weber / Mitsch, Strafrecht 10. Aufl., 1995.
Dreher / Tröndle, Strafgesetzbuch und Nebengesetze, 47. Aufl., 1995.
Eser, Albin, Straecht Ⅰ·Ⅱ, 3. Aufl., 1980.
Haft, Fritjot: Strafrecht, Allgemeiner Teil, 7. Aufl., 1996.
Hassemer, Winfried, Einführung in das Strafrecht, 2. Aufl., 1990.
Jakobs, Günther, Strafrecht, AT., 1991.
Jescheck, Hans-Heinrich / Weigend, Thomas, Lehrbuch des Strafrechts, 5.Aufl., 1995.
Jescheck / Weigend: Lehrbuch des Strafrechts, 5. Aufl., 1996.
Kühl, Kristian: Strafrecht, Allgemeiner Teil, 1. Aufl., 1994.
Lackner, Karl, StGB, 18. Aufl., 1989.
Leipziger Kommentar, 10. Aufl., 11. Aufl., 1992.

Maurach / Zipf: Strafrecht, Allgemeiner Teil, 7. Aufl., 1987.

Maurach / Zipf: Strafrecht, Allgemeiner Teil, 1. Teilband, 8. Aufl., 1992.

Rudolphi / Horn / Samson / Günter, Systematischer Kommentar zum Strafge−
　　setzbuch, 6. Aufl. 1995.

Samson, Systematischer Kommentar zum StGB. 6. Aufl., 1994.

Stratenwerth, Günter, Strafrecht, Allgemeiner Teil., 1981.

Schönke / Schröder / Cramer, StGB, kommentar, 24. Aufl., 1991.

Schönke / Schröder: Strafgesetzubuch, Kommentar, 25. Aufl., 1997.

Seelmann, Kommentar zum Strafgesebuch 1, 1990.

Wessels, Johannes, Strafrechts, AT. 4. Aufl., C. F. Müllelr, 1985.

Wessels, Johannes / Beulke. Werner, Strafrecht, AT, 30. Aufl., 2000.

2. 英美文獻

David, Engwicht, Toward an Eco−City Calming the Traffic, envirobook,
　　1996.

Dennis, Foster, Claiming compensation for criminal injuries, Tolley
　　Publishing Company Limited, 1997.

Gary Scanlav, Criminal Law, Butterworth & Co Lt., 1993.

Smith & Hogan, Criminal Law, 5th edition, Butterworth, 1983.

The American Law Institute, Model Penal Code−Proposed Official
　　Draft, 1962.

3. 日本文献

● 單行本

藤永幸治, 過失犯, 刑事法重点講座 立花書房, 1992.
大谷 實, 刑法講義總論, 成文堂, 1986.
木官高彦, 岩井重一, 道路交通法, 有斐閣, 1980.
福田 平, 刑法解釋學の基本問題, 有斐閣, 1983.
西原春夫, 刑法總論, 成文堂, 1983.
井上佑司, 行爲無價値と過失犯論, 成文堂, 1977.
立山龍彦, 刑法總論演習, 北樹出版, 1984.
伊藤榮樹, 經犯罪法(再訂版), 立花書房, 1981.
松官孝明, 刑事過失犯の研究, 成文堂, 1989.
花井哲也 過失犯の基本構造 信山社出版, 1992.

● 論文

甲斐克則,「認識ある過失」と「認識なき過失」アルトウール・カウフマン
    の問題提起を受けて, 西原春夫先生古稀祝賀論文集.第2卷, 成
    文堂, 1998.
吉岡一男, 因果關係と過失處罰の克服, 西原春夫先生古稀祝賀論文集.
    第1卷, 成文堂, 1998.
大塚裕史, アメリカ刑法における過失責任論と刑事制裁の限界 / アメリ
    カ刑事法の諸相: 鈴木義男先生古稀祝賀, 成文堂, 1996.
米田泰邦, 機能的刑法と過失:交通刑法と環境刑法の課題, 刑事法研究,
    成文堂, 1994.
石原一彦, 左マ木史郎, 西原春夫, 訟尾浩也, 編: 現代刑法法大系, 第3
    券 個人 生活と刑罰, 日本評論社, 1982.
信太秀一, 過失犯における結果の豫見可能性と故意錯誤論, 西原春夫先

生古稀　祝賀, 論文集.第2卷, 成文堂, 1998.

西村克彦　刑法における「過失」概念の解明, 犯罪論の省察, 信山社, 2000.

井田　良, 過失犯の問題点−過失犯における危險の引受けを中心に, 刑法
　　　雜誌　39卷3號　有斐閣, 1999.

長井圓, 交通刑法と過失正犯論, 神奈川大學法學硏究叢書, 法學書院, 1995.

정신교
鄭信敎

약 력

(현) 김천대학 경찰행정과 교수·학과장
건국대 법학박사·형사법 전공
교통과학연구원 연구원
경찰종합학교 외래교수
건국대 법학연구소 전임연구원
학술진흥재단 박사급 연구원

주요논저

연구논문
청소년대상성범죄자 신상공개에 대한 쟁점
형법상 부동산범죄의 행위유형에 관한 고찰
부동산명의신탁의 형사책임에 대한 비판적 고찰
뺑소니운전의 판단기준
형법상 허용된 위험의 체계적 지위
부동산거래사기죄의 형법적 고찰
음주측정거부죄에 대한 형사법적 검토
교통범죄의 비범죄화 외 다수

저서
현대사회와 법(형설출판사, 2004)
범죄학개론(형설출판사, 2005)
법과 생활(형설출판사, 2007)

교통범죄론

• 초판 인쇄	2008년 11월 10일
• 초판 발행	2008년 11월 10일
• 지 은 이	정신교
• 펴 낸 이	채종준
• 펴 낸 곳	한국학술정보㈜
	경기도 파주시 교하읍 문발리 513-5
	파주출판문화정보산업단지
	전화 031) 908-3181(대표)·팩스 031) 908-3189
	홈페이지 http://www.kstudy.com
	e-mail(출판사업부) publish@kstudy.com
• 등 록	제일산-115호(2000. 6. 19)
• 가 격	18,000원

ISBN 978-89-534-4950-3 93350 (Paper Book)
      978-89-534-4951-0 98350 (e-Book)